KIS 교육은
무엇이 특별한가

KIS 교육은 무엇이 특별한가

초판 1쇄 발행 2025년 4월 1일

지은이 손성호, 홍영도, 정용석, 강원구, 강인구, 김경훈, 김민, 김상백, 김세호, 노아현
      송채원, 오동철, 이유준, 이후석, 정영찬, 정지혜, 조현수, 조현준

발행인 김병주
기획편집위원회 방나희, 한민호, 김춘성
마케팅 진영숙
에듀니티교육연구소 이문주, 백헌탁
디자인 디자인붐

펴낸 곳 (주)에듀니티
도서문의 1644-5798
일원화 구입처 031-407-6368 (주)태양서적
등록 2009년 1월 6일 제300-2011-51호
주소 서울특별시 중구 남대문로 117, 동아빌딩 11층
출판 이메일 book@eduniety.net
홈페이지 www.eduniety.net
페이스북 www.facebook.com/eduniety
인스타그램 www.instagram.com/eduniety/
        www.instagram.com/eduniety_books/
포스트 post.naver.com/eduniety

ISBN 979-11-6425-178-0 (03370)
값은 뒤표지에 있습니다.

문의하기

투고안내

KIS 교육은
무엇이 특별한가

한국과 같으면서도 다른 특별한 교육

손성호 외 지음

에듀니티

미래학교 모델로서 눈여겨봐야 할
'호치민시한국국제학교'

김성근 전 교육부 학교혁신지원실장

외교부 발표[1]에 따르면 재외 동포의 수는 세계적으로 약 700만 명이 넘는다. 베트남 호치민에만 약 10만 명 가까운 우리 동포들이 살고 있다. 우리 정부는 해외에서 뛰는 이들의 아이들을 가르치기 위해 34개의 한국학교에 교장, 교사, 행정직원 등 교직원을 파견하고 있다.

베트남 호치민에 있는 한국 국제학교를 방문한 때는 신학기 개설 직전인 2월이었다. 설레는 눈빛을 한 새로 부임한 선생님들과 함께 학교는 아이들을 맞이할 준비를 위해 부산스레 움직였다. 자랑스럽게 학교 교육과정을 설명하는 손성호 교장선생의 첫마디는 "여기 학교 선생님들은 행정업무에 시달리지 않아요."하는 것이었다. 한해 1만 개가 넘는 공문이 오가는 국내 학교의 모습과 달리 이곳 선생님들의 관심은 오직 수업과 생활지도에만 놓인다. 교육지원청-교육청-교육부로 이어지는 위계가 없으니 소통될 공문도 거의 없다. 모든 것은 학교 내에서 논의하고 결정하는 자치구조이다. 따라서 교사들의 학습공동체가 살아나고, 좋은 사례가 있으면 공유하고 발전시킨다. 리더십에 따라 더 끈끈하고 건강한 학교문화가 생겨날 수 있다. 학교 이사회와 교직원 회의 등에서 학교운영과 관련한 거의 모든 것을 결정하기 때문에 학부모들의 학교 참여도 꽤 적극적이다. 학폭위와 같은 법치가 학교로 들어오지 않았기 때문에 교사

---

1   재외동포 현황 총계(2023년 기준). 재외동포청 발표 자료. 2023. 10

들의 지위도 상당히 높은 편이다. 교사들이 아이들을 지도하고, 학부모들은 교사들과 의논한다.

이 책은 KIS의 교육과정에 대한 실천의 기록임과 동시에 몇 가지 중요한 교육적 함의를 담고 있다. 하나는 유–초–중–고 통합학교의 운영 모델이다. 한 공간에 유·초·중·고 학생들이 함께 어울려 통합교육을 통한 건강한 교육공동체를 형성한다. 둘째로 약 40%에 달하는 한-베 가정 아이들이 다니는 다문화학교의 건강한 운영 모델을 보여주고 있다. 국내 다문화 가정 아이들의 증가추세에 따라, 다문화 아이들이 거의 절반을 차지하는 학교들이 군데군데 생겨나고 있다. 셋째로 수능 준비가 사라진 학교운영 모델이다. 이곳 아이들은 국내 대학에 진학할 때, 재외국민 특별전형을 준비한다. 따라서 시험 준비가 따로 필요 없다. 따라서 아이들의 진로에 따라 교육과정이 꽤 풍성하게 전개된다. 고교학점제 도입에 교사 추가 충원이란 핵심적인 결정을 내리기도 했다. 아이들의 선택권을 효과적으로 보장하기 위한 필수적인 장치라는 것을 파악한 것이다. 학교자치의 힘이다.

KIS의 실천 사례를 우리 교사들이 미래학교를 위한 건강한 상상으로 읽어낼 것을 권한다. 학교가 공문과 교육청, 교육부 사업으로부터 자유로워지고, 실질적 자치가 이루어지면 어떤 변화가 이루어질 수 있는지? 우리 교사들은 학교에서 아이들을 위해 무엇을 결정해야 하는지? 수능이라는 시험을 위한 교육과정 파행이 없어지면 얼마나 더 풍성한 교사들의 창의성이 들어갈 수 있는지? 다양성과 존중이라는 민주주의 가치를 우리 학교들이 어떻게 교육과정으로 녹여내어 다문화 아이들과 함께 만드는 건강한 교육공동체 만들 수 있는지?

호치민으로 가서 건강한 실천 기록을 써낸 우리 선생님들께 박수를 보내며, 그간 학교 변화의 꿈틀거림을 보인 혁신학교를 비롯한 변화에 새로운 에너지로 보태질 것을 기대한다.

"교학상장(敎學相長)"하는
KIS 교육공동체

도성훈 인천광역시 교육감

『KIS 교육은 무엇이 특별한가』이 책은 해외에서도 한국 교육이 어떻게 창의적이고 혁신적으로 운영될 수 있는지를 보여주는 훌륭한 사례를 담고 있습니다. 특히 학생 중심의 맞춤형 교육, 다문화적 감수성을 바탕으로 한 3중 언어 교육, 읽 · 걷 · 쓰 프로젝트 등 호치민시한국국제학교만의 특색 있는 교육은 국외의 여러 한국학교는 물론 국내의 여러 학교에서도 살펴볼 필요가 있습니다.

인천시교육청은 KIS와 이주배경 학생들의 장점을 살리고, 글로벌 역량을 갖춘 세계시민교육을 실천하기 위해 공동의 교육자료 개발과 온 · 오프라인 국제교류 활성화를 위한 업무협약을 맺었습니다. 그리고 무엇보다 인천시교육청 국악합창단의 첫 해외 공연을 KIS와 함께했습니다. 그 이유는 무엇보다 KIS의 우수한 교육력과 학생-교원-학부모-지역사회와의 긴밀한 유대관계가 뒷받침할 것이며, 포스트 차이나로 성장하고 있는 베트남의 국가경쟁력이 상징하는 바가 컸기 때문입니다. 이러한 교육여건 속에서 더 나은 교육을 만들어가는 힘은 KIS만의 교육과정과 교원들의 고민에 있을 것입니다.

다시 한번, 손성호 교장을 비롯한 18명의 고민이 담긴 『KIS 교육은 무엇이 특별한가』의 발간을 축하드리며, 책 속에서 밝힌 것처럼 "가르치고 배우며 함께 성장하는 KIS 교육공동체", 즉 우리 교육청의 올해 지향하는 바와도 같은 "교학상장(敎學相長)"하는 교육공동체가 되기를 바랍니다.

추천의 글

KIS 교육이
우리 대한민국 교육의 지침서

김대중 전라남도 교육감

 전남교육청은 2023년 6월, 국제교육 교류에 관한 MOU를 위하여 베트남 호치민시를 방문하였다. 당시 호치민시교육청, 호치민시한국국제학교, 반랑대학교와 다각도의 목적으로 MOU를 체결하였는데 손성호 교장 선생님을 만나 한국국제학교 교육과정에 대해 이야기를 나눈 기억은 잊을 수가 없다. 베트남에서 우리 대한민국이라는 로컬교육, 내셔널교육, 글로벌교육을 결합한 글로네이컬교육의 정통을 추구하는 호치민시한국국제학교의 교육과정은 우리 전남에서 정책적으로 실시하고자 하는 글로컬 교육에 많은 시사점을 주었다. AI 활용 기초학력 강화 개별화 시스템 운영, 다문화 교육, 초·중·고 프로젝트 교육과정을 단계적으로 연계하여 교육하는 모습 등은 탄탄한 교육의 본질을 추구하는 대한민국 로컬교육의 전형을 보이고 있었다. 더 나아가 다문화 시대의 3중 언어교육, 다국가 간 국제교류수업, AP교육 등 KIS의 미래교육 모델은 글로벌 시대를 향한 역량교육으로 특별한 교육이 이루어지고 있었다.

 베트남의 역동적인 저력처럼 KIS 교육의 중심에서 열정을 쏟고 있는 손성호 교장 선생님과 교직원 여러분, KIS 교육이 우리 대한민국에 지침서가 될 거라고 봅니다. 힘찬 박수를 보냅니다.

추천의 글

자율적 학교 운영을 통한
교육적 성과

정제영 한국교육학술정보원 원장, 이화여대 교육학과 교수

내가 직접 방문했던 베트남 호치민시에 있는 KIS는 특별함이 있다. 3일간의 짧은 만남이었지만 손성호 교장 선생님을 중심으로 교감님과 선생님들의 단결된 힘을 느꼈고, 이사장님과 학부모님들 모두 교육적 열정이 가득하였다. KIS는 엄격한 행정 관리에서 벗어나 자율적인 학교 운영을 통해 교육적 성과를 만들어가고 있다. 3중 언어교육, 유·초·중·고 연계형 이음교육, 미래형 교육과정의 자율적 운영, 다양한 동아리·비교과 활동 등 내가 꿈꿔왔던 미래형 교육을 구현한 모습이다. '다양한 교육과 체험 활동을 마음껏 누리면서 대학 진학에도 비교적 어려움이 없는 학교', 누구나 다니고 싶은 학교, 자녀를 교육시키고 싶은 좋은 학교의 전형이다. 교육전문가, 현장 교원, 학부모님들께 KIS의 사례를 통해 대한민국 교육의 방향에 대해 다시 한번 고민할 수 있는 기회를 가져보시기를 권한다.

마음속에 알차고 뜨거운 불길하나 만들어내리라

강전훈 로스앤젤레스한국교육원장

2천 명이 넘는 학생들과 2백 명이 넘는 교직원. 유·초·중·고 교육과정을 동시에 운영하는 통합학교이자 다문화학교. 게다가 여기는 대한민국이 아닌 타국. 교육현장에 잠시라도 발을 들여 본 사람이라면, 이곳은 생동하기 어려운 무겁고 크고 관성이 강한 학교라는 것을 습관처럼 예감할 것입니다. 하지만, KIS는 이를 거부합니다. 학교가 살아 움직입니다. 학생들은 자유롭게 공부하고 꿈을 향하며, 교사와 직원들은 학생들의 성장을 지원하며 함께 성장합니다. 한국의 교직원이 한국의 교육과정으로 '한국 밖'에서 이룬 일들입니다. 우리의 교육 현실에 웅크리고 번민하실 '한국 안'에 계신 선생님들과 미래교육을 고민하는 모든 분들이 읽으셨으면 합니다. KIS가 만들어낸 성공의 이야기가 읽는 이들의 마음속에 알차고 뜨거운 불길하나 만들어내리라 확신합니다.

한국 밖에서 한국의 미래교육을 꿈꾸는
KIS의 이야기

김차명 참쌤스쿨 대표, 경기실천교육교사모임 회장

모두가 미래교육과 미래학교를 외치지만, 정작 그 실체를 분명하게 확인하고 구현하는 학교를 찾기는 쉽지 않습니다.

KIS는 유 · 초 · 중 · 고 과정이 자연스럽게 연결된 배움의 흐름을 통해 학생들이 단계적으로 성장할 수 있도록 돕고 있으며, 단순한 지식 전달을 넘어 실질적인 역량을 기를 수 있는 환경을 조성하고 있습니다.

또한, 글로벌 시대를 대비한 3중 언어교육(한국어, 영어, 베트남어)을 실시함으로써 학생들이 자연스럽게 다양한 언어와 문화를 익히고, 세계와 소통하는 능력을 갖추도록 지원하고 있습니다.

무엇보다 KIS는 혁신적인 교육과정과 국제 교류 활동을 통해 학생들의 다양성과 개별적인 요구를 존중하는 학교입니다. 모든 학생이 같은 방식으로 성장하는 것이 아니라, 각자의 특성과 필요에 맞는 맞춤형 교육이 이루어지고 있습니다. 이러한 노력은 학생들에게 더 넓은 세상을 경험할 기회를 제공하며, 각자의 강점과 개성을 발견할 수 있도록 돕습니다.

이처럼 KIS는 한국 밖에서 한국의 미래교육을 실현하며, 학생들에게 최적의 교육 환경을 제공하는 학교입니다. 혁신적인 교육 모델을 기반으로 한 KIS의 이야기를 많은 분들께 진심을 담아 추천합니다.

호치민시한국국제학교는
AI교육의 가장 선도적 모델

조현구 클래스팅 대표

교육은 개인의 성장뿐 아니라 사회의 미래를 형성하는 중요한 힘입니다. 이 책은 전 세계를 무대로 한국 교육의 가치를 고민하고, 이를 실현하기 위한 열정을 담고 있습니다. 글로벌 시대에 한국 교육이 어떻게 변화하고 도약할 수 있는지, 그리고 이를 위해 필요한 혁신적인 시각과 전략을 제시하며 독자들에게 깊은 통찰을 제공합니다.

저는 클래스팅을 통해 디지털 학습 환경의 변화를 주도하며, 한국 교육이 가진 가능성을 전 세계에 알리고자 노력해 왔습니다. 이 과정에서 가장 절실히 느낀 점은 교육의 본질과 현장을 이해하는 동시에, 미래의 변화에 유연하게 대응할 수 있는 사고가 필요하다는 것입니다. 이 책은 그러한 지혜를 독자들에게 선사합니다. 호치민시한국국제학교는 AI교육의 가장 선도적 모델이자, 클래스팅과 함께 학습자에게 맞춤형 개별화교육을 제공하고 있습니다.

저는 KIS를 직접 방문하였고, 이 책을 읽으며 저 역시 새로운 영감을 얻었으며, 교육자로서, 그리고 경영자로서 더 큰 꿈을 꾸게 되었습니다. 교육을 사랑하는 모든 분께 이 책을 강력히 추천해 드립니다.

추천의 글

KIS는 글로벌 교육의
새로운 모델을 만들어갈 것입니다

최은호 호치민시한국국제학교 이사장

호치민시한국국제학교는 학생들의 꿈을 키우고 미래를 설계하는 매우 특별한 배움터입니다. 이곳에서 우리는 한국 교육의 우수성을 기반으로 글로벌 역량을 갖춘 인재를 양성하며, 급변하는 시대 속에서도 학생들이 미래 사회의 주역으로 성장할 수 있도록 끊임없이 노력하고 있습니다.

이 책은 최근 KIS가 만들어온 혁신적인 교육의 발자취를 담고 있습니다. 변화와 도전의 시대 속에서도 우리 학교가 학생 중심 교육을 실현하고, 창의적이고 주도적인 학습 환경을 조성해 온 과정이 담겨 있습니다. 무엇보다도, 이러한 성과는 교직원들의 헌신과 열정이 있었기에 가능했습니다. 학생 한 명 한 명의 가능성을 발견하고, 사랑과 책임으로 지도해 온 선생님들의 노고에 깊은 존경과 감사를 표합니다.

KIS는 앞으로도 시대를 앞서가는 교육을 실천하며, 글로벌 교육의 새로운 모델을 만들어갈 것입니다. 이 책이 우리 학교의 특별함을 더욱 널리 알리고, 미래 교육의 방향을 고민하는 한국의 많은 이들에게 귀중한 통찰을 제공하기를 기대합니다.

차례

1장

한국 밖에서
한국 교육을 꿈꾸기

한국 밖,
한국 교육

외국계 국제학교보다 인기 있는 한국학교가 호치민에 있다?
—

　　　　　최근 해외에서 혁신적이고 미래 지향적인 교육활동으로 외국계 국제학교들을 제치고 인기가 급상승하는 한국학교가 있다. 2023년 중앙일보 "수능 안 바뀌면, 미래 없다" 기획 시리즈에서 경쟁력 있는 학교로 소개된 호치민시한국국제학교(Korena Intenational School Ho chi minh City, 이하 KIS)의 사례이다. 1998년 87명으로 개교한 이 학교는 현재 유 · 초 · 중 · 고 학생 수가 2,100명이 넘는 세계 최대 규모의 한국학교로 성장하였다. 현재는 호치민 내 많은 교민의 입학 수요를 감당하지 못하고, 입학 경쟁률이 많게는 20:1에 달할 정도로 입학 대기자가 줄을 서고 있다. 한국이 아닌 외국에서 한국인 교사가 한국 교과서를 가지고 한국 교육과정을 똑같이 운영하면서도 어떠한 점 때문에 이렇게 인기가 있는 것일까? 그 비결은 한국과 같으면서도 다른 특별한 교육들이 있기 때문이다. 이 학교는 한국학교이면서도 동시에 글로벌 국제학교로서의 모습과 다문화 통합학교로서의 모습도 갖추고 있다. 최근 한국의 학교들이 나아갈 길을 잃고 여러 가지 어려움을 겪고 있는 상황 속에서 우리는 KIS의 사례를 통해 향후 국내 학교들이 어떻게 나아가야 할지 살펴볼 필요가 있다.

KIS는 한국의 학교보다 많이 부여된 교육과정 편성 운영 재량권을 적극적으로 활용하고 있다. 재외한국학교에게 주어진 시수 감축과 교과목 개설권을 활용하여 학교 교육계획에 맞추어 교과 시수를 감축하여 남는 시수를 활용하고, 교육패러다임의 변화에 발 빠르게 움직이는 새로운 교과목들을 개발하여 운영해왔다. 또한 유치원부터 초등학교, 중학교, 고등학교에 이르기까지 연계된 교육과정을 통해 미래사회에 필요한 AI교육, SDGs교육, 창의융합 탐구 등 발달 단계에 맞는 교육활동을 체계적으로 펼쳐 나가고 있다. 특히 영어, 베트남어, 한국어 3중 언어교육을 실시하며, 수준별 분반 수업과 몰입 수업을 통해 원어민 교사들이 단순히 회화수업만 담당하는 것이 아니라 생물학, 비즈니스, 경제학 등 전공 선택과목을 학교 교육과정에 도입하여 글로벌 국제학교로서의 모습도 갖춰 나가고 있다. 그 외 AI 활용 기초학력 강화 맞춤형 개별화 시스템 운영, 다문화 멘토링 및 튜터링제, 공동교육과정과 AP소인수 교육과정 운영 등 특별한 교육활동을 통해 이제 외국계 국제학교와도 당당히 어깨를 나란히 할 수 있게 되었다.

인기의 비결은?
기본에 충실하면서도 특별한 KIS 교육과정의 힘
—

KIS의 인기 비결은 무엇일까? KIS의 교육 경쟁력이 무엇이냐고 묻는다면 무엇보다 탄탄한 학교 교육과정의 운영이다. 교사들은 학교 교육과정을 충실하게 이행하고, 교육과정에서 제시하는 인재상인 창의융합형 인재를 키우기 위해 고민하고 연구하며 다양한 프로젝트 수업을 기획하고 운영하고 있다. KIS의 교육은 모두를 위한 교육과정을 지향한다. 보편적 성격으로 공통교과를 내실화하면서도 기초학력을 보장하는 기초과정과 다양한 영역에 걸쳐 심화된 과정을 제공하고 이수할 수 있도록 도와준다. 또한 한국에서는 도입하기 어려운 수월성 교육을 개방화하여 누구나 도전하고 참여할 수 있게 한다. 이는 수월성 교육에 대한 거부감이 덜하고 시대의 흐름에 따라 적절한 변화를 받아들이는 시스템이 작동하기 때문이다. 즉 학교는 학생들의 수준과 진로에 맞는 다양한 과목을 선택하여 운영하도록 시스템을 작동시키고 있다. 한국 교육의 문제는 사실 학제나 교육과정, 교과서, 교사의 문제는 아닐 것이다. 수능에서 좋은 성적을 내기 위해 고등학교 수업이 파행적으로 운영하거나, 소위 명문고등학교에 진학하기 위해 유-초-중학교 때부터 선행학습에 매달리기 때문이다. KIS에서는 한국인 교사가 한국 교과서로 한국의 교육과정을 충실하게 따르기만 해도 가능하다는 점은 큰 시사점을 준다. 아래 내용은 KIS에서만 볼 수 있는 특별한 교육활동을 정리한 것이다.

① KIS에서는 3중 언어교육(한국어, 영어, 베트남어)을 증배된 시수를 통해 배우며, 수준별 수업 등을 실시한다.

② AI 교육과정, 이음교육을 통한 연계형 교육과 초-중-고 연합캠프, 다문화멘토링 및 튜터링 등 유·초·중·고 연계형 교육을 운영한다.

③ 선택형 교육과정, 공동교육과정 및 소인수(AP)수업, AI기초학력시스템 등을 운영하여 개별화 교육을 실현한다.

④ 다국가간 국제교류 수업을 실시하고, 한국–대만–일본 English Exchange Event, 모의유엔(KISMUN) 등 국제학교와 유사한 교육활동이 많다.

⑤ 학생정책공모전, 학생의날 운영 등 초·중등 학생회 활동을 매우 활발히 전개한다.

⑥ 초등·중등 오케스트라, 뮤지컬반, 사물놀이반, 밴드부, 댄스부 등 다양한 동아리가 활발히 운영되며, 등굣길 음악회, 런치콘서트, 스포츠대전 등 다채로운 행사가 많다.

⑦ 교직원 참여 제안제도, 학년·일반 전문적학습공동체, 교직원동호회, 학부모성장 아카데미, 케바시(KIS를 바꾸는 시간) 등 함께 성장하는 교육공동체를 만들어간다.

선순환이 이루어지는 학교,
좋은 선생님-좋은 교육과정-좋은 학생
—

KIS는 기본적으로 선순환 구조가 작동되는 학교이다. 해마다 한국에서 좋은 선생님들을 모셔온다. 이는 교사의 선발권이 학교에 있기 때문이다. 재외 한국학교 중 KIS는 꽤 인기가 많은 편이다. 호치민이라는 도시가 주는 매력인 저렴한 물가, 한국인이 살기 좋은 한인촌 구성 등이 있지만 무엇보다 학교의 근무조건과 본인만의 수업을 펼쳐나갈 수 있다는 학교교육과정을 보고 많은 교사가 지원한다. 교사 선발 경쟁률 역시 많게는 10:1이 넘는다. 학교에게 주어진 교사 선발권을 활용하여 한국의 국·공·

사립 교사를 대상으로 공정하고 투명하게 선발한다. 선발은 서류면접과 집단면접을 통해 이루어지고 학교교육과정에 대한 이해도, 수업 및 교과 전문성, 전문적학습공동체 경험, 영어 면접 등을 통해 최종 선발된다. 이렇게 각 학교급, 교과별로 우수 교사들이 선발되면 학교 내 다양한 교원학습공동체를 통해 자기계발과 수업연구에 몰두한다. 이들은 학교 교육과정을 스스로 기획 운영하며 이를 지속적으로 개발 보완해 나가고 있다. 좋은 선생님들이 우수한 교육과정을 개발하여 열심히 가르치면 당연히 학생들과 학부모들의 만족도도 매우 높아진다. 결국 이는 좋은 입시결과로 나타나 지역에 좋은 학교로 알려지고 진로 진학에 열정 있는 학생들이 들어오며 다시 교사들이 좋은 수업으로 이어가는 선순환 구조를 가져온다.

궁극적인 힘은 학교의 자율성이다
—

　　　　　KIS의 선순환 구조의 궁극적인 힘은 바로 학교의 자율성이 작동하기 때문이다. "수능이 없으면 학교가 달라질까?" 객관식 시험의 종언을 다루고자 했던 중앙일보에서 기획시리즈 초기 단계에서 국내 학교에서 이러한 성공사례를 찾으려 했으나 찾지 못했다고 한다. 그러다 KIS를 발견하게 되었는데, 취재를 요청했던 기자가 가장 궁금해했던 질문은 바로 "도대체 왜 한국에서는 어려운 교육이 호치민에서는 가능하게 되었을까?" 였다.

　한국의 교육과정은 전 세계적으로 살펴봐도 훌륭한 교육과정이다. 다만 이러한 교육과정의 취지에 맞게 학교 수업이 이루어지지 못하는 한국의 현실이 존재하는 것이다. 반면 KIS에서는 대학입시가 끝난 12학년(고3) 2학기 수업도 잘 이루어진다. 공부를 잘하든 못하든 모든 학생들이 각자가 꿈꾸는 진로가 있고, 학교는 학생들의 다양성에 맞는 과목과 교육과정을 선택할 수 있도록 제시한다. 초등학교, 중학교에서는 영어, 베트남어, 한국어 과목의 수준별 수업이 다양하게 개설되고, 고등학교에서는 완전 선택형 교육과정, 공동교육과정, 소인수 교육과정이 있다. 각자가 수업, 행사 등 다양한 학교생활에 충실하게 참여하고, 그 내용을 학교생활기록부와 학교생활보충자료에 담아 이를 바탕으로 대학입시를 치른다. 100명의 학생을 한 방향으로 뛰게 하면 1등은 한 명 밖에 나오지 않지만, 각자의 방향으로 뛰게 하면 모두가 1등이 될 수 있는 방식이다.

이러한 교육이 가능한 이유는 앞에서 언급한 대로 한국보다 많은 학교의 자율성이 있기 때문이다. 이 자율성의 큰 세 가지 축은 학교교육과정 편성·운영의 자율권, 교사 및 학생 선발의 인사권, 그리고 학교예산편성 운영의 자율권이다. 이를 적극 활용할 수 있는 제도적 뒷받침이 있어 특별한 교육과정과 학교 교육활동 추진이 가능하였다.

물론 학교에 자율성만 있다고 해서 학교가 학교답게 잘 작동하는 것은 아니다. 학교 자율성이란 학교가 자체적으로 교육과정과 교육방침, 교사와 학생 지원 등에 대한 결정을 내릴 수 있는 권한을 의미하지만, 이것이 주어진다고 해도 교사들이 역량을 발휘할 여건과 문화가 조성되지 않으면 이를 활용하지 못하고 형식적 자율성에 빠질 수 있다. 예를 들어 창의적이고 융합적인 교육 프로그램을 도입할 수 있는 자율권이 주어졌음에도 불구하고 여전히 대학입시에 유리한 과목과 수업 형태에만 집중하는 국내 사례를 보면 알 수 있다. 또한 표준화된 방식을 따르는 것이 효율적이라는 문화가 교사들이 개별적 역량을 키우거나 학생 특성에 맞는 다양한 교육활동을 하지 못하게 하기도 한다. 따라서 학교의 자율성은 학교교육의 성장을 위한 필요조건이지, 충분조건은 아닐 것이다.

학교는 기본적으로 배움의 공동체이다. 학생뿐만 아니라, 학부모, 교직원 모두 가르치고 배우며 함께 성장하는 공간이 학교인 것이다. 한국의 교사들이 교실이라는 벽에 가로막혀 혼자 고립되거나 뜻이 맞는 교사들끼리 함께 협력하는 것에 한계가 있다면, 재외라는 특수성 때문인지 KIS 교사들은 기본적으로 협력하는 모습을 많이 발견한다. 이는 학교에 전입하는 교사들 대부분이 공통적으로 말하는 현상이다. 교사들뿐만 아니라 행정직원들도 비슷한 이야기를 한다.

학교 내 전문적학습공동체, 제안제도, 교원 동호회 등이 구성되고, 매우 활발한 활동을 전개한다. 유치원교사, 초등교사, 중등교사, 영어 원어민 교사, 베트남어 교사, 행정직원 등 출신도 전공도 매우 다른 이질적인 교직원들이 함께 모여 스스로 가지고 있는 지식을 서로 공유하고 새로운 프로젝트를 함께 생산하는 다양한 활동에 적극적으로 참여한다. 교과와 수업을 새롭게 기획해보고 새로운 교육활동을 진행하면서 KIS 교직원들은 전문적학습공동체(Community of Practice)를 발전시켜 나간다. 서로 간 상호작용을 통해 교과의 지식, 경험, 생각 등을 나누고 소통하는 모든 과정이 이상적인 실천공동체가 현실로 되는 순간들이다. 이렇게 교직원 스스로 전문성을 개발하며 학교교육을 혁신적으로 이끄는 주체자로 여기는 것이 학교를 변화시키는 가장 큰 원동력이라 하겠다.

KIS가
한국 교육에 주는 꿈

최근 국내 학교의 현실은? 나아갈 길을 잃고 헤매다

현재 한국의 학교들은 나아갈 길을 잃고 그 길을 못 찾고 있는 형국이다. 미국 대통령 오바마가 극찬했던 한국 교육의 경쟁력이 이제는 한계와 위기에 봉착했다고 여러 곳에서 진단하고 있다. 한국 교육이 그동안 주목을 받았던 것은 주로 높은 학업 성취도와 교육열 덕분이었다. 한국 학생들이 국제 학업성취도 평가(PISA) 등에서 꾸준히 상위권을 차지하며, 교육에 대한 국가적 투자와 학생, 학부모의 열정이 잘 어우러진 결과라고 판단되었기 때문이다. 이러한 교육을 바탕으로 한국은 고도의 경제성장과 전 세계가 주목하는 민주주의를 이룩해왔다. 하지만 최근 한국 교육은 여러 가지 도전에 직면하고 있다. 한국 학생들의 학업 성취도는 여전히 상위권을 유지하고 있지만, 그 내면을 들여다보면 빨간불이 켜진 상황이다.

먼저 인구 감소와 학령인구 감소로 인한 학교 폐교 및 통폐합 문제가 심각하게 대두되고 있다. 2023년 한국의 출산율은 0.78명으로 전 세계에서 가장 낮은 수준이고 이로 인해 학령인구도 급감하고 있다. 특히 지방 중소도시에서는 학교의 존립 자체도 어려운 상황이며 향후 학교 폐교와 통폐합은 가속화될 것으로 예상된다. 둘째, 학교공동체가 무너지고 있다. 교사, 학생, 학부모 간의 신뢰가 깨지며 학교가 학교다움을 잃고 있는 것이다. 학교에서 아동학대 및 학교폭력 문제 등 학부모와의 첨예한 갈등이 곳곳에서 일어나고 있다. 교사들은 교권 추락과 민감 업무 폭증에 대한 불만을 표출하고 있으며, 대표적으로 2023년 서이초 사태를 계기로 그 갈등은 최고조에 이르렀다. 많은 교사들은 교권 약화와 학부모의 압력으로 정신적 소진을 경험하고, 일부 교사들은 더 이상 교육 현장에서 일할 수 없다는 한계에 봉착하고 조기 퇴직을 선택하기도 하고, 젊은 세대들이 교직에 대한 매력을 느끼지 못하고 불안감이 증대되고 있다. 많은 전문가들은 교육 현장의 신뢰 회복이 필요하다며 이를 위한 제도적 지원을 요구하고 있지만 이를 해결하기는 쉽지 않아 보인다.

최근 한국 학교의 미래 아젠다로 도입을 추진하고 있는 고교학점제, AI교육, 다중언어교육, 다문화교육, 기초학력 맞춤형 시스템, 미래형 통합학교, SDGs교육 등의 이슈를 이미 KIS에서는 학교 시스템 안에서 실현해 나가고 있다. 길을 잃고 헤매고 있는 국내 학교들에 한국도 아닌 해외에 있는 KIS의 성공 사례를 살펴보면서 시사점을 도출하고 앞으로 한국의 학교가 나아갈 방향에 대한 모색해보고자 한다.

KIS가 보여준 미래 학교 모델
—

KIS는 한국학교이면서도 통합학교, 국제학교, 다문화학교로서의 모습을 가진다. 첫째, KIS는 유치원, 초등학교, 중학교, 고등학교가 함께 있는 통합학교이다. 게다가 학생 수가 2,000명이 넘는 대규모 학교이다. 물론 학교급 교육의 완전 통합 형태는 아니지만, 한국보다 훨씬 앞서 있는 교육과정의 연계, 학생 생활지도의 연계, 다양한 교육활동의 연계가 이루어지고 있다. 대표적인 교육과정 연계 사례로 2023년부터 도입된 KIS AI교육과정이 있다. 유-초-중-고 각 학교급별 시수를 확보하고, 학생들의 발달 단계에 맞는 AI 교육내용 체계를 구성하였으며, 이를 위해 유-초-중-고 연합 교사TF를 운영하였다. 그리고 SDGs교육, 수준별 영어수업, 베트남어 수업 등 유치원부터 고등학교까지 이어지는 연속적인 교육과정을 통해 학생들이 점진적으로 성장할 수 있도록 돕고 있다.

생활지도 영역에 있어서도 연계하여 이음교육을 실시하고 있다. 통합학교는 학교급이 바뀌더라도 학생들의 성향과 발달 상황을 좀 더 깊게 이해할 수 있어 맞춤형 생활지도가 가능하다. 유-초, 초-중, 중-고 단계에서 학교급을 달리한 교사들끼리 협의회를 실시한다. 예를 들어 6학년 담임교사들이 중학교 반 편성에 필요한 학생 정보를 제공하고, 이를 적용하여 생활지도의 효과를 높인다. 또한 6학년 학생들이 중학교에 올라가기 전 별도의 시간을 마련하여, 중학교 선생님들이 방문하여 달라지는 중학교 교육과정과 생활과 학생 규칙 등을 자세하게 안내한다. 이를 KIS에서는 이음교육이라고 부른다. 학생회 활동 역시 후배들이 선배들의 활동에 참여하거나 선배들이 기획한 선거 캠페인, 정책 제안 등을 보면서 유권자 설득 과정 등을 지켜보며 배울 수도 있다.

이외에도 초-고 연계 재능나눔 튜터링, 초-중-고 연계 해커톤 활동 등 다양한 연계 교육활동이 진행된다. 재능나눔 튜터링은 교과목별로 기초학력이 부진한 초등학생들을 선발하고, 고등학생과 1:1 매칭을 하여 주 2회 방과후 시간에 학습지도를 제공하는 프로그램이다. 주로 고등학생인 10~12학년 학생들은 튜터가 되어 자신의 학습 경험과 다양한 재능을 초등학생에게 나누는 봉사활동을 진행한다. KIS에서는 작년부터 개별화 AI 러닝 프로그램인 클래스팅(CLASSTING)을 학습에 도입하고 있는데 다양한 과제 활동을 재능나눔 튜터링을 통해 도움을 주고 있다. 또 다른 연계 교육활동으로 해커톤 캠프를 초-고, 중-고 운영하고 있다. 방과후학교 과정으로 운영되는 '소프트웨어(SW) 퍼실리테이터(조력자) 양성 과정'을 이수한 고등학생들이 초등학생 또는 중학생에게 멘토가 되어 해커톤 프로젝트를 운영하는 방식이다. 2024년도에는 '호치민 도시의 문제점을 해결하라'라는 주제로 캠프가 개최되었고 멘토 고등학생의 도움을 받아 멘티 초등학생 또는 중학생이 낸 아이디어를 해결하는 과정에서 서로 가르치고 배우는 역량을 쌓게 된다.

이러한 연계 활동이 가능한 힘은 학교급을 연계한 전문적학습공동체, 교직원 참여 제안제도, 동호회 등이 있기 때문이다. 유치원, 초등, 중등, 고등 교사들은 학년별로 적합한 교수법이 다르기 때문에 적용 가능한 요소들을 함께 공유하고 고민한다. 서로 다른 학교급의 교사들이 함께 문제를 해결해 나가는 과정을 통해, 특정 학교급에 국한된 시각이 아닌 폭넓은 시각에서 교육 문제를 바라보고 해결책을 마련할 수 있게 된다. KIS에서는 학교급을 연계하여 할 수 있는 활동으로 전문적학습공동체뿐만 아니라 교직원 참여 제안제도와 교직원 동호회가 있다. 교직원 참여 제안제도는 교사뿐만 아니라 원어민 선생님, 행정직원들도 함께 하며 시너지를 내고 있으며, 교직원 동호회 또한 활발히 운영되며 교사들은 학교급을 넘어 친목을 다지게 된다.

둘째, KIS는 글로벌 국제학교로서의 미래학교 모델을 제시한다. KIS는 글로네이컬(GloNaCal) 교육을 교육목표로 삼고 학생들이 '자신의 꿈을 향해 힘차게 도전하고 함께 나누며 미래를 개척하는 세계시민'으로 성장할 수 있도록 교육활동을 펼치고 있다. '글로네이컬(GloNaCal)교육은 Global+National+Local'의 합성어로, 학생들이 한국인으로서의 정체성을 지니고, 베트남의 언어 및 문화 역사를 이해하고 사랑하며, 세계와 인류의 지속가능한 발전에 기여하는 세계시민 교육을 뜻한다. 다양한 삼중언어 교육을 위해 한국어교육(핵심역량교육, 세종한글반), 영어(수준별, 원어민 공동담임, 체험활동), 베트남어 교육(수준별, 베트남어 말하기 프로젝트) 등을 집중 교육하고 있다. 이를 위해 언어교육에 많은 인력과 교과시간을 배치하여 다국적 학생들을 위한 교육기관인 국제학교 만큼의 모습을 펼쳐 나가고 있다. 한국과 세계를 잇는 인재교육의 일환으로 한-대-일 Exchange Event[1], 국제학교 간 글로벌 축제[2], 학교 간 공동교육과정[3], AP수업[4], KISMUN[5] 등 다양한 국제교류 교육활동을 추진하고 있다.

KIS는 다문화학교로서 미래학교 모델을 제시한다. KIS에서는 2024년 입학한 학생 140명 중 52%인 73명이 한-베 가정의 학생이며, 다문화 학생 비율이 꾸준히 증가하고 있다. 이 학생들은 양국의 문화와 정체성을 동시에 가지고 성장하며, 다른 언어를 구사할 수 있는 장점을 가졌지만, 주로 육아를 담당하는 어머니 영향으로 베트남어를 유창하게 구사하는 한편, 한국어에 대한 이해나 한국어 구사 능력이 한국인 부모의 가정보다 부족한 학생들의 비율이 높다. KIS에서는 한국어, 영어, 베트남어의 삼중언어를 기반으로 하는 학교교육과정이 구성되어 있으나 한국인 교사들에 의한 한국어 수업이 주를 차지하기 때문에, 언어능력의 차이는 학습결손으로 이어지는 경우

---

1 KIS는 인근의 대만학교, 일본학교와 매년 영어로 서로의 문화를 소개하는 공동수업과 전통 체험 행사를 실시하고 있다.

2 KIS는 호치민에 위치한 다양한 국제학교와 연계하여 스포츠, 환경, 공연 등 다양한 글로벌 축제를 개최하고 있다.

3 KIS는 2022년부터 하노이한국국제학교, 방콕한국국제학교와 다양한 과목 개설을 위한 온라인 공동교육과정을 운영하고 있다.

4 KIS는 미국 College Board에 정식으로 등록하여 정규 소인수교육과정으로 AP수업(대학 선이수 과목)을 개설 운영하고, 매년 AP 테스트 고사장으로 운영하고 있다.

5 KIS 학생들은 글로벌 리더십과 국제적 소양을 키우기 위해 국제 문제를 모의 유엔 형식으로 토론하고 해결책을 모색하는 학술 행사를 진행하고 있다.

가 많다. 심지어 한국어가 서툰 경우, 친구나 선생님과의 소통에서도 어려움을 겪게 되며 이는 사회적 관계 형성에 영향을 미치고 학교생활에서 고립감을 느낀다는 학생이 관찰되기도 한다. 이를 보완하기 위해 학교 내 다양한 프로그램을 운영 중이다. 기본적인 학교의 가정통신문은 한국어와 베트남어로 동시에 안내되며, 학부모 설명회 또한 베트남어 통역 서비스를 제공한다. 고등학교 재학 중인 선배 언니 오빠가 언어적 문제로 학습결손의 어려움을 겪는 초등학교 동생들의 학습을 도와주는 다문화 멘토링 프로그램으로 이러한 문제들을 풀어가고 있다. 고등학생 멘토들이 초등학생들에게 한국어 어휘 학습을 실시하거나, 여러 가지 교과의 개별지도, 숙제 등을 도와주고, 학습에 대한 상담을 해주며, 학습에 어려움을 겪는 초등학생들이 학습결손을 만회할 수 있는 시스템을 운영하고 있다. KIS에는 이러한 시스템이 원활하게 작동되도록 하는 여러 가지 여건을 갖추고 있다.

학교소개 영상

건축홍보 영상

<KIS 이야기>
KIS에서만 볼 수 있는
특별한 장면들

새내기 마음

강원구

새내기는 내 마음의 거울을 바라보며
해맑은 벗의 얼굴도 떠올려 볼 수 있기를

새내기는 배움을 두려워하지말고
가르침과 지혜의 말씀에 용기 가득하기를

새내기는 부모님 은혜에 감사하며
추수를 앞둔 황금들녘처럼 겸손할 수 있기를

새내기는 부족함을 감추려 하기 보다
광활한 은하계를 밝히는 별처럼 빛날 수 있기를

새내기는 원대한 꿈과 푸르른 미래를 향해
봄날의 새싹처럼 무럭무럭 성장해 나갈 수 있기를

학생들의 모습에서 전해지는, 봄 내음

           KIS를 걷다 보면 곳곳에서 학생들이 어우러지며 만들어 가는 따뜻한 풍경이 눈에 들어오면서, 봄 내음이 느껴진다. 이곳에서 학생들은 단순히 학년별로 나뉜 공간에 머무르지 않는다. 유치원부터 고등학생까지 다양한 나이와 경험을 가진 학생들이 서로 자연스럽게 조화를 이루며 배움의 형태를 다채롭게 만들어가고 있다. 우리 학교는 이러한 특수성을 교육적으로 지혜롭게 활용하며, 모든 학생들이 자연스럽게 성장할 수 있는 환경을 만들어왔다.

  학생들은 주변 사람들과의 관계 속에서 성장한다. 이 과정에서 다른 사람의 행동, 감정, 반응을 모델로 삼아 배우며 사회적 기술과 정서적 이해력을 키운다. 우리 학교의 학생들은 이러한 어우러짐 속에서 서로를 모델 삼아 자신만의 역량을 키워가고 있다.

  초등학생과 중 · 고등학생이 함께 어우러지는 활동은 우리 학교만의 특별한 환경이자 강점이다. 중 · 고등학생들은 초등학생들의 멘토가 되어 그들에게 도움을 주고, 초등학생들은 선배들의 관심과 지도를 받으며 자신감을 얻는다. 창의적 체험활동과 자율 동아리 부스 운영에서도 선후배가 함께 어우러지며 서로를 돕고 배우는 풍경이 자주 펼쳐진다.

  학기 초, 다문화 멘토링 오리엔테이션에 참여해야 한다며 상담실을 찾은 한 학생이 떠오른다. 초등학생들의 멘토로 활동하게 된 이 학생은 새로운 상황에 적응하는데 시간이 필요한 성향을 가지고 있다. 그래서 학생들을 만나는 데 대한 기대감과 긴장감이 동시에 찾아왔던 것이다. 짧은 상담 이후, 그 학생은 자신의 역할을 묵묵히 해냈고, 시간이 지나면서 초등학생 학생들을 귀여워하며 멘토 역할을 능숙히 해내는 모습으로 변해갔다. 한 해가 끝날 무렵, 멘토링 활동을 통해 성장한 자신을 자랑스럽게 이야기하며 다음 학년도 활동까지 기대하는 모습을 보였다.

중고등학생들 간의 어우러짐도 이와 크게 다르지 않다. 우리 학교는 중학생과 고등학생이 하나의 학교급으로 묶여 있어 자연스럽게 선후배 간의 관계가 돈독해진다. 중학생들은 고등학생 선배들의 책임감 있고 진지한 태도를 보며 스스로도 그런 선배가 되고 싶다는 목표를 품는다. 반대로 고등학생들은 후배들에게 리더로서의 역할을 해야 한다는 책임감을 느끼며 리더십을 배운다. 함께 준비하는 행사와 프로젝트는 서로 다른 시각과 아이디어가 만나 더욱 풍성해지고, 선후배 간의 관계는 학교생활의 중요한 자산으로 자리 잡는다.

특히, 우리 학생들은 퍼실리테이터로 성장해 또 다른 배움의 주체가 되는 경험을 할 수 있다. 독서 퍼실리테이터 양성 과정을 통해 초등, 중등 후배들을 대상으로 독서캠프를 기획하고 운영했던 고등학생들의 이야기가 떠오른다. 그들은 캠프를 마친 후 "드디어 끝났다!"며 자신들의 이야기를 털어놓았다. 준비 과정에서 느꼈던 어려움과 친구들과의 갈등, 그러나 그 모든 것을 극복하고 성공적인 결과를 만들어낸 경험은 그들에게 커다란 성취감을 안겨주었다. 이 과정에서 학생들은 단순히 프로그램을 기획하고 실행한 것 이상으로, 협력과 성장의 기쁨을 배울 수 있었던 것이다.

얼마 전 초등 상담선생님이 느린 우체통 행사를 진행하며 감동을 전했던 이야기가 있다. 학생들이 서로에게 편지를 전하려고 상담실 밖에 길게 줄을 서 있는 모습을 보며, 선생님은 "학생들이 서로를 얼마나 소중히 생각하는지 느낄 수 있었다."고 말했다. 학생들이 함께 배우고 성장하는 모습은 교사와 다르지 않다는 감탄도 덧붙였다.

이처럼 서로 어우러지며 배우는 과정에서, 학생들은 부족한 점을 채우고 배울 점을 나누며 함께 성장한다. 우리 학교는 이러한 배움과 조화를 가능하게 만드는 환경을 만들어가며, 학생들이 서로를 통해 더 나은 자신으로 변화할 수 있도록 돕는다. 학생들이 서로의 손을 잡고 만들어가는 이 모습은 KIS를 따뜻한 봄날처럼 물들인다. 이곳에서 우리는 서로를 통해 조금씩 더 나은 세상과 더 나은 자신을 만들어가고 있다.

우리의 문제는 우리 손으로!
학급 모두가 참여하는 캠페인 활동
—

KIS 교내를 거닐다 보면 다양한 벽보와 포스터를 만날 수 있다. 어른들이 만든 세련된 포스터는 아니지만, 찬찬히 살펴보면 학생들의 마음을 느낄 수 있다. 얼마 전 2층에서 등굣길 음악회를 바라보다가 난간 사이에 목이 낀 학생이 있었다. 그걸 보고 만들어진 '목을 빼고 밑을 보지 마세요!' 포스터도 있고, 10월 25일 독도의 날을 기념해 학생들이 대자보처럼 협동해서 붙여놓은 '독도가 우리 땅인 이유'에 대한 글도 있다. 매점 앞에는 학생들이 직접 '쓰레기는 쓰레기통에' 버려달라는 내용의 포스터도 붙어있다.

KIS에서 학생들은 자신의 의견을 자유롭게 개진하고, 교내에 붙일 수 있다. 선생님들은 학생들이 하는 캠페인 활동을 장려하며, 교장 선생님께서도 무엇이든지 좋은 의견을 내면 수용해 주신다. 학생들이 자신들의 목소리를 낼 수 있을 때, 진정 학교의 주인으로 거듭나고, 스스로 문제를 해결해 내는 능력을 기를 수 있다. KIS는 학생들의 생활 속 '문제해결력'을 길러내며, 진정한 의미의 자치 활동이 이뤄지는 학교다.

보통 학생 자치활동은 주로 전체 학생을 대표하는 학생 자치운영위원회(이하 학생회)가 주도하는 행사로 이루어진다. 그러나 진정한 자치활동의 활성화를 위해서는 학급 단위의 자치회를 어떻게 활성화할 것인가가 핵심 과제일 것이다. 이를 위해 마련된 프로그램이 바로 학급별 교문 캠페인 활동이다. 학급별 교문 캠페인 활동은 아침 등교 시간에 교문 앞에서 진행되며, 각 학급은 임원을 중심으로 학급 회의를 통해 캠페인 주제를 선정한다. 주제는 학교 규정 준수 및 폭력 예방, 환경 보호 실천, 역사적 기념일 등 최근의 중요한 사회적 이슈도 포함되며, 캠페인의 목적과 의미에 맞는 다양한 활동들이 전개된다.

학생회의를 통해 학생들은 월별로 주제를 정해 구체적인 자치 활동을 진행한다. 2024년도에는 '안전한 학교'를 주제로 해서 학생회 중심으로 캠페인 활동이 이뤄졌다. 한 학년에 5개 반이 있는데, 요일별로 월요일에는 1반, 화요일에는 2반 임원들과 전교 임원들이 모여 점심시간마다 학교를 돌아다니며 '뛰지 않기' 캠페인 활동을 하였다. 이를 통해 학생들 스스로 안전에 대한 경각심을 갖고 뛰지 않으려는 노력을 기울였다. 이외에도 '사이좋게 지내기', '선생님께 감사 표현하기' 등 다양한 주제로 자치활동이 이뤄져 왔다.

KIS에서는 학생회 활동에 대한 일반 학생들의 참여도와 호응도가 매우 높은 편이다. 학생회가 아무리 다양한 활동을 기획하고 실행하더라도, 일반 학생들의 참여가 저조하면 행사의 성공은 기대하기 어렵다. 예를 들어, 한국의 학교에서는 학생들이 학업과 방과 후 사교육에 많은 시간을 할애하기 때문에, 학교에서 진행되는 행사의 참여율이 상대적으로 낮을 수 있다. 반면, KIS에서는 사교육 부담이 적고 자율적인 분위기가 형성되어 있어, 학생들이 학교 행사를 자신의 중요한 활동으로 여기는 경우가 많다.

실제로 KIS에서 진행된 '세월호 10주기 추모' 행사를 보면, 학생들이 행사 기획부터 실행까지 적극적으로 참여하는 모습을 볼 수 있다. 위 행사는 학생회 문화부가 주관하여 세월호 참사희생자들을 추모하기 위해 노란 리본 만들기와 편지 쓰기 등 다양한 뜻 깊은 부스를 운영하고, 오케스트라 공연을 통해 학생들의 위로와 추모의 마음을 가슴 깊이 전달하였다. 한국 내 학교에서는 이러한 대규모 행사를 준비하는 데 있어 학업 부담 때문에 시간이 부족하거나 관심이 부족할 수 있지만, KIS의 학생들은 이러한 행사에 큰 열정을 보인다.

지루할 틈 없는 학교생활, 저도 할래요!
—

KIS에서 지내다 보면 교사와 학생들은 하루하루가 새롭다. 1년 365일 내내 학생들의 열정과 적극적인 태도에 깜짝 놀랄 때가 많다. 아침부터 활기차게 시작되는 학생들의 모습뿐 아니라, 학교에서 공지하는 행사나 대회, 활동마다 "저도 할래요!"를 외치는 학생들 덕분에 학교는 언제나 생기로 가득하다. 학생들만으로도 충분히 활기찬 이곳에서는 교사들까지 그 열정에 함께하며, 모두가 지루할 틈 없이 학교생활을 이어간다.

학기마다 열리는 초등학생들의 〈등굣길 음악회〉는 그 열정을 잘 보여주는 사례 중 하나다. 음악회를 준비하는 학생들은 노래를 부르고, 리코더, 바이올린, 피아노, 플루트 등 다양한 악기를 연주하며, 등교하는 친구들과 선생님들에게 잊지 못할 아침을 선사한다. 누구 하나 뒤처지지 않으려 밤늦게까지 연습하고, 자신이 무대에 서는 날을 손꼽아 기다리는 모습은 그 자체로 감동이다. 작은 무대 위에서 빛나는 학생들의 모습은 음악회를 넘어 서로의 하루를 따뜻하게 채워주는 작은 선물이 된다.

이 열정은 중·고등학생들에게도 그대로 이어진다. 한 달에 한 번씩 열리는 〈런치콘서트〉는 학생들의 끼와 열정을 펼칠 수 있는 특별한 무대다. 혼자 용기를 내 노래를 부르는 친구, 삼삼오오 모여 춤을 준비한 무대, 그리고 오케스트라 연주까지, 매번 새로운 공연으로 점심시간을 특별하게 만든다. 교장 선생님과 학생 교복을 입은 교감 선생님까지 참여해 학생들과 함께 노래를 부르고, 선생님들이 준비한 깜짝 무대가 펼쳐지기도 한다. 이 시간은 음악과 웃음이 어우러져 학생들에게는 잊을 수 없는 추억으로, 선생님들에게는 교실 밖에서 학생들과 교감하는 소중한 시간으로 남는다.

학교의 대표적인 자랑거리 중 하나인 〈KIS 오케스트라〉는 학생들의 열정이 가장 잘 드러나는 활동 중 하나다. 많은 교사가 "우리 학교 오케스트라는 꼭 봐야 한다."고 말할 만큼, 그 완성도와 열정은 상상을 초월한다. 수많은 학생이 하나의 무대를 위해 2시간의 공연을 준비하는 과정은 단순히 연습만으로 완성되지 않는다. 지휘자 선생님의 리더십, 그 자리를 소중히 여기는 학생들의 마음, 무대에 설 날을 기다리며 연습을 거듭하는 열정이 어우러져 만들어지는 결과물이다. KIS 오케스트라는 비전공자 학생들이 만든 호치민 최고의 오케스트라로 자리 잡았다.

런치 콘서트, 2024 KIS 오케스트라 정기 연주회

KIS에는 학생들뿐만 아니라 교직원들도 다양한 재능과 끼를 뽐내는 자리가 많다. 학생들을 위한 교직원 오케스트라가 운영되어 학생들과 합동공연을 하기도 하고, 크리스마스에는 산타 복장을 한 원어민 교사들이 캐롤 공연도 열린다. 특히 교직원 동호회 차원의 밴드부, 연극부, 댄스부 등은 평소 갈고 닦은 실력으로 학생들을 위한 특별공연을 열기도 한다. 한국보다 좀 더 개방적인 분위기, 틀리거나 못하더라도 서로 격려하고 해보면서 얻는 성취감이 이러한 KIS의 참여 문화를 만들어가고 있다.

학교 전체가 들썩이는 날도 많다. 축제, 스포츠데이, 학생의 날 등 하루를 통째로 사용하는 다양한 행사들은 모두 학생들이 직접 준비하며 그 가치를 더한다. 영상 제작, 동아리 부스 운영, 프로그램 기획 등 행사 곳곳에 학생들의 손길이 닿는다. 이 과정에서 학생들은 서로의 아이디어를 나누고, 친구들과 소통하며 자신감을 키운다. 이러한 활동 속에서 학생들은 단순히 배우는 사람이 아닌, 스스로 만들어가는 주체로 자리 잡는다.

"똑똑! 문 열어주세요."
주말에도, 방학에도 학교에 머무는 학생들
—

KIS 경비실에서 근무하시는 바오베(베트남에서 경비를 부르는 호칭) 아저씨들은 학생들로 인해 쉴 틈이 없으실 것이다. 주말에도, 방학에도 "똑똑! 열어주세요."라는 소리가 끊이지 않기 때문이다. 한국의 여느 학교와는 사뭇 다른 풍경이다. 우리 학교의 학생들은 마치 학교가 두 번째 집이라도 되는 듯, 수업이 끝난 뒤에도, 쉬는 날에도 학교에 오래도록 머문다. 학교를 좋아하는 마음은 학생들의 표정과 말투, 행동에서 숨기지 못하

KIS 중등 오케스트라 공연 영상

KIS 초등 뮤지컬 공연 영상

12학년 졸업생 립덥 영상

라온제나 기사

고 자연스레 드러난다.

호치민에 처음 전입한 교사들은 주말에 조용하고 한적한 학교를 기대하며 편안한 옷차림으로 학교에 왔다가 전혀 예상치 못한 풍경을 마주치며 놀라곤 한다. 교복을 입은 학생들과 사복 차림의 학생들이 섞여 학교 곳곳에 삼삼오오 모여 바삐 움직이고 있기 때문이다. KIS에는 주말에도 학교에 나온 학생들이 곳곳에서 시끌벅적한 대화를 나누며 웃음소리가 퍼지곤 한다. 생기 넘치는 그들의 모습을 통해 주말이라는 사실을 무색하게 만든다.

사실, 학생들이 학교에 나오는 이유는 누가 시켜서가 아니라, 스스로 오고 싶어서다. 어떤 친구들은 동아리 활동이나 학교 행사를 준비하기 위해 모이고, 또 어떤 친구들은 단순히 놀거나 운동할 장소로 학교를 선택한다. 여럿이 모여 창의적인 프로젝트를 기획하는 학생들, 봉사활동을 통해 도움을 주려는 학생들, 자신만의 취미와 관심사를 탐구하려는 학생들까지. 학교는 학생들에게 단지 배움의 터전이 아니라, 삶의 연장선이자 그들의 열정을 실현할 수 있는 무대로 자리 잡고 있다.

학생들은 KIS에서 자신의 가능성을 발견하고 꿈을 펼친다. 그 과정에서 학교는 단순히 의무적인 공간이 아니라, 학생들이 성장하고 스스로 완성해 가는 특별한 장소가 되었다. "똑똑! 열어주세요." 이 말은 어쩌면 학생들이 우리에게 전하는 가장 아름다운 요청일지도 모른다.

한 해의 끝자락이 다가오는 요즘, 우리 학교는 점점 더 많은 학생이 학교에 머물며 그들의 열정 어린 발걸음들로 생기를 띤다. 학생들이 만들어가는 웃음소리와 에너지가 이곳에 가득하다. 학교는 학생들의 꿈을 위한 무대가 되어, 그들이 마음껏 뛰놀고 배우며 자라나는 특별한 공간으로 존재하고 있다.

KIS에 머무르는 학생들이 학교를 좋아하는 이유는 무엇일까? 그 중심에는 학생들의 관심사와 필요를 세심하게 고려한 환경과 선생님들의 따뜻한 보살핌이 있다. KIS의 교사들은 단순히 가르치는 역할에 머무르지 않고, 학생들과 함께 무대에 서고, 활동을 기획하며 학생들의 꿈을 실현하는 동반자가 되어준다. 학생들을 응원하며 자신의 열정을 함께 쏟아붓는 교사들 덕분에 학교는 더욱 따뜻하고 특별한 공간으로 자리 잡았다. 방과후와 주말에도 학교에 남아 있는 학생들에게 선생님들은 그들이 필요한 도움을 제공하고, 따뜻한 격려를 아끼지 않는다. 예를 들어, 어려운 과제를 함께 풀어주거나, 진로에 대해 상담하며 학생들이 스스로 가능성을 믿을 수 있도록 돕는다. 학생들은 선생님들에게 신뢰를 느끼며, 학교에서 안전하고 편안하게 머무를 수 있다. 이 때문에 학생들은 학교를 단지 공부하는 공간이 아닌, 다양한 경험과 재미를 누릴 수 있는 장소로 인식한다. 학교는 학생들에게 흥미롭고 창의적인 시간을 제공하는 공간이다. 예술, 스포츠, 과학 실험 등 다양한 프로그램은 학생들이 자신의 재능을 발견하고 발전시킬 기회를 준다. 또한, 친구들과 함께 시간을 보내며 협동심과 사회성을 기를 수 있는 환경이 조성되어 있다. 이런 활동들은 학생들에게 학교에 대한 긍정적인 기억을 심어주고, 학습 외적인 즐거움을 더해준다.

이처럼 KIS는 학생들과 교사들의 열정이 만나 만들어지는 특별한 배움의 장이다. 학생들이 "저도 할래요!"를 외치며 뛰어드는 활동 속에서, 함께 웃고 배우고 성장하는 경험들이 쌓인다. 학교 곳곳에서 울려 퍼지는 학생들의 웃음소리와 열정이 학교를 가득 채우는 이곳에서, 우리는 더 큰 내일을 함께 만들어가고 있다.

교육활동에 함께 동행하는 학부모들과 교민사회
—

KIS는 단순히 학생들만의 공간이 아니다. 교실 문을 열고 들어서면 학생들뿐 아니라 부모님, 때로는 할머니와 할아버지까지 함께하는 모습을 종종 볼 수 있다. 이곳에서는 부모님도 학교생활의 중요한 일부로 자리 잡고 있다.

부모님들이 학교에 올 수 있는 날이면 학교는 조금 특별해진다. 〈학부모 공개수업의 날〉에는 학생 수에 비례할 정도의 많은 부모님이 방문해, 교실 안과 복도가 가득 찬다. 학생들은 부모님이 자신의 공부하는 모습을 지켜보는 것에 설렘과 긴장을 동시에 느낀다. 어떤 부모님은 질문하는 학생에게 환한 미소를 보내고, 또 어떤 부모님은 조용히 메모를 하며 학생의 학습 태도와 교사의 지도를 세심히 살핀다. 그런 날, 교실은 단순히 학습의 공간을 넘어 부모와 학생, 그리고 선생님이 한마음으로 소통하고 배우는 특별한 장소가 된다.

우리 학교만의 또 하나의 특별한 풍경은, 부모님뿐 아니라 할머니, 할아버지까지 학교에 함께하는 모습이다. 학부모 성장 아카데미 강의에 할머니, 할아버지가 두 손을 꼭 잡고 오셔서 강의를 듣고, 강의 후에는 강사님께 질문을 드리며 열의를 보였던 기억은 오래도록 남을 장면이다. 이처럼 세대를 초월해 학교와 연결된 가족들의 모습은 우리 학교만의 따뜻함을 보여준다.

부모님들은 학교 행사에서도 중요한 역할을 한다. 〈직업인의 날〉 특강에서는 부모님들이 소중한 시간을 내어 자신들의 경험과 지식을 학생들에게 재능 기부 형태로 나누어준다. 의사, 요리사, 엔지니어, 예술가 등 다양한 직업군의 부모님들이 각 교실에 찾아가 학생들에게 새로운 꿈을 열어주는 그 순간은, 학생들에게 영감을 주는 특별한 경험이 된다.

또한 〈학생의 날〉 바자회에서는 물품을 기부하고 직접 부스를 운영하며, 학생들과 함께 행사를 더욱 풍성하게 만들어 준다. 맛있는 음식을 준비하거나, 학생들과 함께 물품을 판매하며 나누는 부모님들의 웃음은 바자회의 중심을 이루는 풍경이다. 이처럼 부모님들은 학교 곳곳에서 숨은 주역으로서 중요한 역할을 하고 있다.

우리 학교에서 부모님의 참여는 단순히 도움에 그치지 않는다. 부모님들은 학생들과 함께 배우고, 서로의 경험을 나누며 학교의 또 다른 일원으로 자리 잡는다. 가족이 학교와 연결되고, 학교는 학생들뿐 아니라 가족 모두가 함께 성장하는 커뮤니티로 발전해가고 있다.

"우리도 있어요!"라는 마음으로 학교를 찾아오는 부모님들 덕분에, KIS는 단순한 배움의 공간을 넘어 모두가 함께 자라고 어우러지는 특별한 공동체로 자리 잡았다.

KIS는 단순히 학생들이 배우는 공간을 넘어, 교민사회와도 긴밀하게 연결된 특별한 학교이다. 교민사회는 학교의 성장과 발전을 위해 아낌없는 관심과 지원을 보내고 있다.

학교 발전 기금이 그중 하나이다. 교민들은 학교의 미래를 위해 기금을 기탁하며, 학생들에게 더 나은 환경을 제공하기 위해 함께 노력한다. 이러한 기부는 단순한 물질적 지원을 넘어, 학교와 교민사회가 하나로 연결되는 상징이다.

학교 행사가 있을 때면 교민사회의 다양한 참여가 눈에 띈다. 지역 기업들은 후원 물품을 제공하거나 행사를 지원하고, 학부모들은 자원봉사자로 나서며 학교의 든든한 버팀목이 된다. 이처럼 교민사회와 학교가 함께 만들어가는 모습은 모든 구성원이 서로의 성장을 돕는 하나의 공동체임을 보여준다.

교민들의 관심과 참여는 학생들에게도 큰 가르침이 된다. 그들은 어른들이 보여주는 나눔과 협력의 가치를 배우고, 자신이 속한 사회에 대한 감사와 책임감을 키워간다. 이처럼 KIS는 교민사회와 함께 성장하는 학교이다. 이곳은 교민사회와의 협력 속에서 새로운 가능성을 열어가며, 모두가 어우러지는 진정한 공동체를 만들어가는 특별한 공간이다.

눈물의 졸업식 그리고 교직원 송별회

KIS의 졸업식은 그 자체로 특별하다. 교사로서 매년 졸업식을 맞이하지만, 익숙해지지 않는 이별의 순간은 언제나 벅차고 깊은 여운을 남긴다. 한 해 동안 교실에서 쌓아온 학생들과의 추억이 영화처럼 스쳐가고, 학생들의 웃음소리와 진지한 눈빛이 떠오르는 그날, 교실은 축제와 아쉬움이 교차하는 공간이 된다.

졸업식 준비를 위해 매년 담임교사들은 춤추고, 노래하고, 연기를 하며 학생들을 위해 축하영상을 만든다. 이는 고되지만 학생들에게 소중한 추억이자 교간들 간의 끈끈함을 보여주는 작업이다. 학생들 역시 1년간의 추억을 담은 영상을 준비해, 졸업식 당일 함께 웃고 울며 감동을 나눈다.

졸업식의 하이라이트는 언제나 마지막 인사이다. 교실에서 학생들이 손을 흔들며 "선생님, 감사했습니다! 저희도 열심히 살게요!"라고 마지막 인사를 외칠 때, 그 설렘과 아쉬움, 그리고 사랑이 교실을 가득 메운다. 학생들이 떠난 빈 교실에 홀로 남아 의자를 정리하며, 함께했던 시간의 깊이를 다시 한번 곱씹는다. 그 공간에는 수많은 웃음과 눈물, 그리고 헤아릴 수 없는 사랑이 스며 있다. 하지만 이별은 끝이 아니라 또 다른 만남을 위한 준비이다. 유치원, 초등학교, 중학교를 졸업한 학생들은 새학년이 되어 다시 학교로 돌아와 서로의 얼굴을 보게되면 졸업식 날의 아쉬움이 재회의 기쁨으로 바뀌곤 한다. 이곳에서는 유치원, 초등학교, 중학교를 거쳐 고등학교 12학년까지 학생들은 졸업식을 반복하여 겪게되고 서로가 함께 성장한다. 졸업식은 단순한 이별이 아니라, 성장과 사랑의 축제이다.

매년 연말 열리는 KIS의 교직원 송별회 또한 특별하다. 호치민의 따스한 햇살 아래, 우리는 또 다른 이별을 준비한다. 이맘때쯤이면 설레기도 하지만, 가슴 한편에는 아련한 슬픔이 스며들기 마련이다. 한국에서 멀리 떨어진 이곳, KIS라는 특별한 공간에서 동료들과 함께 울고 웃으며 보낸 시간은 무엇과도 바꿀 수 없는 소중한 기억이다. 그러나 시간이 흐르면 언젠가 떠나는 날이 오듯, 송별회는 그동안의 여정을 추억하며 서로를 응원하는 자리로 다가온다.

교직원 송별회는 늘 밝은 분위기로 시작된다. "함께 했던 추억을 나누고,

새로운 시작을 응원하자."는 마음으로, 동료들이 준비한 영상과 사진 속에서 우리는 웃음으로 가득했던 순간들을 다시 만난다. 수업과 행사 준비로 밤을 지새우며 고민했던 날들, 학생들과 함께 울고 웃던 시간이 영상 속에 담긴다. 그러나 송별회의 마지막에는 언제나 눈물이 흐른다. 그 눈물은 단순한 이별의 슬픔 때문이 아니라, 서로에게 얼마나 큰 힘이 되어주었는지 되새기게 하는 감동에서 나오는 것이다. "선생님, 늘 따뜻하게 응원해 주셔서 감사합니다.", "앞으로도 응원하겠습니다!" 같은 말들이 송별회장을 가득 채우며, 그 시간이 얼마나 소중했는지 느끼게 만든다.

'눈물의 교직원 송별회'는 단순히 한 해를 마무리하는 자리가 아니다. 그것은 함께 쌓아온 시간에 대한 감사의 마음과 앞으로의 길을 응원하는 약속의 장이다. 떠나는 이들은 새로운 시작을 향해 나아가고, 남는 이들은 그 빈자리를 품고 학교를 지키며 또 다른 추억을 만들어간다. 언젠가 이곳에서든, 아니면 다른 어딘가에서든, 다시 만나길 소망하며, 우리는 밝은 얼굴로 서로를 배웅한다.

이국에서의 '일상'은 하루하루가 새로웠다. 무더운 날씨 속 이국적 거리나 오토바이가 가득한 길거리를 걷다 보면 우연히 마주치는 순간들은 작은 모험이 되었고, 이 모험을 동료들과 도움과 정보를 주고받으며 함께 낯선 타국에 적응해 갔다. 점심시간마다 베트남살이의 에피소드를 나누며 웃음을 터트리고, 퇴근 후 먼 한국의 친구 대신 함께 간단히 쌀국수를 먹고 운동을 하며 쌓이는 시간은 어느덧 동료는 든든한 전우이자 친구, 가족처럼 다가왔다. 이러한 시간 속에서 우리는 서로의 관심사와 일상을 나누며, 평범한 동료 관계를 넘어 타국살이의 친구가 되었다.

더 나아가 고국에서 멀리 떨어진 이곳에서 아프거나 생각지 못한 어려움이 생기면 도와주는 내 동료가 가족이 되어갔다. 운동을 함께 하고, 명절이나 연말연시처럼 고향이 그리워지는 순간마다 서로의 곁을 지키며 이야기를 나누고 서로를 응원하는 시간은 자연스레 가족의 자리를 대신해 주었다. 함께 울고, 함께 웃고, 서로의 등을 토닥이는 것이 진정한 가족이라는 말이 와닿는 시간이었다. 베트남 삶 속 고군분투 속에서 각자가 겪는 어려움이 하나로 얽히고설키면서 우리는 자연스레 서로의 일상에 더 깊숙이 들어가게 되었다. 수업 중 예상치 못한 난관에 부딪히거나 현지와의 문화 차이 속에서 크고 작은 해프닝을 겪는 날들. 이 모든 일들이 때로는 큰 도전처럼 느껴졌지만, 우리가 함께 겪고 나눈 이 모든 일화는 어느덧 우리의 '모험담'이 되어갔다.

베트남에서 동료로 만나 친구가 되고, 마침내는 가족 같은 존재로 성장해 가는 이 과정은 우리가 이곳에서 내가 받은 가장 큰 선물이다. 지금의 우리는 단순히 같은 학교에서 일하는 동료를 넘어, 먼 타지에서 같은 꿈을 향해 달려가는 '가족'이다.

2장

KIS 교육과정:
한국 밖에서 시작한
미래형 교육과정

KIS
교육과정이란?

한국의 교육과정과 재외한국학교의 교육과정
—

우리나라 교육과정을 적용 범위로 나눠보면, 국가 수준, 지역 수준, 단위학교 수준으로 나눌 수 있다. 국가 수준 교육과정은 시대의 흐름에 따라 길러야 할 인재상을 설정하고, 인재상을 기르기 위한 교육과정을 제시하고 있다. 국가 수준 교육과정에는 지역 혹은 단위학교에서 반드시 지켜야 하는 규칙을 담고 있고, 각 교과별 수업 방법이나 평가 방법을 안내하고 있다. 지역 수준 교육과정은 시도교육청 단위에서 수립한 교육과정이다. 시도교육청의 교육감에게는 고시외과목[6]을 개발하고 인정할 권한이 있으며, 인정 교과서를 사용하는 교과는 지역 수준 교육과정 단계라고 할 수 있다. 사실 고시외과목이 고등학교 수준에서만 300개가 넘는다는 점에서, 우리나라 교육과정에서 가장 광범위한 영역을 받치고 있는 교육과정이 지역 수준 교육과정임을 확인할 수 있다. 단위학교 수준 교육과정은 최근 2022 개정 교육과정이 도입되면서 역할이 확대되고 있다. 단위학교에

---

6 한국의 교육과정은 과목의 분류체계를 고시과목과 고시외과목으로 분류한다. 고시과목은 국가 수준에서 성취기준, 내용체계 등을 개발하여 교육과정을 고시할 때, 같이 포함시키는 과목을 의미하며, 고시외과목은 지역 수준에서 필요하다고 판단하여 개발한 교과를 의미한다.

과목을 개발하고 개설할 수 있는 권한을 2022 개정 교육과정부터 명시하였기 때문에 각 단위학교는 학교만의 특색있는 교육과정을 프로그램 수준이 아닌 교과 수준에서 개발하고 운영할 수 있게 되었다.

세 가지 수준의 교육과정 때문에 교육과정이 같은 학교는 하나도 없다. 세 가지 수준의 교육과정을 학교 나름대로 적용한 결과 조금 혹은 많이 다른 학교별 교육과정이 만들어진다. KIS 교육과정은 국내와 다른 수준의 교육과정으로 만들어진 것은 아니다. 2022 개정 교육과정에서 단위학교에 부여하기 시작한 권한을 재외학교라 더 일찍 받았고, 그 권한을 이용하여 만든 교육과정이라 할 수 있다. 즉 2022 개정 교육과정을 적용해 나갈 국내 학교의 모습을 일찍 보여주는 학교이다.

적용 범위로 나눈 한국의 교육과정

국가수준 교육과정	• 교육부의 교육과정 고시로 운영됨 • 고시과목이 포함됨 • 국정, 검정 교과서 개발, 배포 • 한국교육과정과 동일한 수준
지역수준 교육과정	• 시도교육청이 주관 • 고시외과목이 포함됨 • 가장 많은 교과를 통해 교육과정의 다양성을 확보함 • 인정교과서 개발, 배포
단위학교수준 교육과정	• 단위학교 교장이 주관 • 2022 개정 교육과정부터 강화되어 아직은 현장에 혼란이 많은 상황임

KIS의 교육과정을 이해하기 위해서는 먼저 국내보다 일찍 자율권을 부여받은 재외한국학교 교육과정을 알아보는 것이 필요하다. 재외한국학교는 1차적으로 재외국민 교육지원 등에 관한 법률[7]에 따라 국가에서 정한 교육과정 편성 지침을 지켜야 하지만, 소재국의 특수성을 고려하여 일정 수준의 자율성을 부여받고 있어 단위학교 수준의 교육과정 편성 권한이 강했다. 국가 수준 교육과정의 편성 지침도 재외학교의 특성을 고려하여 국내와는 다른 편성·운영지침을 교육부에서 정하고 있다. 예를 들어, 중학교에서 '50% 범위내에서 창의적 체험활동의 시간을 조절할 수 있다.', '정보교과의 시수는 68시간을 권장하되 학교의 여건에 따라 운영한다.'와 같은 지침은 국내보다는 유연하면서 자유로운 교육과정을 만들 수 있는 근거가 된다.

재외한국학교는 전 세계에 34개교가 있다. 34개 학교 중 초·중·고를 모두 운영하는 재외학교의 수는 많지 않고 초등과정만 운영하는 학교가 상당수이다. 규모 면에서는 베트남에 있는 2개교가 약 2,000명의 재학생이 있는 가장 큰 학교이다. KIS는 재외한국학교 중에서는 가장 규모가 큰 학교이다.

교민이나 주재원의 자녀들에게 한국교육과정을 배울 수 있는 기회를 제공하기 위해 개교한 재외학교는 국제학교와 경쟁할 수밖에 없는 형편이다. 교민이나 주재원들은 자녀를 한국학교에 보낼 것인가, 국제학교에 보낼 것인가 고민한다. 영어 능력을 향상시킬 수 있고, 국제적으로 공인된 AP[8](미국의 대학 선이수학점제)나 IB[9](바칼로레아), 혹은 A-Level(영국의 대학입시 준비 과정)

---

7 재외국민의 교육지원 등에 관한 법률 제 2절 한국학교의 운영, 제8조(교육과정)

8 AP는 Advanced Placement의 줄임말로 미국의 대학입시를 주관하는 칼리지 보드(College Board)에서 주관하는 대학과목 선이수제이다. 고등학생을 대상으로 대학의 학점을 먼저 획득하는 과정이다. 한국은 한국과학기술원(KAIST)에서 영재학교를 설립하면서 미국의 AP와 유사한 시스템을 구축하였으며, 과학고의 조기졸업을 줄이면서 과학고까지 AP를 운영하고 있다.

9 IB는 International Baccalaureate 과정으로 국제적으로 공인받는 교육과정이다. 유치원부터 고등학교까지의 과정으로 구성되어 있으며, 전 세계적으로 150개가 넘는 나라의 학교들이 사용하고 있는 교육과정이다. 깊은 사고력과 탐구 역량을 갖추는 것을 목표로, 강의식 교육을 지양하고, 사고 과정을 중요시하는 교육과정으로 평가받고 있다.

의 이수기회가 있는 국제학교는 비싼 학비에도 불구하고 자녀를 보내고 싶다는 욕심이 들게 하는 학교들이다. 한국학교는 이런 상황 때문에 주변의 국제학교와 경쟁하는 상황이며, 결과적으로 한국의 교육과정이 국제적으로 공인된 교육과정과 경쟁하고 있다.

재외학교가 위치한 지역의 다양한 학교들이 가지는 강점

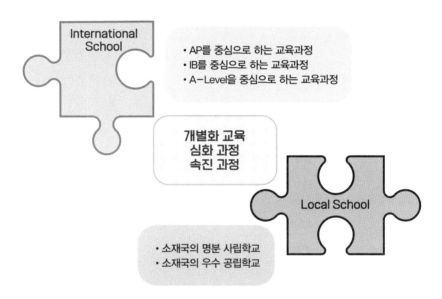

국제학교는 적은 학급당 인원을 바탕으로 개별화 교육을 제공한다. 개별화 교육 외에 교육과정적으로도 국내에서는 특목고에서나 배울 수 있는 AP와 같은 대학교 선이수 학점제의 과목을 이수하거나 세계적으로 학력과 성취수준을 인정해 주는 IB 과목을 듣고 평가 결과를 얻을 수 있다는 점에서 학업능력이 우수한 학생들에게는 매력적인 학교이다. 국제학교와 경쟁하고 있는 한국학교는 어떻게 운영하고 있을까?

사실 한국학교는 국제학교와의 경쟁에서 많은 어려움을 겪고 있다. 재외 한국학교는 국내에 비해 많은 주당 36시간에서 40시간을 운영한다. 이렇게 많은 시간을 운영하는 이유는 첫째, 사교육 시장이 활성화되어 있는 한국에 비해 교육을 받을 수 있는 곳이 학교밖에는 없다는 점에서 학교가 더 많은 기회를 제공해야 한다는 재외교육기관으로서의 존재 가치를 들 수 있다. 둘째, 외국에 위치한 관계로 영어와 현지어 수업을 편성하기 위해 교과 시간을 늘려야 하는 점 때문이다. 재외한국학교들은 국내의 학교보다 더 많은 영어 시간을 확보하면서, 현지어를 익힐 수 있는 시간을 교육과정에 포함시키고 있다.

　과거에는 외국어 교육에 너무 많은 시간을 투입하여 '재외한국학교는 외국어를 중심으로 한 인문 · 사회계열의 진로를 지원하는 학교'라는 평가와 외부의 인식을 받고 있었고, 실제로도 그랬다. 하지만 최근에는 획일화된 진로에서 벗어나 다양한 영역의 진로를 지원하기 위하여 융합교육, SW/AI 교육, 공학 교육 등을 도입하는 KIS와 같은 학교가 생겨나고 있다. 이런 변화는 시대의 흐름에 따라 이공계열이나 융합계열로 진학하려는 학생이 늘어나고 있다는 것이 첫 번째 이유이다. 다른 이유는 필답고사를 통해 재외 한국학교 학생들을 선발하던 대학들이 학생부종합전형의 성격이 강한 서류 전형으로 선발 방법을 바꿔서, 다양한 활동을 통한 경험과 전공학업을 수행할 수 있는 역량을 종합적으로 평가하는 방향으로 대학입시가 변화했기 때문이다. 이런 변화는 지식과 문제풀이 중심의 수업에서 벗어나 학생 중심의 활동 수업이 활발해지는 결과를 가져오고 있다. KIS는 국내학교와 재외학교를 통틀어 가장 다양한 과목과, 프로그램을 운영하고 있는 학교 중 하나이다.

KIS 교육과정의 목표와 방향:
지속가능한 미래를 위한 교육 속에서 모두가 성장해 가는 교육
—

KIS는 "글로네이컬(GloNaCal) 미래 인재를 키우는 행복한 학교"라는 비전을 실현하기 위해 학생들이 글로벌 역량과 지역적 적응력을 동시에 겸비한 인재로 성장할 수 있도록 돕는다. 글로네이컬(GloNaCal)이라는 철학은 '글로벌(Global)', '지역(Local)', '국가(National)'의 조화를 기반으로 지역과 세계를 연결하며, 지속 가능한 미래를 함께 설계하는 것을 목표로 한다. 이 과정에서 KIS는 학생 개개인의 잠재력을 최대한 발휘하도록 돕고, 미래 사회가 요구하는 역량을 개발하기 위한 체계적인 교육과정을 운영한다.

KIS의 교육목표는 학생들이 균형 잡힌 성장을 이루도록 돕는 세 가지 핵심 역량, 즉 자율성, 관계성, 유능성에 중점을 둔다. 자율성은 학생 스스로 자신의 삶을 판단하고 결정하며 통제할 수 있는 능력과 태도를 키우는 데 초점을 맞춘다. 관계성은 타인과 긍정적인 관계를 형성하고 유지하며 공동체의 일원으로서 소속감을 느끼는 능력을 포함한다. 마지막으로 유능성은 학생들이 자신의 강점을 발견하고 발휘하며, 이를 통해 성취감과 자기 효능감을 느낄 수 있도록 하는 데 중점을 둔다. 이러한 핵심 역량을 바탕으로, KIS는 학생들이 글로벌 사회에서 자립적이고 책임 있는 세계시민으로 성장하도록 돕고 있다.

KIS는 유치원부터 고등학교까지 14년의 과정을 통해 학생들의 전인적 성장을 유도하고 있다. 이를 위해 3중 언어교육, 창의·융합 교육, SDGs 교육, 맞춤형 개별화 교육을 구현하고 있으며, 학생들이 한국인으로서의 정체성을 가지고, 베트남을 이해하며, 넓은 시야를 바탕으로 다양한 문제를 창의적으로 해결할 수 있는 글로벌 리더로 성장해 갈 수 있도록 체계적인 틀을 제공하고 있다.

학교에는 지식과 역량의 수준이 다양한 학생들이 있다. 지적 수준이 높은 학생, 탐구활동이나 연구를 잘하는 학생, 영어를 잘하는 학생 등 학생들의 수준은 다양하다. 학생들의 진로 또한 다양하다. 과학고등학교처럼 수학, 과학을 좋아하고, 이공계열로 진학할 학생만 모여 있는 특목고와는 달리 일반학교는 인문, 사회, 이공, 의보건 계열 뿐만 아니라, 예체능 계열까지 거의 대부분의 진로를 지원해야 하는 상황이다.

모두를 위한 교육과정은 크게 수준의 다양성과 진로의 다양성을 충족시키기 위한 교육과정이라 할 수 있다. 더불어 좋은 교육과정은 인류가 지금까지 축적해 온 보편적 지식과 방법을 충분히 익힐 수 있어야 하며, 시대의 변화에 따라 요구되는 새로운 지식과 방법을 학습할 수 있는 교육과정이므로, 단순히 다양성을 지원하는 것이 아니라 학생의 성장을 유도할 수 있는 정교한 체계를 갖추고 있는 교육과정이 모두를 위한 교육과정이다. KIS가 추구하고 있는 모두를 위한 교육과정은 수준과 진로의 다양성을 고려하여 자신의 미래를 개척할 수 있는 역량을 가진 학생을 기르기 위한 최적의 성장 과정을 제공하는 교육과정이라 정의할 수 있다. 또한 유니버설 디자인에서 강조하고 있는 차별 없는 접근성이란 개념을 적극적으로 받아들였다. 차별 없는 접근성은 성적이 우수한 학생과 평범한 학생, 기초보강이 필요한 학생을 차별하지 않고, 진로에 있어서도 인문계열, 이공계열 등에 관계없이 자신에게 필요한 과정을 언제든지 제공하는 시스템을 의미한다.

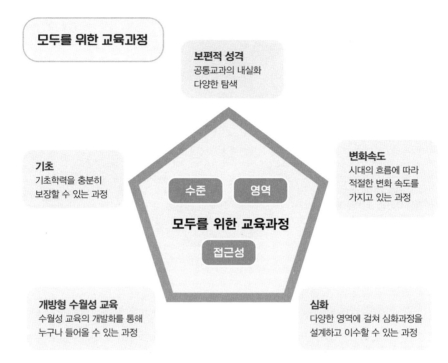

모두를 위한 교육과정의 개념도

모두를 위한 교육과정

보편적 성격
공통교과의 내실화
다양한 탐색

기초
기초학력을 충분히
보장할 수 있는 과정

변화속도
시대의 흐름에 따라
적절한 변화 속도를
가지고 있는 과정

수준 영역
모두를 위한 교육과정
접근성

개방형 수월성 교육
수월성 교육의 개발화를 통해
누구나 들어올 수 있는 과정

심화
다양한 영역에 걸쳐 심화과정을
설계하고 이수할 수 있는 과정

수준의 다양성, 진로의 다양성을 지원하기 위해서는 결국 개별화 교육을 제공해야 하며, 개별화 교육을 수업 중에 실시하는 것은 효율성이 높지 않다고 판단했다. KIS는 학급당 인원이 초등학교 36명, 중학교 34명, 고등학교 32명을 넘어가는 실정이어서 수업 중에 개별화 교육을 실시하는 것이 국내에 비해 더 어렵다. 수업 중에 개별화 교육을 진행하기 어렵다면, 필요한 학생들에게 새로운 과목으로 제공하는 것이 가장 적절한 방법이라 생각하고, 다양한 과목을 개설하기 위한 노력을 기울였다.

그 결과, KIS의 초등학교, 중학교 과정에서는 세종한글반, 세종수학반, 기초학력다지기 과정 등의 개별화 수업이 이루어지고, 고등학교 과정에서

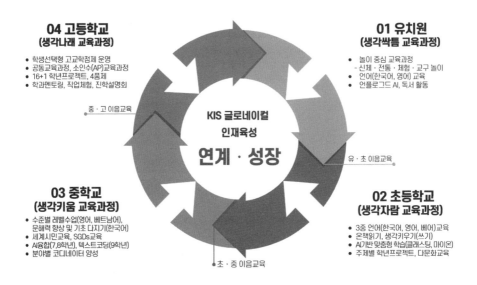

04 고등학교
(생각나래 교육과정)
- 학생선택형 고교학점제 운영
- 공동교육과정, 소인수(AP)교육과정
- 16+1 학년프로젝트, 4품제
- 학과멘토링, 직업체험, 진학설명회

01 유치원
(생각싹틈 교육과정)
- 놀이 중심 교육과정
  - 신체 · 전통 · 체험 · 교구 놀이
- 언어(한국어, 영어) 교육
- 언플로그드 AI, 독서 활동

03 중학교
(생각키움 교육과정)
- 수준별 레벨수업(영어, 베트남어),
  문해력 향상 및 기초 다지기(한국어)
- 세계시민교육, SGDs교육
- AI융합(7,8학년), 텍스트코딩(9학년)
- 분야별 코디네이터 양성

02 초등학교
(생각자람 교육과정)
- 3중 언어(한국어, 영어, 베어)교육
- 온책읽기, 생각키우기(쓰기)
- AI기반맞춤형 학습(클래스팅, 마이온)
- 주제별 학년프로젝트, 다문화교육

KIS 글로네이컬
인재육성
연계 · 성장

중 · 고 이음교육

유 · 초 이음교육

초 · 중 이음교육

는 1년에 120개가 넘는 과목이 운영되고 있다. 아마 학교를 조금이라도 알고 있는 독자는 이렇게 많은 교과를 운영하는 것이 얼마나 힘든 일인지 알 것이다. 다양한 교과를 지도하기 위한 교사의 노력이 우선되어야 하며, 지원 체계가 정교하게 갖춰져야지만 운영할 수 있는 수준이다. KIS의 모두를 위한 교육과정은 매우 힘든 과정을 거쳐 만들어 낸 결과물이며, 지금도 많은 교사들의 노력으로 유지되고 있는 시스템이다.

KIS 초등 교육과정의 체계

KIS의 연간 수업 일수는 181일로, 한국보다 약 10일 적게 운영한다. 이는 재외한국학교 교육과정 편성 · 운영 지침에서 제시한 최소수업일수(180일)를 준수하는 한편, 학생들의 학습 부담을 완화하고 인근 국제학교들과 균형을 맞추기 위한 결정이다. KIS는 한국 교육부 기준 대비 약 15~20%의 수업시수를 증배하였다. 늘어난 시수는 영어, 베트남어, AI 등의 역량 강화에 활용되며, 이를 통해 학생들의 글로벌 역량 및 디지털 리터러시를 제고한다.

초등학교의 학년별 수업 시수 현황

학년	KIS 수업 시수	한국 교육부 기준 시수	차이(증가 시수)
1~2학년군	2,074시간	1,744시간	+330시간
3~4학년군	2,420시간	1,972시간	+448시간
5~6학년군	2,420시간	2,176시간	+244시간

KIS는 전 학년에 걸쳐 한국 정체성을 바탕으로 한 교과를 운영하며, 동시에 지역·국제화 요소를 적극 반영하여 과목을 추가하였다.

초등학교의 교과 운영 현황

학년	한국 교육과정 기반	지역, 국제화 기반
1~2학년	국어, 수학, 통합교과 (바른생활, 슬기로운생활, 즐거운생활)	영어, 베트남어, AI
3~4학년	국어, 사회/도덕, 수학/Math, 과학, 체육, 예술 (음악, 미술)	영어, 베트남어, AI
5~6학년	국어, 사회/도덕, 수학/Math, 과학, 실과, 체육, 예술 (음악, 미술)	영어, 베트남어, AI

KIS는 현지화 및 국제화 교과 편성에 있어서 한국과 차별화를 갖는다. 먼저 베트남어 교과의 경우 전 학년에 필수 교과로 편성하여 학생들이 베트

남 언어와 문화를 이해하고 지역사회와 긴밀히 연결한다. 1~2학년은 주당 1시간을, 3~6학년은 주당 3시간을 수업한다. 또한 영어 교과의 경우 원어민 교사와 수준별 레벨 수업, 프로젝트 중심 학습을 통해 영어 의사소통 능력을 강화한다. 1~2학년은 주당 10시간 LBE[10] 수업을 하며, 3~6학년은 4개 영어 과목에서 주당 13시간의 수업을 하고 있다.

3~6학년 대상 영어 과목

- LBE(Level-Based English, 주당 5시간): 수준별 영어 학습으로 듣기, 말하기, 읽기, 쓰기를 강화하며 의사소통 능력을 배양.
- RH(Rich Higher, 주당 5시간): 글로벌 콘텐츠 기반 심화 학습으로 비판적 사고와 학문적 영어 능력을 함양.
- MATH(Mathematics, 주당 2시간): 수학적 사고력과 문제 해결 능력을 키우는 국제 표준 기반 수학 교육.
- SD(Skills Development, 주당 1시간): 팀 빌딩, 학습 기술, 읽기 및 쓰기 기술 등을 심화 학습.

특히 2023학년도부터 AI교과를 학교자율과목으로 도입하여 1학년부터 6학년까지 AI교육을 편성하여 언플러그드 활동[11](Unplugged Activities), 블록 코딩[12](Block Coding) 등을 통해 디지털 리터러시와 창의적 사고력을 계발한다. 1~2학년은 주당 2시간을, 3~6학년은 주당 1시간 수업을 진행한다.

---

10 LBE (Level-Based English) 영어 능력을 체계적으로 강화하기 위해 도입된 수준별 영어 교육 시스템이다. 출발선이 다른 언어교과의 특성을 고려하여 학생들의 영어 수준에 맞춰 반 편성을 한다. 1~6학년 학생들은 본인 레벨의 교실로 이동하여 수업을 받는다.

11 언플러그드 활동은 컴퓨터의 사용에 아직 익숙하지 않은 저학년을 위해 컴퓨터에서 코딩을 수행하고 실행하는 것이 아니라, 논리적 흐름을 그림으로 표현하는 등의 활동이다.

12 블록 코딩은 프로그래밍을 할 때, 사용하는 언어의 문법과 명령어를 알아야 하는 어려움을 줄이기 위해, 직관적으로 블록을 연결하는 것만으로 코딩이 이뤄질 수 있도록 만든 프로그래밍 도구이다.

KIS의 특별한 중·고등학교 교육과정의 체계

한국의 일반학교는 일반교육과정이라 불리는 교육과정을 편성하고, 주로 고시과목을 중심으로 운영한다. 고시과목 중에서도 공통교과, 일반선택, 진로선택 과목에 포함되어 있는 과목을 편성하고 개설하기 때문에 운영하는 과목의 수가 많지 않다(2009개정 교육과정과 비교하면 과목의 수는 많이 늘어났지만 학생들의 필요량을 충족하진 못한다). 물론 이마저도 모든 과목을 편성하는 학교는 많지 않다. 일부 학교는, 과학고와 같은 특수목적고등학교용 과목인 전문교과 I (2022 개정 교육과정에서는 특수목적고등학교 과목으로 변경)을 몇 과목 운영하기도 한다. 즉 심화과정으로 전문교과 I 을 활용하고 있다. 하지만 전문교과 I 을 개설하고 있는 학교도 주로 과학중점학교와 같은 교과중점학교이며, 대부분의 일반고는 개설하는 경우가 거의 없다. 필요성을 느끼기는 하지만, 교사의 수급과 소수의 상위권 학생을 위한 개설, 교육과정에 편성하기에는 학점의 여유가 없다는 것이 편성 및 개설을 하지 않는 이유이다.

특목고의 경우는 속진과정[13]에 많은 학점을 배정하고 있다. 대학교 선이수 학점제인 AP[14]를 운영하고 있기 때문에 속진과정을 운영하기에 적합한 위계를 구성하고 과목을 배치하고 있다. 연구활동에도 많은 노력을 기울이고 있고, 심화과정도 추가로 운영하고 있다. 이런 형태는 과학고, 외국어고, 국제고에서 볼 수 있다.

일반고는 속진과정의 폐해를 고려할 때, 속진과정에 무게중심을 두기는 어렵다. 속진과정의 문제는 일반고에서 확인되기도 한다. 과학고 진학을 준

---

13 속진과정은 일반적으로 상급 학교나 상위 학년에서 배울 수 있는 개념을 당겨서 배우는 것을 의미한다.
14 국내의 AP는 주로 과학고와 영재학교에서 운영하고 있는 것으로 한국과학기술원(KIST)에서 관리하고 있는 대학교 선이수 학점제이다.

비했다 실패한 일부학생들에게서 관찰할 수 있는 무기력감과 공허감 등은 속진과정의 부작용이다. 속진과정을 소화할 수 있는 학생이 소수인 일반고에서는 개념을 활용하고, 그 과정에서 이해도를 높이는 심화과정이 더 적합하다. 심화과정은 수혜 대상자도 쉽게 넓힐 수 있어 소수를 위한 과정으로 전락하는 것도 막을 수 있다.

KIS 고등학교 교육과정의 체계

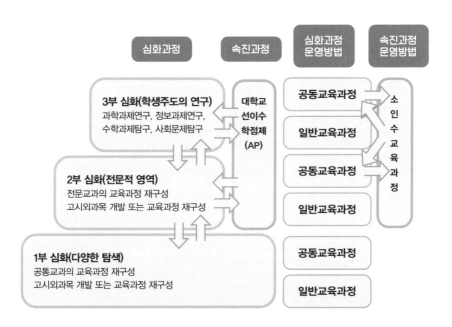

KIS는 국내의 일반고와는 달리 특목고에서 운영 중인 속진과정이 있다. 소수의 학생들이지만 속진과정이 필요한 학생들도 있고, AP에 관심을 가진 학생들도 있어서 작은 규모로 속진과정을 운영한다. 반면에 심화과정은 아주 넓게 운영한다. 더 많은 학생들이 필요로 하는 과정이기 때문에 최대한 다양한 수준, 다양한 영역으로 확장하여 운영하고 있다. 심화과정이 학생들에게 매력적으로 다가가고 있어서, 속진과정을 고민하던 학생들이 심화과정을 선택하는 경우를 종종 볼 수 있다. 학생들은 'AP는 따로 혼자서 해볼 수 있지만 심화과정의 과목은 학교에서만 할 수 있는 것'이라며 심화과정을 선택한다.

다양한 수준과 희망 진로를 가지고 있는 학생들에게 고등학교 전 과정을 통해 자신에게 적합한 심화과정을 선택할 수 있도록 한다. 기초보강이 필요한 학생은 기초보강 과목을 선택하고, 자신의 진로에 맞는 심화과목을 선택하고 싶은 학생들은 심화과목을 선택한다. 심지어 속진과정을 선택하여 미국 대학의 선이수 학점제 과목을 이수할 수도 있다. 추가로 선택할 수 있는 과목을 개설하기 위해 공동교육과정, 소인수교육과정을 별도로 운영하고 있다. KIS의 교육과정 체계를 만드는 데 5년의 세월이 걸렸다.

5년의 세월 동안 정규교육과정에서 학생들이 자유롭게 선택을 할 수 있는 학점을 만들어내고, 다양한 선택과목을 편성하면서 추가로 과목을 개발하였다. 정규교육과정만으로 부족한 부분을 온라인 기반의 공동교육과정으로 채웠다. 해외에 있다는 지리적 문제를 온라인으로 극복하는 데는 COVID-19의 영향이 컸다. 심화과정과 기초보강과정을 공동교육과정에서 추가로 개설하고, 소수의 학생들을 위한 속진과정을 소인수과정으로 해결하였다. 5년의 세월 동안, 매년 새로운 과목을 개발하고, 교수-학습 과정을 위한 워크북을 만들고, 시범 운영을 통해 문제점을 파악하는 과정을 거치며 확장을 지속하여 완성한 교육과정이다.

그 시기를 거치며 KIS 교육과정에 대한 학생, 교사, 학부모의 인식은 많은 변화를 겪었다. 학생은 나를 위한 학교라고 생각하게 되었고, 학부모는 내 아이의 성장을 이뤄줄 수 있는 학교라는 생각을, 교사는 좋은 교육을 제공하는 일원이라는 생각을 가지게 되었다. 긍정적인 인식은 지속가능성을 높여주며, 더 발전해 나갈 수 있는 원동력을 제공하고 있다.

KIS 교육과정에 대한 교육주체의 인식

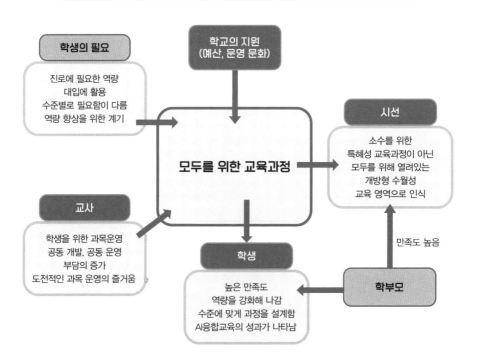

KIS 교육과정 만들기:
고등학교 교육과정을 중심으로

도입기 1. 선택형 교육과정의 시작
—

학생의 학업 수준과 나아가고자 하는 진로의 다양성을 충족시키기 위해서는 자신의 수준에 맞고, 필요로 하는 과목을 선택하여 이수할 수 있도록 다양한 과목을 운영하는 것이 가장 좋은 해답이다. 하지만 단위학교가 운영할 수 있는 학점은 주당 수업 시간으로 인해 정해져 있다. 사실 학교는 몇 가지 이유가 학교 운영에 큰 부담을 주기 때문에 선택과목의 수를 늘리는 데 소극적이다.

이유를 정리해 보면 첫째, 입시에 중요한 내신성적 때문이다. 상대등급의 내신성적을 산출할 때는 모집단이 많을수록 상위권이 유리하다. 따라서 선택과목이 많아지면 과목당 이수자가 줄어들고, 자연스럽게 높은 상대등급[15]을 받기 어려워진다. 예를 들어 25명이 이수하는 과목의 경우 지금처럼 4%의 학생이 1등급을 받는다고 볼 때, 1명이 1등급을 받을 수 있다. 100명이 이수하는 과목은 4명의 학생이 1등급을 받을 수 있다. 1명만 1등급을

---

15 상대등급은 석차를 산출하여, 비율로 등급을 매기는 방법이다. 따라서 모집단이 많을수록 상위등급에 해당되는 인원이 많아진다. 치열한 경쟁을 하고 있는 한국의 교육과정에서는 높은 등급을 받을 수 있는 가능성이 중요한 선택의 기준이자, 학교 운영에서 고려하는 요소이다.

받는 경우는 상위권 학생들의 상당수가 1등급을 받지 못하는 상황이 벌어지게 된다.

둘째, 선택과목을 편성할 때, 교사의 주당 수업량인 수업시수가 높아지지 않도록 운영하고 싶어 하기 때문이다. 만약 3개 학급이 있는데, 선택과목을 운영하는 시간에 5개의 과목을 운영하면 결국 3개 반을 5개 반으로 늘려서 운영하는 것이고, 교사의 수업시수는 2개 반의 양만큼 늘어나게 된다. 교육청은 이런 점을 전혀 고려하지 않고, 학교에 배치하는 교사의 수를 학급수에 맞추어 배정하기 때문에 선택을 늘리기 위해 더 많은 분반을 만들 경우, 아무런 지원 없이 고스란히 학교와 교사가 부담해야 하는 상황이 벌어진다. 따라서 선택과목의 수를 학급수에 맞춰 수업시수가 늘지 않도록 하기 위하여 선택과목의 수는 한정적으로 운영할 수밖에 없다.

셋째, 선택과목의 증가로 교사 1인이 담당해야 할 과목의 수가 증가되기 때문이다. 한 교사가 다른 교사들과 동일한 수업 시간을 맡는 경우 다교과를 담당하는 것은 교사의 수업 준비와 운영에 대한 업무가 상대적으로 증가될수 밖에 없다. 한 과목을 담당한다는 것은 한 학기 동안의 수업을 위해 교육과정을 분석하고 재구성하여 수업 자료를 개발해야 하며, 평가 방법을 고민하여 평가계획을 수립하고, 채점 기준안을 개발해야 한다는 것을 의미한다. 따라서 담당해야 할 과목이 늘어나는 것은 이런 과정의 일을 더 해야 한다는 의미이고, 교사들의 어려움이 증가되는 것은 당연하다.

넷째, 선택과목 증가에 따른 물리적 공간 즉 교실이나 실험실이 부족한 경우이다. 학급수보다 많은 선택과목을 이동수업으로 운영할 경우 추가 공간이 필요한데 공간이 없는 학교는 실행이 쉽지 않다. 또한 실험실과 같은 공간이 부족하면, 실험과목이나 실습과목을 개설하는 것이 어렵다. 물리적 공간을 확보하지 않는 한 선택과목을 늘리는 것이 쉽지 않은데, 교실을 갑자기 늘리는 것이 쉬운 일은 아니다. 주로 신도시에 위치하고, 학생들이 급격히 늘어나 빈 교실이 없는 학교에서 볼 수 있는 문제이다.

마지막으로 행정적인 부담의 증가이다. 학생들에게 선택과목에 대한 수강 신청을 받고, 수강 편성을 하고, 시간표에 이동수업을 적용하는 것은 선택과목이 없던 시절에 비해 상당히 어려운 난이도의 행정 업무를 유발한다. 한국의 경우를 보면 많은 학교들이 상당한 금액을 업체에 지불하여 수강 신청과 시간표 작성을 하고 있다. 그만큼 어려운 일이기 때문이다.

KIS의 운영진인 이사회[16]와 학교장은 2020년에 선택형 교육과정의 도입을 위해 교사를 6명 증원하는 결정을 내렸다. 교사의 수가 53명인 학교에서 6명의 교사를 늘리는 것은 약 10%가 넘는 교사의 증원을 의미한다. 선택형 교육과정을 도입하면서 선택의 폭을 넓히지 않으면 결국 도입의 취지가 퇴색된다는 판단에 따라 과감하게 교사의 증원을 통해 5개의 반을 약 7~8개의 분반으로 나누어 선택과목을 이수할 수 있도록 지원하였다. 따라서 교사들의 시수는 오히려 줄어들었고, 그 여력은 새로운 교과를 연구하는 데 투입할 수 있는 여건이 조성되었다.

국내에서도 고교학점제의 도입에 따른 연구학교가 운영되어 다양한 운영 사례들이 보고되고 있다. 연구학교들은 다양한 과목을 운영하기 위한 교육과정을 편성하여 운영하고 있다. 하지만 대부분의 연구학교들은 문제점으로 교사의 부담이 늘어나고 지쳐가고 있다는 점을 제시한다. 단순히 과목을 늘리는 것만으로는 선택교육과정의 성과를 도출해 낼 수는 없다. 다양한 과목을 양질의 수업으로 운영하는 것이 선택교육과정의 목적을 이룰 수 있다. 교사가 수업을 고민하고, 교육과정의 재구성과 수업 방법의 개선

---

16 재외한국학교는 국내의 사립학교와 유사하게 이사회를 구성하여 인사와 회계의 결정을 내리는 구조를 가지고 있다. KIS는 교민들이 학교를 짓기 위한 기금을 모아서 설립하였고 호치민 총영사관 소속 기관으로 되어 있어 국내의 사립학교와는 이사회의 구성과 운영에 차이가 있다.

을 시도하며, 과목을 운영하는 경험을 쌓아갈 때 목적을 더 명확히 달성할 수 있음은 자명하다.

교사를 6명 증원한 결과, 선택형 교육과정의 도입은 쉽게 이뤄낼 수 있었다. 물론 완성도 높은 선택교육과정의 운영을 위해서 발전시켜 나가야 할 요소는 많았지만 시작을 했다는 점에서 의미가 있었다. 다양한 선택과목의 운영에 있어 교사의 증원은 정말 필요한 일이다. 현재 고교학점제를 기반으로 한 선택형 교육과정을 운영하고 있는 한국의 학교들이 교육청에서 계산한 수업 시간보다 더 많은 시간을 운영하는, 즉 실제 학급수보다 더 많은 수의 분반을 운영하기 위해서, 다양한 과목에 대한 충분한 준비와 도전을 할 수 있는 여건을 만들기 위해서는 우선 교사가 충분히 증원되어야 한다.

도입기 2. 선택형 교육과정 확대: 수요자의 요구 반영

—

2015 개정 교육과정에서는 졸업을 위한 학점수(표현을 통일하기 위해 단위수를 2022 개정 교육과정에 맞춰 학점수로 표현함)를 204학점으로 정하고 있다. 이 중에서 창의적체험활동으로 24학점을 운영하므로 교과에 배정된 학점은 180학점이다. 180학점 중 고등학교 1학년 과정은 공통과정이기 때문에 60학점을 배정해야 한다. 따라서 120학점이 학교가 편성 재량권을 가지고 있는 학점이다. 120학점을 필수 이수 교과와 선택 이수 교과에 나누어 배정하고 있다.

2020년부터 운영되기 시작한 선택형 교육과정은 필수 이수 교과 24과목, 선택 이수 교과 68과목으로 총 92과목으로 구성되었다. 학점으로는 108학점을 필수로 이수하고, 선택 이수 96학점으로 교과는 총 204학점이었다. 따라서 필수 이수 학점 108학점 중 68학점은 고등학교 1학년의 공통과정에 배정된 것이므로, 고등학교 2~3학년에 배정된 필수 이수 학점은 40학점이다. 사실 선택과목의 수가 68과목인데 이수 학점이 96학점인 것을 과목 수에 비해 적은 학점이었다.

보통 교과에 180학점을 배당하고 있는 한국의 학교와 비교하면 24학점이 많은 수준이었다. 24학점은 주로 영어 원어민 교사가 담당하는 과목, 베트남어 교과군의 과목에 배정되어, 이를 제외하면 국내와 비슷한 수준이라 할 수 있었다.

2015 개정 교육과정과 2022 개정 교육과정의 단위수와 학점수의 비교

영역	2015 개정 교육과정 (단위수)	2022 개정 교육과정 (학점수)	비고
졸업 기준	204	192	
교과 기준	180	174	6학점 감소
과목별 기준	5	4	1학점 감소
과목별 증감기준 범위	1~3	1	

선택형 교육과정을 시작했다는 의미는 있지만, 여전히 공통으로 지정된 과목이 많아 개설 예정 과목의 수에 비해 선택할 수 있는 과목 수가 적어서 학생들은 이수하고 싶은 과목을 이수하지 못하고 있었다. 하지만 국어, 영어, 수학의 중요성을 강조하는 분위기가 강했고, 국어, 영어, 수학 교사의 수가 많은 상황에서 공통으로 배정된 국어, 영어, 수학 과목을 선택의 영역으로 변경하는 것은 많은 반대에 부딪혔다.

교육과정은 학교 선택의 중요한 기준이 된다. 고등학교를 선택할 때, 각 학교별로 운영하고 있는 교육과정을 비교해 보며, 나에게 맞는 학교를 결정한다. 한국은 교육과정을 비교해 보고 학교를 선택할 권리가 있지만 재외학교는 사실 선택할 학교가 한 개밖에 없는 구조이다. 물론 국제학교에 다니는 방법이 있지만 한국교육을 받고 싶다면 선택지는 하나밖에 없다.

그래서 학생과 학부모는 학교의 교육과정에 관심이 많고, 학교에 바라는 교육과정을 제안하기도 한다. 재외학교는 한 나라의 교육을 책임지고 있다는 존재 이유, 운영을 위한 예산을 등록금으로 마련하고 있다는 점, 많은 학생들이 재학할수록 재정적인 여유를 만들 수 있다는 점 등으로 학생과 학부모의 요구를 자주 수렴하고 반영을 고민하는 경향이 있다. 물론 지극히 개인적인 제안이나, 무리한 요구는 당연히 수용하지 않는다.

선택형 교육과정을 운영하기 시작하면서 학생과 학부모의 만족도는 전반적으로 높게 나타났지만, 이공계열로 진학하려는 학생들을 중심으로 교육과정의 변화를 요구하였다. 이유는 이공계열 진학에 꼭 필요한 과목을 선택할 수 없다는 것이었다. 학생과 학부모는 개편의 필요성을 강하게 주장하였고, 교사들도 필요성에 대해 인정하는 상황이었다. 결과적으로 학생의 요구에 따라 필수 이수 교과에 배정한 학점을 줄이고, 선택 이수 교과의 학점을 늘려서 학생의 필요성을 충족시키는 방향으로 교육과정을 개편하였다. 개편과정에서 필수 이수 과정에 배정된 중학교와 고등학교의 국어, 영어, 수학, 사회, 과학 교과를 1학점씩 축소하는 것으로 의견을 모았다.

개편이 적용된 시기가 2023년이었다는 점을 고려하면, 수정에 2년이 걸린 셈이었다. 변화의 중요한 원동력은 학생과 학부모의 요구였다. 학생과 학부모의 요구는 교육과정의 변화를 이끌어낼 수 있는 중요한 요인이다. 학교의 교육과정에 관심을 가지고, 좋은 교육과정을 만들어 나가기 위해 적극적으로 제안하는 분위기가 한국의 학교에도 필요하다. 물론 너무 개인적인 이유나, 현실 가능성이 없는 제안은 오히려 독이 될 수 있다. 따라서 학교의 정보 공유와 건전한 논의의 과정이 같이 이뤄져야 한다.

도입기 3. 선택형 교육과정의 확대:
학교장의 교육과정에 대한 이해와 마인드

—

시대적 흐름에 따라 다양한 교육이 등장하고 확대되어 나간다. 2010년대에는 융합인재교육이라 불리는 STEAM교육[17](Science, Technology, Engineering, Art, Mathematic)이 많은 부분에서 나타났고, 최근에는 인공지능교육 혹은 AI융합교육[18]에 대한 관심이 급격히 높아지고 있다. 교육과정의 변화 속도가 빠르지 않은 재외한국학교에서는 이런 트렌드를 반영한 교육이 한국보다 느린 편이다.

학교장은 학교의 운영 방향을 결정하는 경영자이다. 비교적 수평적인 조직 문화를 가지고 있는 학교에서 학교장은 교육과정의 편성 과정에서 나아갈 방향을 제시하는 중요한 역할을 해야 한다. 수평적인 조직 문화는 다양한 의견을 제시하는 집단이 될 수도 있지만 스스로 변화를 시도하기 어려운 집단이 되기도 한다. 따라서 변화의 필요성을 제시하고, 체계적으로 변화를 이끄는 역할이 학교장에게 있다.

KIS의 교육과정에서도 학교장의 교육과정에 대한 이해와 마인드가 변화의 중요한 원동력이 되었다. 선택형 교육과정의 도입을 결정하는 순간, AI

---

17 STEAM교육은 융합인재교육으로도 불린다. 학생들이 주변에 있는 문제를 융합적으로 해결해 나가는 것이 융합의 시대에 필요한 교육이라는 이유에서 시작되었고, 미국은 STEM으로 인문학(Art)를 빼고 말하기도 한다.

18 AI융합교육의 의미는 제 4장의 첫 부분에 기술되어 있다.

융합교육을 도입하는 순간은 학교장의 판단과 적극적인 추진이 즉각적인 변화를 이끌어낼 수 있는 원동력임을 확인하는 순간이었다. 덕분에, 늦었지만 선택형 교육과정을 도입할 수 있었고, 국내보다 빠르게 AI·융합교육을 정의하고 교육과정을 개발하여 안정화시킬 수 있었다.

학교장이 가진 교육과정에 대한 마인드와 교육의 흐름을 읽은 시야가 학교 교육과정의 변화에 중요한 요소이다. 따라서 학교장은 교육과정 이해를 바탕으로 학교에 필요한 흐름을 파악하고 나아갈 방향을 제시할 수 있는 역량이 필요하다.

발전기 1. 온라인공동교육과정의 도입

—

교육부는 정책을 입안하고 시행[19]한다. 교육부의 정책 중 상당수는 학교를 대상으로 한다. 따라서 교육부의 정책을 시범적으로 수행할 연구학교, 교육부가 마련한 정책을 운영하는 지정학교 등이 있다. 예를 들어 과학중점학교는 이공계열 연구인력을 양성하기 위해 마련한 정책으로 일반학교에서 수학과 과학 교과를 기존보다 15~20% 더 이수할 수 있는 교육과정을 운영하는 학교를 말한다.

사실, 정책을 운영하는 학교는 운영의 어려움이 가중된다. 정책을 수행하기 위해서는 각종 계획서와 보고서, 발표회 등의 추가적인 업무와 더불어 내부 역량의 결집이란 숙제가 발생하기 때문이다. 그래서 일선 학교에서는 정책 운영 학교의 지정을 기피하는 경향도 있다. 물론 정책 운영 학교

---

19   교육부는 정책을 입안한다. 초중등이 대상이기도 하고 대학이 대상이기도 하다. 정책은 일반적으로 연구학교나 시범학교를 통해 문제점을 파악하는 과정을 거쳐, 확대하여 나간다.

지정에 적극적으로 참여하여 성과를 얻는 학교도 많다. 그렇지만 힘이 드는 것은 당연하며, 지속해 나가는 데 어려움을 겪는 경우 학교도 상당수 있다.

재외학교는 사실 교육부의 정책 수행 학교로 지정될 것이 별로 없다. 한국의 학교들을 대상으로 정책을 실험하거나 운영하여 성과를 얻으면 되기 때문에 재외학교까지 오지 않는다. 하지만, COVID-19로 인해 온라인 교육이 활성화되면서, 온라인공동교육과정 운영 학교라는 지정학교가 생겨났다. 재외학교의 상당수는 규모가 작기 때문에 다양한 선택형 교육과정을 운영하기에는 교사 수가 턱없이 부족하다. 어떤 학교는 교사수가 7명인 학교도 있다. 과목별로 1명씩밖에 없는 학교에서 다양한 선택과목을 개설하는 것은 불가능한 일이다. 이런 문제를 해결하기 위해 권역별 온라인공동교육과정 운영이라는 정책이 시작되었다.

KIS도 선택형 교육과정을 도입한 후 선택과목의 다양성은 어느 정도 이루었지만, 선택 교과에 배정된 학점 수가 부족하여 학생들은 이수하고 싶은 과목을 듣지 못하는 경우가 많았다. 이런 교육과정의 문제를 해결할 수 있는 방안으로 온라인공동교육과정을 검토하고, 동남아에 있는 학교들과 같이 운영하기 위한 계획을 수립하였다.

온라인 공동교육과정은 2022년 2학기부터 시작되었고, 처음에는 11학년을 대상으로 한 5개 과목에 52명의 학생이 이수하였다. 학생들의 수요를 확인하고 현재의 교육과정에 변화가 필요하다는 점을 교사들은 공감하였다.

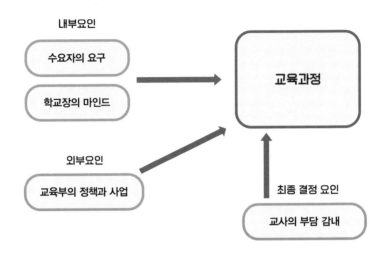

교육과정의 변화를 이끌어내는 원인

내부요인

수요자의 요구

학교장의 마인드

외부요인

교육부의 정책과 사업

교육과정

최종 결정 요인

교사의 부담 감내

발전기 2. 교육과정 운영 트랙의 다양화

선택형 교육과정은 학생에게 필요한 다양한 과목을 개설하여 학생들이 선택할 수 있도록 하는 것이다. 학생이 필요로 하는 과목을 조사하고 개설하는 방법과 학생들에게 필요하다고 판단한 과목을 개설하고 학생이 선택하도록 하는 방법이 공존한다. 두 가지 방법 모두, 과목을 개설했을 때 운영할 교사가 있어야 가능하다. 학생이 원하지만 과목을 운영할 교사가 없거나 교사가 운영을 거부할 경우, 개설은 쉽지 않다. 운영 과목 수를 줄이려고 학생들에게 적은 수의 선택과목을 제시하고 선택하도록 하는 학교도 상당히 많다.

결국 다양한 선택과목의 핵심은 교사가 다양한 과목을 개설하고 운영하는 것이다. 여기에는 두 가지 요소가 필요하다. 바로 교사의 의지와 전문성이다. 학생들의 다양한 관심과 희망 진로를 충족하면서, 여러 영역을 아우르는 융합적 역량을 키울 수 있는 다양한 과목을 편성, 개설, 운영해 주기 위해 다교과를 기꺼이 맡아주고 수준 높게 운영해 주는 교사가 선택형 교육과정 다양성의 핵심이다.

사실 KIS는 선발된 교사 집단이다. KIS의 교육과정 운영 사례를 이야기했을 때, 한국에서는 실현가능성이 떨어지는 사례라는 의견도 많았다. 활발한 연구 활동과 교과연구회 활동 등을 통해 전문성을 꾸준히 높여온 교사들을 선발하여 구성한 집단이기 때문에, 국내에서는 이런 학교가 거의 없어서 따라하기에는 어렵다고 한다. 하지만 KIS의 교사가 모두 높은 전문성을 가지고 있는 것은 아니다. 전문성이 높은 동료와 함께 과목을 운영하는 것이 가능했기에 새로운 과목을 시도하고, 같이 하기 때문에 두려움보다는 설렘이 컸고, 운영하면서 즐거운 경험을 하며 지속할 수 있는 힘을 가지게 되는 경우가 많았다. KIS에서 실험해 본 교사 전문성 향상 방안은 뒤에서 자세히 정리하였다.

정규 수업 시간에 편성된 주당 34시간의 교과 시간은 모든 교과가 가져가고 싶어하는 시간이다. 이 시간으로 각 교과별 정원을 결정하는 기준이 되기 때문에 온라인 공동교육과정[20]을 2022년에 운영한 결과, 운영에 참여한 학교들과 학생들의 만족도는 매우 높았다. 사실 주당 한국보다 많은 34시간의 교과 시간을 소화하면서 방과후에 추가로 과목을 이수하는 것이 학생들에게 상당한 부담임을 알고 있는 상황에서 참여 학생의 수와 만족도는 놀라웠다.

---

20 공동교육과정은 선택형 교육과정을 보완하기 위한 방법이다. 학교별로 선택형 교육과정을 운영할 수 있는 여건이 다르기 때문에 여건이 되는 학교에서 과목을 개설하여 인근학교의 학생들이 같이 수강하는 시스템을 말한다.

4. 공동교육과정 과목의 내용 및 교육활동(체험 등)은 유익했다.
응답 105개

10. 공동교육과정은 진로선택 및 결정에 도움이 되었다.(또는 도움이 될것이다.)
응답 105개

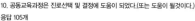

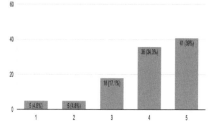

정말 수업 때 SDGs와 연관을 시킨 적이 많아 도움이 많이 되었고, 보통 수업 시간 때는 잘 배우지 않고 이에 대해 알고 싶으면 혼자 직접적으로 찾아 가면서 배워야 하지만, 이 수업을 통해 세계가 어떠한 곳에 관심을 가지고 문제를 해결해 나가고 싶은지에 대한 방향을 배워 이 분야에 많은 관심을 가지게 되었고, 수업 시간뿐만 아니라 개인적으로 더 찾아보고 알아갈 수 있게 해주는 귀한 기회였습니다. 또한, 정말 제가 실천할 수 있을지는 모르겠지만, 나중에 기회만 된다면 공동수업 때 배운 것을 기반으로 나부터 조금씩이라도 더 나은 세상을 만들 수 있도록 노력해야겠다는 생각이 들었습니다.(공동교육과정을 이수한 학생)

공동교육과정은 가능한 많은 학생에게 도움이 될 수 있는 과정으로 설계하였다. 한국의 학교 간 공동교육과정을 보면, 상위권 학생들을 위한 과목이 많다. 추가로 이수하는 과정임을 고려한다면 상위권 학생들이 학업에 적극성을 띠는 경우가 많기 때문이기도 하지만, 상위권 학생들의 대입을 위한 실적 관리의 측면도 강하다고 볼 수 있다.

많은 교사가 교과 외 시간에 자신의 에너지를 일부 학생을 위해 사용한다면, 대부분의 학생들은 학교를 불평등한 공간이자 불평등한 교육과정을 운영하는 곳으로 인식할 수 있다. 나는 공부를 못하니까, 학교에서 별로 신경 써 주지 않는다고 생각하기 쉽다. 결국 이런 인식이 학교를 전반적으로 불평등한 곳으로 인식하게 되는 원인 중 하나이다. 많은 학생을 위한 과정으로 설계한다는 것은 다양한 영역의 교과와 다양한 수준의 교과가 개설되는 공간이다. 공동교육과정의 특성상 기존 교육과정에는 없는 교과가 개설되어야 하기 때문에 학생들에게 필요하지만 시수가 없어서 개설하지 못한 과목을 우선으로 하였다. 추가로 교사가 학생들과 평소에 해보고 싶었으나 소수의 학생에게 필요한 과목이라 개설하지 못했던 과목을 편성하였다.

대부분의 고시과목이 편제되어 있는 교육과정에 추가로 과목을 편성하기 위해 다양한 고시외과목의 성격과 목적을 탐색하였다. 특히 중점을 두고 살펴본 것은 인공지능과 데이터 사이언스, 인문학적 소양이었다. 세 가지 요소 중 두 가지 이상이 융합되어 한 과목이 특정 진로만을 지원하는 것이 아니라 두세 가지 진로를 지원하는 것이 다양성을 높이는 효과적인 방법이었다. 또한 여러 교과의 교사가 같이 과목을 운영함으로써, 혼자서 모든 수업을 진행해야 하는 부담에서 벗어날 수 있는 방법이기도 했다. 그 결과 고시외과목을 재구성하여 융합적 성격이 강해진 과목들을 개발할 수 있었다.

융합적 성격을 가질 수 있도록 교육과정을 재구성하여 개발한 교과

과목명	대상(학년)	개발 교과	주요 내용	영역
인공지능 프로그래밍	11	영어, 수학, 과학, 정보, 미술	디자인 사고, 인공지능 알고리즘의 수학적 원리, 데이터 수집 등	AI융합
빅데이터 분석	11	과학, 정보	데이터 분석 방법	AI융합
인공지능 윤리문제탐구	10, 11	윤리	AI윤리문제에 대한 고찰	AI융합
C언어프로그래밍	10	정보	C언어 문법	AI
우주의 기원과 인류 역사	10, 11	과학, 역사	과학사와 역사	융합
인간과 환경생활	10, 11	지리, 과학	환경, 기후 및 모델링	AI융합
응용프로그래밍	11	정보, 수학, 과학	파이썬 활용 문제 해결	AI융합
파이썬프로그래밍	10	정보	파이썬 문법	AI
지속가능발전탐구	11	영어, 베트남어, 과학, 사회, 수학	지속가능발전 17개 목표의 데이터 수집 및 분석, 인공지능 모델 활용	AI융합
지속가능발전과 미래사회	11	영어, 베트남어, 윤리	글로벌한 교류를 통한 지속가능문제 해결	융합

공동교육과정의 과목은 2학점으로 구성하고 개발과정에서부터 여러 교사가 같이 과목을 운영하는 것으로 방향을 설정하였다. 적극적으로 공동 운영 방식을 권유하였다. 34시간의 수업이지만 2명이 같이하면 17시간이고, 3명이 같이하면 12시간의 수업이 된다. 개발이란 부담과, 방과후에 온라인으로 전혀 모르는 학생들이 포함된 집단을 가르쳐야 한다는 부담이 있지만, 동료교사와 함께 새로운 수업을 한다는 설렘도 많이 느끼고 있었다. 특히 과목 간의 경계가 워낙 강한 중등의 특성상 서로 다른 교과와 함께 수업을 해보는 경험은 새롭고 신선했다. 참여를 희망하는 교사들과 참여를 부탁하

여 수락한 교사들과 함께 개발을 진행하고, 과정을 운영하였다.

융합을 키워드로 접점이 거의 없어 보였던 역사와 과학 교과가 공동으로 개발, 운영한 '우주의 기원'과 '인류 역사' 과목은 두 개 학교 교사가 같이 운영한 경우이기도 하다. 과학적 지식과 개념, 역사적 사실 등을 결합하여 재구성한 결과, 이공계열 학생들과 인문사회계열 학생 모두가 선택하고 이수하는 과목이 되었다. 고등학교 1학년이 지나면 역사를 전혀 배우지 않는 이공계열 학생과, 아무래도 과학계열 과목의 선택이 적은 인문사회계열 학생들이 모두 즐겁게 배울 수 있는 과목으로 자리 잡았다.

'지속가능한 발전탐구' 과목은 학생들의 다양성을 충족시키기 위해 두 가지 버전으로 개발되었다. 첫 번째는 영어를 중심으로 세계 각국의 학생들과 교류하며 지속가능한발전 실천 방안을 모색하는 프로그램으로, 7개국 학생들과의 협력을 통해 글로벌 관점을 이해하고 구체적인 활동을 실천하는 경험을 제공하였다. 두 번째는 데이터사이언스와 친환경패키징공학을 기반으로 한 탐구와 연구과정을 중심으로, 공정무역 데이터와 다양한 국가의 지속가능한발전 사례를 분석하며 통계와 인공지능 기술을 자연스럽게 학습할 수 있도록 구성되었다. 이 두 가지 버전은 학생들이 자신의 흥미와 진로에 따라 선택할 수 있어 지속가능한 발전에 대한 관심과 접근성을 높이는 데 기여했다.

이 과목은 단순히 이론을 배우는 것에서 나아가, 다양한 교사들이 협력하여 개발하고 운영하며 의미를 더했다. 특히, 지속가능한 발전이 특정 교과의 주제가 아닌 모든 교과가 함께 다룰 주제라는 인식을 바탕으로, 전문 교사와 관심 있는 교사들이 공동으로 참여하였다. 그 결과, 각기 다른 방식으로 운영된 과목은 학생들에게 흥미롭고 유익한 경험을 제공하며, 교사들에게도 협력과 실천의 즐거움을 느낄 수 있는 기회를 마련하였다.

학생들에게 의미 있는 과목이면서 교사에게도 의미 있는 과목인 이유는 함께 고민하고, 개발하고, 운영하면서, 혼자서 감당해야 한다는 부담을 덜고, 같이 하고 같이 이뤄가는 즐거움을 느끼는 기회가 되었다는 것이다. 한국에서도 공동교육과정의 활성화에 많은 노력을 기울이고 있다. 도서산간에 있는 학생, 작은 소규모 학교에 있는 학생 등 필수과목을 이수하지 못하는 학생을 위한 과정도 있고, 필수과목 외에 흥미로운 과목을 추가로 이수하고 싶은 학생을 위한 과정도 있다. 여러 학교가 같이 운영하여 비교적 적은 노력으로 높은 성과를 얻기 위해 노력하지만, 현실적으로 주관학교의 교사가 과목을 운영하는 경우가 많고, 방과후에 이뤄지는 수업에 대한 부담, 평가와 학생부 기재에 대한 부담, 낯선 과목에 대한 부담 등으로 활성화가 잘 이뤄지고 있지는 못하다. 혼자는 힘들다. 같이 할 때 부담은 줄어들고, 운영 경험을 쌓아 전문성이 높은 교사를 양성할 수 있다. 다양한 교과의 교사들이 같이 할 수 있는 과목이 많이 생겨날 수 있도록 적극적인 지원책이 무엇인지 고민할 필요가 있다.

발전기 3. 무학년제의 도입

공동교육과정이 자리를 잡은 후, 추가로 검토한 것은 선택의 다양성을 높일 수 있는 무학년제였다. 무학년제는 학년의 구분 없이 과목을 이수할 수 있는 방안이다. 학년의 구분 없이 선택할 수 있어서, 학생들이 선택하는 시점을 비교적 자유롭게 조정할 수 있다. 예를 들어 KIS에서 운영한 심리학의 경우 무학년제로 1학년과 2학년이 같이 이수할 수 있도록 하였다. 만약 심리학이 학기마다 개설이 된다면 학생들은 1학년의 1학기와

2학기, 2학년의 1학기와 2학기 중에 한 번 선택하여 이수할 수 있다. 즉 네 번의 이수 기회가 있고, 그중에 한 번을 선택하면 되는 방식이다. 무학년제는 선택형 교육과정의 자유도를 높여주는 방안이다.

하지만 무학년제는 운영상의 문제점이 있다. 먼저 일과 중 운영이라면 복잡한 시간표를 만들게 된다. 1학년과 2학년이 동일한 시간에 운영되는 수업에 참여할 수 있도록 시간표를 작성해야 한다. 선택형 교육과정으로 이동수업이 많아진 상황에서 학년까지 고려해야 한다면 시간표 작성은 많이 복잡해진다. 그리고 성적의 문제가 있다. 1학년과 2학년이 같이 이수할 경우, 대부분의 과목은 2학년이 더 좋은 성취를 보이고 높은 성적을 받아 갈 가능성이 높다. 따라서 1학년은 기피할 수밖에 없는 상황이 벌어지고, 결국은 무학년제가 무의미해진다.

이런 부분 때문에 과목의 위계를 정확하게 분석하여 사전에 학습된 개념의 수준 차이가 있는지를 면밀하게 분석할 필요가 있다. 사전 학습 개념의 수준 차이가 있다면 무학년제로 운영하기에는 어렵다. 또한 위계를 분석한다는 것은 이전에 배워야 하는 과목을 이수하였는지를 따진다는 의미이기도 하다. 예를 들어 물리학Ⅰ을 이수한 학생들이 물리학Ⅱ를 이수하도록 한 위계 지침[21]에 따라 물리학Ⅱ 과목을 무학년제로 운영하는 것은 어렵다. 이런 위계는 주로 수학과 과학 교과에 있다.

무학년제는 비교적 학년에 따른 사전 학습 개념의 차이가 없고, 과목의 위계에서 자유로운 과목으로 운영한다면 무리 없이 운영할 수 있다. 당연히 무학년제의 장점인, 이수 기회의 횟수를 늘리는 효과를 얻을 수 있다.

KIS에서는 무학년제를 2023년 2학기에 처음 도입하였고, 심리학, 인공지

---

21 국가수준교육과정에서는 배워야 하는 순서가 명확하게 있는 경우 위계를 제시하여 순서를 지키도록 하고 있다. 일차 함수를 배우고 이차 함수를 배워야 하는 것처럼 배워야 하는 순서를 정해둔 것이 위계적 구성이며, 그 위계를 지켜서 교육과정을 운영하라고 하는 것이 위계지침이다.

능윤리, 환경지리세미나의 세 과목을 시범적으로 운영하였다. 심리학은 교양과목으로 편성되기 때문에 성적이 이수/미이수로 이뤄진다. 따라서 학년별 성적 불균형의 문제에서 자유롭다. 인공지능윤리와 환경지리세미나 과목의 경우는 사전 학습 개념에서 큰 차이를 보이진 않는다고 판단한 과목이었다. 처음 접하는 학생이 대부분인 과목이라, 학년에 관계 없이 비슷한 출발선에서 시작할 수 있고, 따라서 성취 수준에서 학년에 따른 차이가 발생하지 않는다고 판단했다.

운영 결과 무학년제의 운영에는 별다른 문제점이 발생하지 않았다. 아무래도 일과 중에 이뤄지는 교육과정에서 무학년제는 시간표 운영의 행정적인 어려움이 많을 수밖에 없다. 하지만 공동교육과정처럼 일과 후에 이뤄지는 무학년제는 행정적인 어려움 없이 과목의 위계와 사전 학습 정도만 고려하면 되기 때문에 상대적으로 적용하기 용이했다.

무학년제는 선택의 폭을 넓혀준다는 의미에서 충분히 의미가 있는 과정이었다. 따라서 무학년제를 운영할 수 있는 과목을 발굴하고, 여러 학년의 수준을 고려하여 교육과정을 재구성한다면 선택형 교육과정의 효율성을 높여줄 수 있는 방안이다. 사전에 꼼꼼하게 교과 교육과정을 분석하여, 도입 가능한 교과를 찾아내는 노력이 필요하다.

2023~2024학년에 운영한 온라인 공동교육과정 과목

교과명	대상(학년)	운영방법	비고
영어구문이해II	10	주중형(화,목)	기초보강(영어)
심리학	10~11 (무학년제)	주중형(화,목)	무학년제, 대학위탁
인공지능윤리	10~11 (무학년제)	주말형(토)	무학년제

C언어프로그래밍	10	주중형(월,목)	기초프로그래밍
우주의 기원과 인류역사	10	주중형(화,금)	과학, 역사 융합
국제경제	11	주중형(화,금)	[경제]이수자 권장
융합과학과제연구	11	주말형(토)	과학, 수학, 사회과학 융합
환경지리세미나	10~11 (무학년제)	주중형(월,목)	무학년제, 지리·지구과학융합
지속가능발전탐구	11	주말형(토)	데이터 사이언스와 융합 중심
인공지능수학	11	주말형(토)	1학기 이수자는 희망불가
지속가능 발전과 미래사회	11	주중형(화,목)	[지속가능발전탐구] 선이수자만 가능
응용 프로그래밍	11	주말형(토)	프로그래밍 중급자 권장

완성기 1. 수월성 교육의 확대[기초보강과정 시범운영]

—

　　　　일반교육과정에서 대부분의 고시과목과 공통, 일반선택, 진로선택 과목을 편성하였고, 전문교과Ⅰ의 과목 일부를 포함시켰다. 다양한 고시외과목을 온라인 공동교육과정으로 끌어들여 다양한 진로와 수준의 학생들이 자신에게 필요한 과목을 추가로 이수할 수 있는 길을 열었다. 이제 남은 건 남들보다 더 빨리 배우고 싶어하는 학생과 기초학습 결손을 가지고 있는 학생에 대한 교육과정이었다.

　기초학습 결손을 메우기 위한 노력은 저학년에서 이뤄지는 것이 효과적이다. 학년이 올라갈수록 학습 결손이 심해지며, 그 양을 보충하기가 점점 더 어려워진다.

　초등에서 운영하는 세종한글반과 세종수학반은 학습 결손을 보충하기 위한 대표적인 프로그램이다. 세종한글반은 국어 사용 능력이 부족한 학생들을 대상으로 주당 5시간의 정규 수업과 방과 후 4시간의 무료 보충 수업을 제공한다. 특히 저학년은 소규모 학급으로 운영되어 개별 지원이 강화된다. 세종수학반은 수학 실력 향상을 목표로 정규 수업에서 주당 3시간, 방과 후에는 4시간씩 진행된다. 학습 수준에 따라 심화반도 운영하여 다양한 학생들의 필요를 충족시키고 있다. 이 프로그램들은 다문화가정 학생을 포함한 모든 학생에게 학습의 기회를 확대하는 데 기여하고 있다.

중등에서도 한국의 학교들이 많이 하고 있는 기초방과후 수업을 운영하고 있다. 사실 다문화가정의 학생들이 많아지고 있어서, 국어 과목에 대한 학습 결손을 메우기 위한 대책의 필요성이 증가하고 있다.

현재 고민해 보고 있는 방안은 재외학교들이 운영하고 있는 토요한글학교를 벤치마킹하는 것이다. 재외한국학교에 자녀를 보내는 교민이나 주재원도 있지만 인근의 다른 국제학교나 로컬학교에 보내는 경우도 많다. 이런 학교들은 모든 수업이 영어나 현지어로 진행되기 때문에 한글을 배울수가 없다. 이런 학생들을 위해 재외한국학교들은 토요한글학교를 운영하고 있다. 운영의 주체가 재외한국학교인 경우도 있고, 한국교육원인 경우도 있다. 주체를 떠나서 토요일에 재외한국학교에 와서 한국어와 한국사 수업을 듣는다.

한국어 능력이 부족한 경우, 국어 과목뿐만 아니라 대부분의 과목에서 학습 결손이 발생할 가능성이 높다. 한국어로 진행하는 수업에 한국어가 미숙하다면 성취 수준이 떨어지는 것은 당연한 결과이다. 따라서 초등에서 최대한 노력하여 결손을 메우기 위해 노력했지만 여전히 학습 결손을 가지고 있는 학생을 위해 중학교 1학년에서 한국어 학습 결손을 보충하기 위한 과정을 설계하는 중이다.

학습 결손을 가지고 있다고 평가된 학생은 반드시 한국어 코스를 이수해야 하는 교칙을 만들어, 한국어 보충 과정을 이수하도록 하는 방안을 검토하고 있다. 사실 한국에서 진행하는 기초방과후 수업과 같은 방법을 활용하는 것도 가능하지만, 학생들이 방과후 수업을 이수하지 않겠다면 강제할 방법이 딱히 없다. 이런 학생들이 스스로의 힘으로 학습 결손을 해결할 수 있다면 좋겠지만 가능성이 높지 않다.

언어 코스라고 부르려고 하는 이유는 기초방과후 과정이 가지고 있는 이미지 때문이다. 기초방과후 과정은 공부 못하는 학생들이 하는 나머지 공부와 같은 이미지가 아무래도 강하다. 때문에 학생들은 거부감을 가지고 있다. 그래서 언어 코스는 한국어가 미숙한 학생들이 한국어를 배우는 과정으로 정의하려 한다. 예를 들어, 유학을 갔는데 언어가 미숙한 경우, 먼저 랭귀지 코스를 이수한 후 학업을 시작하는 것과 같은 개념으로, 언어 코스를 통해 기초방과후 과정이 가지고 있는 부정적 이미지를 극복해 보려 한다.

아직은 기초적인 검토단계이다. 토요일과 같은 방과후에 이뤄져야 하는 과정이기 때문에 교사들의 추가적인 부담이 전제되는 것도 고려해야 하고, 계획한 대로 이미지가 구축될 수 있는지에 대한 검토와 이수 대상자를 선정하는 기준, 과정의 설계와 워크북의 개발 등 검토해야 할 사항이 많다. 물론 토요한글학교의 커리큘럼을 활용한다면 개발의 부담은 덜 수 있을 것으로 판단하고 있다.

KIS에서 시도해 본 사례로는 영어회화 능력을 보강하기 위한 과정이 있다. KIS의 초등에는 23명, 중등에는 7명의 영어 원어민 교사가 있다. 한국에서는 영어 원어민 교사가 주로 영어회화 수업을 담당하는 편이다. 하지만 KIS에는 영어 원어민 교사가 자신의 대학 전공을 고등학교 2학년과 3학년에 과목으로 편성하여 운영하고 있다. 즉 화학을 전공한 교사는 영어로 화학 I 과 화학 II 의 중간 수준에서 관련 개념과 내용을 수업하고, 일부 시간에는 실험을 진행한다. 이런 과목이 생물학, 화학, 세계사, 심리학, 경제의 5개 과목이 있다. 물론 읽기, 쓰기와 같은 영어 수업도 담당하고 있다.

이런 교육과정에서는 영어회화 능력이 기본이라 할 수 있다. 원어민 교사의 전공 과목을 이수하는데 영어회화가 바탕이 되어 있지 못하면 선택할 수가 없다. 결국 영어회화에 자신이 없는 학생은 영어의 읽기, 쓰기, 문법 관련 과목을 선택하게 된다. 영어를 공부할 필요성을 느끼고, 흥미를 가지고 있는 학생이 영어 관련 과목을 이수하는 것은 문제가 되지 않지만, 다른 전공과목의 수업을 듣고 싶은데 영어회화 실력이 부족해서 듣지 못하는 것은 학생의 입장에서 아쉬움이 클 수밖에 없다.

영어회화에 자신 없는 학생들을 위해 영어회화 능력을 보충할 수 있는 과목을 온라인 공동교육과정으로 개설하여 운영했다. 사실 기초보강 성격의 과목을 온라인으로 하는 것에 대한 고민이 깊었지만, 하나의 과목을 개설하고 체계적인 교육과정을 운영하면서 성장을 기록하는 것이 바람직하며, 더 높은 효과를 얻을 수 있다는 의견에 따라 온라인공동교육과정의 과목으로 개설하였다.

고등학교 1학년을 대상으로 하였고, 과목의 개설 취지를 설명한 후 수강 신청을 받아 운영하였다. 결손을 보강해야 자신이 원하는 과목을 이수할 수 있다는 필요성을 강조하였다. 두 학기에 걸쳐 각각 개설된 과목은 중도포기자 없이 운영되었고, 학생들은 자신들이 필요로 하는 과정이었다고 평가했다.

학습 결손의 해결은 중요하면서도 쉽지 않은 과정이다. 특히 누적된 학습 결손으로 자존감이 낮아지고, 학습 의욕을 상실하는 경우가 많아서 학교에서 프로그램을 운영하기에 어려움이 많은 영역이다. 하지만 학교의 존재 의미를 고려하더라고 관심을 가지고 해결을 위해 노력해야 하는 부분이다.

KIS에서는 초등에서의 노력이 중등에서도 이어질 수 있도록 다양한 방법을 강구하며 실험하고 있다. 최근에는 에듀테크를 이용하여 학습 결손을 메우려는 시도를 하고 있다. KIS의 에듀테크를 활용과 관련된 내용은 6장의 AI 융합교육에 담아 놓았다.

완성기 2. 수월성 교육의 확대(속진과정의 도입)

상위권이라 부를 수 있는 학생만을 위한 교육과정은 KIS의 교사들에게도 부정적이다. 하지만 많은 학생을 위한 교육과정, 학습결손을 가지고 있는 학생을 위한 교육과정이 존재한다면 상위권 학생을 위한 교육과정의 도입에 대해 검토가 가능하다. KIS에 상위권 학생을 위한 속진과정이 편성되고 운영될 수 있었던 가장 큰 요인은 교육과정을 위한 협의의 마지막 주제였기 때문이다. 교육과정의 편성 및 운영의 기저 요인인 교사들의 협조를 얻을 수 있었던 가장 중요한 요소는 학교 간 공동교육과정을 통해 심화 과정을 먼저 구현했다는 점이었다. 또한 먼저 관심을 가져야 하는 대상인 학습결손을 가진 학생을 위한 보강과정이 시작되고 있다는 점이었다. 먼저, 다수의 학생을 위한 과정을 만들었기 때문에 이후 소수의 학생을 위한 과정도 '가능하다면'이란 단서가 붙긴 하지만 검토해 볼 수 있다는 분위기가 형성되었다.

다른 이유로는 공동교육과정 확대에 따른 긍정적인 효과를 교사들이 확인하고 있다는 점이었다. 초기에 2학년만을 대상으로 하여 5개 교과를 운영하던 온라인 학교 간 공동교육과정은 교육부의 예산을 받지 못하는 1학기에도 참여 학교가 직접 자체 예산을 투입하여 운영을 합의할 정도로 좋은 자체 평가를 받고 있었으며, 학생과 학부모의 만족도가 높았다. 2023년 1학기에 자체 예산을 투입하여 6개 교과를 운영하였고, 1학년까지로 대상을 확대하였다. 추가로 이수하는 교육과정에 대해 교사, 학생, 학부모 모두가 큰 관심을 가지고 참여를 우선적으로 고려하는 교육과정으로 안착되어 있었다.

여기에 다른 재외학교의 관심과 다양한 기관에서의 긍정적인 평가도 일정 부분 영향을 끼치고 있었다. 개별화 교육의 관점에서 볼 때, 이제 관심을 기울여야 하는 대상으로 속진과정이 필요한 학생들 차례였다.

성취수준이 가장 높은 학생들을 위한 과정으로 속진과정의 도입을 본격적으로 검토하면서, 가장 먼저 마주한 문제는 역시 교과를 편성할 시간이 없다는 것이었다. 모든 학생들이 의무적으로 참여하는 일반교육과정의 34학점에 추가하는 것은 고려하지 않았다. 속진과정이 위계를 넘어서는 과목을 편성하는 것이란 점이 첫 번째 이유였다. 또한 입시에 유리할 것으로 판단하여 무분별하게 선택할 경우, 낙오와 그로 인한 무기력함에 빠져드는 상황, 운영하는 교사가 이해하지 못하는 학생을 끌고 가야 하는 상황과 같은 속진과정의 폐해가 발생할 가능성이 높다는 점이 두 번째 이유였다.

KIS의 선택은 소인수 과정의 도입이었다. 속진과정의 특성상 교사의 세밀한 관찰과 개별 지도가 필요할 텐데 온라인 기반의 공동교육과정으로는 어렵다는 의견이 많았다. 결국 대면형으로 운영해야 한다는 점에서 학교 자체 소인수 과정으로 운영하는 것이 최선이라는 결론을 내렸다. 정규교육과정에서 시간을 빼기는 어렵고 교육과정의 틀을 흔들 수 있기 때문에 별도의 과정을 만들어야 한다는 결론이 먼저 내려졌기 때문이기도 하다.

한국에서는 소인수 과정을 운영하는 학교가 없다고 볼 수 있다. 소인수 과정은 적은 인원이 선택한 과목을 운영하는 것으로, 여러 학교의 학생을 대상으로 하는 공동교육과정과는 달리 운영 학교의 학생만을 대상으로 한다. 소인수 교육과정이 활성화될 수 없는 가장 큰 이유는 과정을 운영하는 교사에게 강사료를 지급할 수 없다는 것이다. 운영 학교의 학생들만 이수하는 과목의 수업은 방과후에 운영되어도 강사료를 지급할 수 없다. 공동교육과정은 운영 학교 학생도 있지만 다른 학교 학생들도 있기 때문에 운영 학교의 교육과정에 편성되어 있는 수업이기도 하지만 다른 학교의 교육과정에 편성되어 있는 수업이기다 하다. 그런 연유로 강사료 지급이 가능하다. 소인수 교육과정은 방과후에 진행하는 별도의 수업이면서 강사료도 받을 수 없는 과정이기 때문에 학교의 필요에 의해 교사에게 희생을 부탁해야 하는 과정인 것이다.

한국에서는 대면형 공동교육과정으로 속진과정을 검토해 볼 수 있을 것이다. 학교 간 물리적 거리가 너무 먼 재외한국학교에서는 불가능한 것이 대면형 공동교육과정이다. 그래서 소인수 교육과정을 편성하였다.

속진과정 운영의 안정성을 위해, 검증된 과목을 운영하는 것이 좋겠다는 의견이 많았다. 속진과정은 그 폐해에 대해 많이 알려져 있고, 과정의 설계가 학생들의 성취에 중요한 영향을 미친다는 점, 새로운 속진과목을 만드는 데 필요한 시간과 자원, 그리고 투입을 통한 성과 확인까지를 단위학교 수준에서 수행하기에는 어려움이 많이 따른다는 점도 고려하였다.

한국에서 속진과정을 운영하는 학교는 특목고이다. 과학고와 영재학교는 AP라고 불리는 대학교 선이수학점제를 운영하고 있다. 한국의 AP는 미국의 College Board[22]에서 운영하는 AP를 벤치마킹한 형태라 할 수 있다. 사실 외국에서는 국제학교의 상당수가 AP를 운영하고 있어 익숙한 과정이라 할 수 있다. KIS도 상당수의 학생들이 미국 College Board의 AP시험에 응시

---

22 College Board는 AP(Advanced Placement) 시험 등 대학 입학과 관련된 표준화 시험과 교육 프로그램을 주관하며, 학생들의 대학 진학 준비를 지원하는 미국의 비영리 교육 기관이다.

하고 있어서, 시험장 운영 학교로 지정되어 있는 상황이기도 했다. 그래서 속진과정에서 가장 먼저 고려한 것은 AP과정이었다. 그 외에는 IB과정과 Coursera과정을 고려하였다.

세 가지 속진과정의 장단점

AP	IB	Coursera
비교적 많이 알려짐 담당할 수 있는 교사가 있음 한국의 AP는 개설하기 어려움 시험을 통과해야 하는 부담이 있음 위상이 떨어지고 있음	비교적 많이 알려짐 담당할 수 있는 교사가 거의 없음 한국교육과정과 충돌이 발생 (시험시기가 입시와 동떨어져 있음) 교사에 의해 질이 결정됨	익숙하지 않은 영역 영어에 능통한 교사만 운영이 가능함 다양한 과목이 있음 시험의 부담이 있음 시도한 적이 없는 영역

세 가지 과정을 검토한 결과, 실현가능성이 높은 AP를 선택하였다. IB는 최종적으로 인증학교가 되기까지 시간과 노력이 많이 필요하며, 특히 교사의 연수 과정에 아주 많은 노력과 시간을 투자해야 하는 과정이었다. 또한 최종 학력 인정 시험이 연말에 있어 한국의 대학 입시와도 맞지 않았다. 인근의 국제학교에서 운영하고 있는 IB과정을 살펴보면 교사에 의해 질이 많이 좌우되기 때문에, 과정을 잘 이해하고 운영할 수 있는 교사의 확보가 성공의 열쇠임을 확인할 수 있었는데, 한국에는 아직 그런 교사가 별로 없어 확보에 어려움이 있었다.

그에 비해 AP는 이미 잘 알려져 있고(KIS의 입장에서) 방과후 과정으로 수업을 해 본 교사가 있었다. 물론 여기서의 AP는 College Board의 AP이다. 한국의 AP는 KAIST에서 주관하는 것으로 일반학교에는 운영을 허용하고 있지 않아서 전혀 고려하지 않았다. 교육과정의 운영 규칙을 본다면 '국제적으로 공인된 교육과정은 운영할 수 있다.'고 되어 있어 미국의 AP를 교육과정에 포함시켜 운영하는 것은 문제가 되지 않았다. 그보다는 낙오하는 학생의 발생 여부와 운영하는 교사가 공인 시험의 결과에 대해 책임감을 느껴부담을 가진다는 것이 해결해야 할 문제였다.

그 밖에도 학생들이 많이 응시하고 있는 AP과목을 보았을 때, 과학과 수학이 많고, 경제를 포함한 사회계열 과목이 주를 이루기 때문에 AP과정의 운영으로 인해 과목별 업무량에서 차이가 발생할 것으로 보였다. 또한 여전히 속진과정에 우호적이지 않은 학교 분위기도 해결해야 할 문제였다.

AP 운영 여건 분석

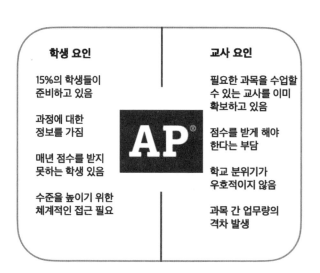

AP를 중심으로 한 속진과정을 소인수 교육과정으로 설계하면서, 우호적인 분위기를 형성하기 위해 다양한 우려를 해결할 수 있는 여러 방안을 포함

시켰다. 먼저, 무분별한 학생의 선택을 막기 위해 과목별로 최대 수강인원을 10명으로 한정하였다. 한 학년에 재학 중인 학생 수가 150~160명 정도인 것을 감안하면 약 7% 정도의 인원이며 속진과정 대상자로는 충분한 비율로 여겨졌다. 10명 이상이 희망할 경우 선발을 해야하는 부분이 부담으로 남았지만, 학생들에게 속진 과정의 난도가 높다는 점을 설명하여, 신중한 선택을 할 수 있도록 했다. 또한 학습 부담을 고려하여 공동교육과정과 소인수 교육과정 중 하나만 선택하여 학기별로 한 과목만 이수하도록 하였다.

AP 개설과목은 교사의 희망을 우선으로 했다. 교사들은 미적분학(Calculus BC, Calculus AB), 통계학(Statistic), 미시경제학(Microeconomic), 거시경제학(Macroeconomic), 비교 정치(Comparative Politics), 화학(Chemistry), 물리학(Physics 1, Physics C: Mechanic), 생물학(Biology), 컴퓨터 과학(Computer Science)의 11개 과목이 학생들이 현재 College Board의 시험에 응시하는 과목이어서 개설을 희망하였다. 개설 기준은 세 명이상 희망한 과목이었다. 결과적으로 미적분학 BC, 미시경제학, 화학, 물리학 C: 역학, 컴퓨터 과학의 5개 과목이 최종적으로 개설되었다.

당초 예상과는 달리 많은 학생이 수강을 희망하여 선발을 해야 하는 일은 발생하지 않았다. 그 이유를 정리해 보면, 학생들은 속진과정의 AP보다 공동교육과정의 다양한 과목이 자신에게 더 필요하다고 생각한 점이 있다. AP가 꼭 필요하다면 다른 방법을 찾아볼 수 있지만 공동교육과정의 과목들은 학교가 아니면 들을 수 없는 과목이라고 학생들은 말했다. 두 번째는 속진과정에 대한 부담을 많이 느낀 점이다. 아무래도 앞으로 배울 내용을 미리 배우는 것이기 때문에 난도가 높을 것이라고 예상이 되는 상황에서 그것을 해내기 버겁다면 조금은 수월한 공동교육과정이나 일반교육과정에 충실한 것이 더 좋다고 판단한 것이다. 무리해서 속진과정을 이수하다 정작 중

요한 것을 놓치면 안 된다고 생각하는 분위기가 조성된 것도 이유이다. 속
진과정은 필요성을 강하게 느낀 학생들이 참여하는 과정으로 자리 잡았고
안정적으로 운영되었다.

운영 중인 속진과목(AP)

과목명	대상(학년)	담당교사	참여 학생 수	주요 내용	영역
미시경제학 Microeconomic	10	일반사회 1명	6	미시경제학의 주요 이론을 학습하고, 다양한 경우의 적용을 문제로 연습함	사회
미적분학 BC Calculus BC	11	수학 1명	3	대수학의 주요 개념과 문제 풀이 방법을 학습하고, 실제 기출문제를 풀이함	수학
컴퓨터 과학 Computer Science	10	정보 1명	5	Java언어를 중심으로 한 프로그래밍을 연습하고, 다양한 문제를 해결함	정보
물리학 C: 역학 Physics C: Mechanic	11	물리 1명	4	역학의 주요 개념을 미적분을 활용하여 학습하고, 실제 기출문제를 풀이함	과학
화학 Chemistry	10	화학 1명	10	유기화학의 주요 개념을 미적분을 활용하여 학습하고, 실제 기출문제를 풀이함	과학

KIS의 교육과정을 만들어가는 과정에서 가장 힘들었던 순간은 소인수교
육과정의 도입이 아니었을까 한다. 교사에게 강의료를 지급하지 못하는 문
제부터 속진과정이 가지는 폐해를 방지하기 위한 여러 가지 고민들까지 비
교적 짧은 시간 동안 학교 교육과정이 어디까지를 감당해야 하는지에 대하

여 다시 생각해 보게 되는 과정이었다. 교육이란 부분이 포함된 모든 것을 학교가 해야하는가에 대해서 KIS의 답은 우리가 할 수 있는 최대한의 것을 최선을 다해서 한다는 것이다.

완성기 3. 국제공인교육과정 운영학교
—

　　　　　　사실 AP과정은 한국의 고시외과목에 유사한 명칭을 가진 과목들이 있어서 과목을 편제하고 운영할 수 있었다. 하지만 AP를 선택한 이유가 안정적인 교육과정을 가지고 있는 과목을 도입하여 개발에 들어가는 에너지를 줄이면서, 예측이 가능한 운영을 하기 위해서였다. 따라서 College Board의 승인을 받아 교육과정 자료와 워크북 등을 받는 것이 필요했다. 이에 따라 College Board로부터 승인을 받을 수 있는지와 어느 정도 수준의 자료를 확보할 수 있는지로 알아보았다. 절차가 까다로워 승인이 어렵다면 AP를 운영하겠다는 계획이 쉽게 성사될 수 없으며, 교육과정의 안정적인 운영을 위해서는 보다 완성도 높은 교재가 필요했다. 영어 의사소통 능력이 뛰어난 교사가 승인 절차를 진행하는 업무를 맡았다. 학교를 등록하는 과정에서 행정적으로 몇 가지 문제가 발생하기는 했지만, 이미 AP 시험장으로 등록되어 있는 상황이 승인 절차의 진행에 도움이 되었고, 2개월 정도의 시간 동안 여러 문제를 해결하여 최종적으로 승인을 받을 수 있었다. 마지막으로 각 과목의 운영 교사를 등록하는 것으로 절차가 마무리되었다. 최초로 College Board의 승인을 받은 다른 재외한국학교의 담당자로부터 승인과정에서 발생하는 문제들과 해결책에 대한 정보를 미리 얻은 후 준비를 해둔 덕분에 무난히 승인을 얻을 수 있었다.

College Board의 과목 개설을 위해서는 과목 및 담당교사 지정, 운영을 위한 교육과정 수정 및 업로드의 과정을 거쳐 학기 단위로 등재하여야 했다. College Board의 과목개설과는 별도로 교육과정운영을 위해 사용하고 있는 국가교육과정 운영 시스템인 NEIS에 과목을 편제한 후 수강 학생을 편성하였다. 단위학교 수준에서 국제공인교육과정의 운영기관으로 인증을 받았다는 점에서 의미가 있었다.

최근 한국에서는 IB에 대한 관심이 높아지고 있다. 몇 개의 교육청은 IB를 운영, 인증하는 기관과 협약을 맺고 한국어로 번역된 IB 교재를 도입하고 있기도 하다. 일률적으로 한국교육과정을 운영하는 것이 아니라 국제적으로 공인된 교육과정을 운영하려는 시도는 교육과정의 다양성에 도움이 될 수 있다. 실제 IB의 수업과 평가는 한국교육과정의 큰 틀과 일치하는 면도 많다. 결국은 학생을 위한 교육과정이라 명제 아래, 여러 가지 교육과정을 시험하고, 좋은 것을 채용하고, 변형이 필요한 것은 수정하여 사용하는 것이 정답이라고 생각한다.

KIS 교육과정을
만들어낸 힘

　다양한 교육과정을 운영한다는 것이 다양한 과목을 운영할 수 있는 교사가 있어야 가능한 것이다. 학생이 원한다고 모든 과목을 개설할 수 없고, 학교의 관리자가 하고 싶다고 해서 과목이 운영되는 것은 아니다. KIS는 새로운 교육과정을 만들기 위해 과목을 운영할 수 있는 교사를 확충하는 데 노력을 기울였다. 앞에서는 새로운 교육과정을 어떤 과정을 거쳐 만들고, 어떤 방식으로 운영하고 있는지를 기술하였다. 이젠 교육과정을 만들고 계속 운영할 수 있었던 힘인 교사에 대한 이야기를 풀어 나가려고 한다.

　KIS에 있는 교사들은 4년 정도의 경력을 가지고 있는 교사부터 20년 이상의 경력을 가지고 있는 교사까지 다양한 경력의 교사들로 구성되어 있다. 그중 저 경력 교사들은 해외에 있는 자신이 한국에 있는 교사들에 비해 뒤처지고 있는 것은 아닌지 불안해하기도 한다. 아무래도 연수 기회도 별로 없고, 새로운 정보를 접하는 것이 늦다는 생각에서 오는 불안감이다. 교육과정을 설계하는 입장에서는 이런 교사들이 꼭 필요했다. 자신을 발전시키고 싶은 교사는 새로운 것을 시도할 준비가 되어 있기 때문이다.
　새로운 수업을 하고 싶은 교사, 학생들이 원하는 수업을 하고 싶은 교사,

내가 잘하는 것을 찾아내고 싶은 교사, 다른 교사들과 함께하는 것이 즐거운 교사. 이런 교사들에게 할 수 있는 장을 마련해 주고, 맘껏 원하는 것을 해보는 것이 교육과정 만들기의 핵심이다. 단, 교사가 원하는 것이 교육과정이 목표하고 있는 바와 일치하는지 확인하고 긍정적인 피드백을 제공하는 것이 필요하다.

학교에서 몇 명의 교사는 '스불재'란 별명을 가지고 있다. 스스로 불러온 재앙의 줄임말이다. 하고 싶은 것이 많은 교사이다. 이런 교사에게는 슬그머니 '학생들하고 이런 수업을 해보면 좋을 것 같은데'라고 말하면 바로 수업을 설계하고 테스트를 해본다. 이런 교사에게 은근히 이런저런 수업이나 과목, 과정에 대한 이야기를 하는 사람이 있다. KIS에서는 이 사람을 '추노꾼'이라 부른다. 자꾸 사람들을 섭외해서 새로운 과목을 만드는 사람, 바로 교육과정 담당자이다. 물론 과거 조선시대의 추노꾼처럼 강제로 시키는 건 절대 아니다. 새로운 수업과 과목을 하고 싶어하는 사람에게는 기회를, 새로운 수업에 대해 미처 생각하지 못했던 사람에게는 힌트를 주는 것이며 이는 곧 다양한 과목의 개설로 돌아온다.

교사는 좋은 수업을 하고 싶어하는 존재이다. 교사가 좋은 수업을 할 수 있는 장을 열어주는 것이 교육과정이 아닐까. 그 과정에서 가장 혜택을 보는 건 학생이다. 또한 성장하는 학생을 보는 교사의 즐거움이 지속가능성의 원동력이 아닐까 생각한다. 교사는 새로운 교육과정을 실행하기 위한 기본 조건이면서, 새로운 교육과정의 성공 여부를 결정하는 존재이다. 그래서 교사는 새로운 교육과정의 필요충분조건이다.

교사의 인식 1. 학교 교육과정의 목표

———

　　　　　　　　KIS의 교육과정 변화를 이끈 교사들에게 교육과정에 대해 어떻게 생각하는지, 왜 변화를 찬성하고 이끌었는지를 물어보았다. 교사들은 교육과정의 가장 중요한 키워드로 잠재력과 할 수 있는 능력, 즉 역량을 이야기했다. '역량중심' 교육과정의 도입으로 지식보다는 역량이 학교의 우선 목표가 되어야 한다고 하였다.

> 많은 학생들은 할 수 있는 가능성을 가지고 있어요. 학교는 그런 가능성을 키워줘야 하는 곳이지 죽이는 곳이 되면 안 되는 거죠. 사실 한국에 있으면서 가능성을 지워가는 교육에 대해 성토를 많이 했었어요. 현실이 어떻게 되든, 학생들이 할 수 있는 가능성을 키우기 위한 교육, 가능성을 발휘할 수 있는 장을 제공하는 것이 학교라고 생각해요. 그것을 잘하기 위해 교육과정이 존재하는 거죠. (영어 교사)

　기본적으로 학생들이 가지고 있는 잠재력은 다양하며, 개인마다 수준차가 있다. 다양한 잠재력을 키우기 위해서 학교의 교육과정은 다양성을 추구해야 하며, 잠재력의 수준이 다르기 때문에 다양한 수준, 즉 기초, 보통, 심화의 과정이 있어야 한다고 말했다. 따라서 개별화 교육이라는 현재의 우리나라 교육 기조는 당연한 흐름이며, 학급 당 인원수를 줄여 개별화 교육의 여건을 만들어가는 것이 중요하다는 의견을 제시했다. KIS의 교육과정 흐름도 개별화 교육을 위한 변화였다고 하였다. 개인이 가지고 있는 잠재력을 똑같이 가르쳐서는 이끌어낼 수 없으며, 개인 맞춤형 교육이 지금의 한국교육에 가장 필요한 지점이라고 했다.

우리 학교에서 하고 있는 5개 반을 8개로 나누어 자신이 원하는 과목을 이수할 수 있도록 해주는 건 좋은 것 같아요. 사실 학급당 인원이 많으면 개별화 수업을 하기가 어려워요. 특히 우리처럼 30명이 넘는 과원인 상황에서는. 하지만 이동 선택 수업을 들어가면 20명 정도가 있어서 상호작용도 하고, 개별적인 피드백도 주고 할 수 있어요. (수학 교사)

학습 내용과 과정의 수준을 심화과정으로 운영하는 것에 있어서도 상당히 긍정적이었다. 일부 교사는 교육과정의 운영에 있어 높은 수준의 내용과 활동의 제시가 일부 학생에게만 효과를 주는 것이 아니라고 말했다. 방법만 좋다면 최소한 60% 이상의 학생들이 기대한 성장과 과제에 대한 흥미를 바탕으로 한 집중력을 이끌어낼 수 있으며, 최대 80%의 학생에게서 의미 있는 변화를 도출할 수 있다고 말했다. 따라서 개방형 수월성 교육을 통해 교육과정을 업그레이드할 수 있으며, 그를 통해 높은 수준으로 학생들을 길러낼 수 있다고 하였다.

우리 학교에서 운영하고 있는 개방형 수월성 교육은 개별화 교육의 한 방법을 제시하고 있어요. 수월성 교육의 부정적 인식을 해결한 방법이기도 해요. 수월성 교육에 누구나 들어올 수 있도록 개방되어 있으면 특정 대상을 위한 것이 아니죠. 물론 수월성 교육에 들어와 힘들어할 수도 있는 학생을 위해 보다 세밀하게 과정을 조직해야겠지만, 그 과정을 통해 성장의 정도만 다르지 누구나 성장할 테니까요. (과학 교사)

교사들은 '현재 수준의 내용도 학습하지 못하고 있는데 더 높은 것을 하는 것이 가능한가'란 질문에 다음과 같이 답했다. '학생들이 할 수 없다고 생각하는 순간 결국 우리는 그 수준에 머무를 수밖에 없다. 결국은 잘 구성되고 조직된 프로그램으로 많은 학생을 원하는 수준으로 인도하는 것이 필요하며 그것이 교사의 전문성이다.' 교육과정을 변경해 온 3년간 KIS에서 가장 많이 줄어든 말이 '학생들의 수준이 낮아서 잘하는 것이 없다.'란 말이었다. 결국 더 높은 수준으로 안내하는 교육과정이 학교교육과정의 목표여야 하며, 반드시 정해진 수준만 달성하겠다는 것은 교육과정을 통해 이룰 수 있는 가능성이 훼손될 수 있다고 말했다. 물론 무작정 수준을 높이는 것이 아닌, 잘 설계된 과정과 프로그램을 통해서란 전제가 포함되어 있었다.

교사의 인식 2. 새로운 흐름을 받아들이는 속도
—

교사들은 역량은 보편적인 것과 시대에 따라 변하는 것으로 나눌 수 있으며, 보편적인 것과 시대의 흐름을 반영하여 새롭게 향상시켜야 할 역량 모두를 중요한 것으로 생각했다. 특이점은 시대의 흐름을 반영하여 새로운 것을 교육과정에 받아들이는 속도가 빨라야 한다고 공통적으로 말하고 있는 것이었다. 사실 학교 내부에서는 교육과정의 변화 속도가 너무 빠르다는 의견도 상당수 있었고, 이전부터 해오던 나의 교과가 중요한데 바꾸는 것은 문제가 있다는 의견도 있었다. 그런 과정에서 현재의 속도가 최소한의 빠르기라는 의견은 의외였다.

응답한 교사들은 시대의 흐름에 맞춰 키워주어야 할 것들을 키워주어야지 그것을 미룬다는 것은 결국 상급학교에서 하라는 말밖에는 되지 않는다고 하였다. 상급학교에 가서 역량을 키워갈 수 있다면 좋겠지만, 그런 보장도 없는데 우리가 해야 할 의무를 남에게 미루는 것은 안 된다고 말했다. 솔직히 변화에 대응해가고 싶지만, 그것이 힘든 과정이기에 천천히 하자고 하는 것이라는 해석하기도 했다.

새로운 것을 받아들이고 그것을 공부하는 건 힘든 일이 맞아요. 우리가 고등학생도 아니고 맨날 공부하고 있는 것. 어이없다는 생각도 가끔 해요. 하지만 내가 가지고 있는 직업이 공부해서 남을 가르치는 것인데. 공부하기 싫다고 안 하는 것은 아니죠. (영어 교사)

교사들은 학교의 속진과 심화과정이란 새로운 트랙에 참여한 이유에 대해 다양한 학생들에게 최선의 결과를 가져올 수 있는 수업을 해야 하는 것이 학교이며, 당연히 참여해야 한다고 생각했다는 교사와, 개별화 수업이 가지는 긴장감과 흥미를 느끼고 싶었다는 교사가 있었다. 2명의 교사들은 보편적 성격으로 운영해야 할 과목과 개별화 교육의 성격으로 운영해야 할 과목이 구분된다고 했다. 보편적 성격의 과목은 기본적으로 도달해야 하는 성취기준의 도달시키는 것이 중심이며, 개별화 교육의 과목은 그 분야에 대한 성장 폭을 넓히는 것이 중요하다고 했다. 성장의 폭을 넓힐 수 있는 수업을 구상하고 실행에 옮기는 것은 흥미로운 과정이며, 새로운 수업에서 발생할 문제를 해결해 간다는 긴장감도 즐거운 경험이라고 하였다.

수업을 하다보면 모든 아이들이 의무적으로 들어와 있는 과목이 있고, 하고 싶은 아이들만 있는 과목이 있어요. 의무적으로 들어와 있는 아이들은 아무래도 적극성이 떨어지기 쉽죠. 하지만 그 아이들이 이 과목을 통해 성장시켜야 할 것이 있고, 우리는 그것을 위해 수업을 하는 거죠. 그 수업을 성공시켜야 제가 월급 받는 가치를 한 거죠. 하지만 하고 싶은 아이들만 있는 과목은 적극성이 좋아서, 제가 어느 수준까지 이끄냐에 따라 성취 수준이 결정되죠. 전 학생들이 최대한 높은 곳까지 올라가는 것을 보고 싶어요. 저도 재밌고, 아이들도 높은 성취감을 얻겠죠. (정보 교사)

새로운 것을 받아들여 실험하고, 그 결과를 바탕으로 더 좋은 방향의 프로그램과 교과를 만들어 나가는 교사는 항상 자신의 수업을 변화시킬 용의가 있었다. 그들은 최선은 있지만 가장 좋은 것은 없다는 마음으로 계속 변화시켜 가며 최선을 찾아가는 것이 교사가 해야 할 중요한 작업이라고 생각하고 있었다.

교사의 인식 3. 수월성 교육의 개방성
—

참여 교사들은 수월성 교육에 대한 거부감이 없었다. 평등교육과 수월성 교육을 대립적인 관계로 보지 않고, 서로 보완적인 관계를 가져야 한다고 생각했다. 보편적 교육과정이 할 수 있는 것과 수월성 교육이 할 수 있는 것이 다르지만, 보편교육을 거치치 않고 수월성 교육을 할 수는 없다고 생각하고 있었다. 보편교육을 통해 기본적인 재능을 키우고 그중에서 우수한 재능을 가진 학생들이 수월성 교육의 영역으로 스스로 찾아와, 적절한 교육을 제공받는 현재의 학교 시스템이 가장 이상적이라는 의견이었다. 참여 교사들은 선발이 없는 개방형의 수월성 교육에 대해서는 거부감이 없었지만, 선발을 통한 수월성 교육에는 거부감이 강했다. 선발은 경쟁을 만들고, 그 경쟁은 학생에게 상처와 자존감의 하락을 준다는 이유였다.

솔직히 선발을 하면 질도 맞춰지고 좋겠죠. 하지만 학생들에게 경쟁이란 짐과 실패라는 패배감을 주는 것이 더 조심해야 할 요소라고 봐요. 우리는 개방형 수월성 교육을 하고 있기 때문에 본인이 원하면 들어올 수 있어요. 들어와서 힘들면 포기하고 나가기도 하겠죠. 하지만 전 학교의 본질은 하고 싶어서 온 학생이 정말 할 수 있도록 길을 이끌어 나가야 한다고 봐요. 그 학생이 낙오하지 않도록 비계를 설정하거나 위계를 잘 정리해 주는 게 중요한 거죠. 그런 비계나 위계를 교육과정이라 볼 수 있지 않을까요. (영어 교사)

참여 교사들은 수월성 교육에 대해서 일부 교사들이 가지고 있는 편견을 가지기보다는 보완하는 방법에 대한 더 많은 생각을 하고 있었다.

개방형 수월성 교육을 하고 있는데, 조금은 걱정스러운 요소가 있어요. 우리학교는 프로젝트형 과제를 많이 하는데, 팀으로 해요. 그런데 그 팀이란 것이 그룹화되어 있는 경향이 나타나고 있어요. 즉 잘하는 아이들끼리 뭉치는 거죠. 이건 뭉친 아이들에게도 마이너스이고, 나머지 아이들에게도 마이너스인 거죠. 사실 다양한 영역에 재능을 가진 아이들이 융합적으로 팀을 구성해 시너지를 내야 하는데, 매번 예측되는 결과만을 산출하게 되는 거죠. 그리고 그룹에 끼지 못한 아이들이 잘하지 못해 개방형임에도 장벽이 생길까 봐 좀 불안해요. 그래서 전 팀은 무조건 다른 영역의 학생들로 구성해야 한다는 규칙이 필요하다고 봐요. 특히 STEAM R&E처럼 수준을 높이는 과제들은요. (수학교사)

참여 교사들은 처음에는 표현하지 않았지만, 내면에서는 수월성 교육의 폐해가 나타나고 그에 따른 부정적 시선이 발생하는 것에 대해 경계했다. 즉, 다른 교사들의 부정적 시선을 받는 것까지 감내하면서 새로운 과정을 이끌어 나가고 싶은 마음은 없었다. 그래서 새로운 교육과정의 이상적인 목표인 개방형이란 형태가 최대한 유지되기를 원하고 있었고, 발생할 수 있는 문제들을 해결하는 내실화의 과정을 실행해서 안정되길 바랐다.

수월성 교육이 누구에게 개방되어 있고, 그 속에서 작은 성취라도 학생들이 얻을 수 있다면 충분히 교육적 의미를 가진다고 생각했다. 노력 대비 학생들의 성취가 큰 것이 효율적이라고 표현할 수 있겠지만 교육에서 효율성은 긴 호흡으로 봐야 한다는 의견도 있었다. 지금의 작은 성취가 미래에 학생에게 어떤 결과를 가져올지 쉽게 판단하면 안 된다는 생각이었다. 학교는 모든 학생에게 도움을 주는 존재이길 바라는 마음을 교사들은 가지고 있었다.

결론적으로, 새로운 교육과정을 도입하는 데 적극적으로 찬성하며, 다양한 개발 및 운영 과정을 진행해 온 교사들은 학교가 모든 학생의 잠재력을 키워주어야 하는 존재라고 생각하고 있었다. 교육적 성향은 새로운 것을 빨리 받아들여야 한다는 기조를 가지고 있었고, 상당수의 교사들은 새로운 도전을 즐기는 성향을 가지고 있었다. 또한 수월성 교육에 대한 편견이 없었으며, 개방형으로 누구나 접근 가능하다면 수월성 교육은 충분히 진행할 수 있는 것이라 생각하고 있었다. 여기서 선발은 여러 문제를 발생시킬 수 있기 때문에 가급적이면 하지 않는 것이 좋다는 신념이 강했다.

평등교육에 대한 철학적 기반이 강한 한국의 교육에서 개별화 교육을 진행하기 위한 수월성 교육의 필요성에 공감하면서, 방법적으로는 선발보다는 학생들의 자발적 선택을 통해 개방하는 것이 적절하며, 다양한 수준의 학생들이 참여할 경우, 교육과정의 재구성과 적절한 교수-학습 방법으로 성취를 이끌어내면 된다고 생각하고 있었다. 그들은 '세상에 의미 없는 경험은 없다. 그 경험이 학교에서 하는 것이라면 더더욱'이라고 말하고 있었다.

<KIS 이야기>
"행정실 주무관도 선생님이 될 수 있다"
- 공동교육과정 AI수업 참여사례 -

    나는 KIS 행정실에 근무하는 교육행정공무원이다. 전산직 공무원이라 한국에서는 학교 근무가 불가능하지만, 이곳 호치민시한국국제학교에서는 학교의 전산, 시설관리를 하며 근무 중이다. 한때 교원을 꿈꾸며 늦깎이 교육대학원생 생활을 회사와 병행하였고, 이제는 그 시절 꿈꿨던 학교생활을 늦게나마 할 수 있게 되어 즐겁게 출근하는 나날이었다.

    평화롭던 어느 날, 교장 선생님의 "수업 한번 해볼래요? 교사 자격증도 있잖아."라는 말로 한 번도 경험해 보지 못한 생활이 시작되었다. 당연히 농담이라고 생각한 나는 "그럼요, 완전 가능하죠."라며 재치 있게(?) 넘겼다고 생각했다. 며칠 후 "개설과목 이름은 뭐로 하시겠어요?"라는 연구부장님의 질문에 순간 머리가 하얘졌다.

    재외학교의 특성상 학생 수, 교원 수 부족으로 다양한 선택과목 개설 · 운영에 한계가 있어 고교학점제에 필요한 다양한 선택과목 제공이 힘들다. 이에 교육부에서는 재외한국학교 학생의 과목 선택권과 학습 기회를 보장하기 위한 재외학교 간 온라인 공동교육과정을 운영하고 있고, 이곳 KIS도 그러한 과정을 운영하고 있다.

    교장 선생님은 이 온라인 공동교육과정에서 수업해 보라는 제안을 주셨던 것이었고, 농담 삼아 해 보겠다는 말이 현실이 되었다. 긴장으로 두근거렸지만, 한때 교원을 꿈꿔왔던 시절이 생각이 나 기대의 두근거림으로 바뀌어 갔다.

한국에서 직원을 대상으로 업무시스템 연수를 몇 년간 해 왔었다. 교재를 준비하고 연수를 하는 것으로 끝이었는데 제대로 된 학교 수업은 달랐다. 온라인 수업이라고 하여 단순히 수업하는 것으로 끝나지 않았다. 교육과정 운영 계획 · 평가 기준을 세우고, 수업 자료를 만들고, 수업하고, 과제 제출과 평가, 생활기록부 작성까지. 수업 이면에는 평소에는 깊게 생각하지 못했던 수많은 고민과 노력이 들어가는 것을 보고 적잖이 놀랐다. 생소한 전문 분야를 마주한 상황에서, 너무나 감사하게도 중등 정보부장님이 과목 공동 개설 제안을 주셨다. 큰 흐름은 당신이 잡아줄 터이니 수업해 가면서 같이 준비해 보자고. 그리하여 수업을 반씩 나누어서 진행하는 것으로 결정되었다.

다양한 분야에서 사용하고 활용도가 높은 데이터베이스를 과거 실무 경력을 바탕으로 보여주기 좋은 과목이라 수업은 '데이터베이스 프로그래밍'으로 결정하였다. 가장 어려웠던 부분은 단언컨대 '난이도 조절'. 학생들의 수준에 맞는 과정을 구성하는 것이 가장 어려웠다. 이번 과목을 통해서 프로그래머를 양성하는 것이 목표가 아니기 때문에 목표는 '데이터베이스 프로그래밍에 대한 흥미 유발'로 잡았다. 실제 사용사례 제시와 최대한 많은 실습으로 자신감을 고양하고 완성된 프로그램을 보면서 성취감을 맛보게 하는 것을 목표로 하였다.

데이터베이스 이론만 배우는 것이 아닌 직접 데이터베이스를 생성해 보고 다양한 프로그램(웹, 파이썬, 엑셀 등)에서 접속하여 데이터를 다루는 실습 위주의 수업으로 교육과정을 구성하였다. 호치민, 하노이, 방콕에서 모인

22명의 학생과 함께 하는 수업은 온라인으로 진행되었다. 과거 유튜브로 200여 명이 동시에 듣는 스트리밍 강의는 해 보았지만, 학생들의 얼굴을 화면으로 마주하며 진행하는 정식 수업은 처음이라 제법 긴장되었다. 하지만 그 긴장의 마음은 열심히 따라와 주는 학생들을 보며 어느새 하나라도 더 전해주고 싶은 욕심으로, 어떻게 하면 더 쉽게 전달을 할 수 있을까 고민으로 발전하였다.

22명의 학생과 함께 ChatGPT를 활용해 생성형 AI프로그래밍으로 데이터베이스 활용 프로젝트를 하나씩 진행하였다. 피곤할 수 있는 토요일 오전부터 수업이 진행되었고, 고등학생이 하기에는 조금은 어려울 수 있는 전문 분야였지만 학생들의 배움을 향한 열정이 느껴질 만큼 시간은 빨리 지나갔다. 함께한 수업의 마지막 날, 모든 학생이 마이크를 켜고 서로의 목소리를 들으며 인사를 나눴다. "고생 많으셨습니다. 선생님!"이라는 학생들의 인사. 대장정의 끝을 맞이하며 느껴지는 기쁨과 후련함, 그리고 헤어짐의 아쉬움이 얽혀 복잡 미묘한 감정 속에서 수업은 그렇게 마무리가 되었다.

'교학상장(敎學相長)'. 이곳에서는 유행어처럼 자주 들리는 사자성어다. '가르치고 배우면서 함께 성장한다.'라는 이 말이 수업을 마친 이후에 진심으로 다가왔다. 학생들에게 내가 가진 지식과 경험을 잘 전달해 주어야겠다는 생각으로 출발했지만, 막상 수업을 준비하고 진행하는 과정에서 내가 더 많이 배우고 성장하였다는 것을 체감하였다.

배움과 더불어 짧은 시간 선생님을 경험해 본 소감은 한마디로 '놀라움'이다. 어릴 적 꿈꾸던 교원이 되어본 기쁨의 놀라움. 기술의 발전-생성형 AI의 프로그래밍 발전 속도의 놀라움. 여기에 발맞춰 끝없이 새로운 교육방안을 고민하는 선생님들의 노력에 대한 놀라움. 환경에 구애받지 않는 학생들의 배움을 향한 열정에 대한 놀라움. 행정직원들끼리 불려왔던 단순한 호칭을 넘어 진짜 '선생님'이 되어 본 경험은 어디에서도 쉽게 할 수 없는 놀라운 일이었다. 그리고 이내 이 놀라움은 어느새 부러움이 되었다. 이런 놀라움의 연속인 곳에서 배우고 성장할 수 있는 학생이라면 얼마나 하루하루가 즐거울까!

출신과 연고를 따지지 않고 누구나 진짜 '선생님'이 되고, 더 나은 사람으로 발전할 수 있는 곳, 바로 이곳 KIS이다.

KIS 교육목표   KIS 교육과정   공동교육과정 기사

3장

KIS 3중 언어교육: 한국어, 영어, 베트남어

KIS 3중
언어교육의 특별함

    호치민시한국국제학교(KIS)는 다문화 사회와 초연결 시대의 요구에 부응하여, 3중 언어교육을 통해 새로운 교육 모델을 제시하고 있다. 한국어, 영어, 베트남어라는 세 언어는 단순히 학습의 도구를 넘어, 학생들이 세계와 지역, 그리고 자신의 정체성을 잇는 다리 역할을 한다. 한국어는 학생들에게 자신들의 뿌리와 정체성을 확인시키는 역할을 하며, 한국의 역사와 문화를 깊이 이해할 수 있는 기회를 제공한다. 영어는 글로벌 공용어로서 세계와 소통하고 국제적 문제를 해결할 수 있는 강력한 도구가 된다. 베트남어는 학생들이 현지 사회와 적극적으로 연결되고 로컬 커뮤니티와 협력하며 지역적 맥락 속에서의 소통 능력을 강화할 수 있게 한다.

    KIS의 3중 언어교육은 이러한 언어의 기능을 넘어, 학생들에게 다문화적 감수성과 인지적 유연성을 키워주는 특별한 경험을 선사한다. 학생들은 세 언어로 사고하고 소통하면서 서로 다른 문화적 시각을 자연스럽게 이해하게 된다. 이는 다문화적 환경에서 갈등을 조율하고 문제를 창의적으로 해결할 수 있는 역량을 키우는 데 중요한 역할을 한다. 특히, 3중 언어교육은 단순히 언어 학습에 그치지 않고, 글로벌(Global), 국가적(National), 지역적(Local) 관점을 조화롭게 융합한 글로네이컬(GloNaCal) 인재를 양성하는 데 초점을 맞추고 있다. 학생들은 각 언어를 학습하며, "우리는 어디에서 왔는가?", "우리는 지금 어디에 있는가?", "우리는 어디로 나아갈 것인가?"라는 중요한 질문들에 답할 수 있는 통합적 사고를 배우게 된다.

KIS의 교육 모델은 다문화 시대를 준비하는 한국 교육계에도 큰 시사점을 제공한다. 세계로 연결된 글로벌 시민으로 성장하기 위해 학생들에게 세 언어는 필수적인 자산이다.

이 자산은 세 언어를 학습하며 다양한 문화와 환경에 빠르게 적응할 수 있는 유연성과 자신감을 키워주고, 이는 글로벌 사회에서 강력한 경쟁력으로 작용하고 있다. 실제로 많은 졸업생이 명문 대학에 진학하며 국제적 감각에서 두각을 나타내고 있다. 또한 언어는 단순히 소통의 도구를 넘어 문화를 이해하고 공감하는 창구 역할을 한다. KIS의 학생들은 세 언어를 통해 서로 다른 문화적 관점을 이해하고, 이를 기반으로 다문화적 시각과 글로벌 시민의식을 키워나가고 있다. 발표 수업에서는 동일한 주제를 한국어, 영어, 베트남어로 다르게 표현하며 각 언어와 문화의 뉘앙스를 비교하고, 문화권마다 강조하는 가치를 이해하게 된다. 이를 통해 학생들은 협력과 공존의 가치를 배우며, 글로벌 사회에서 책임감 있는 시민으로 성장한다.

3중 언어교육을 통한 언어 능력의 향상은 글로벌 사회 속에서 유연한 사고와 창의성의 확장으로도 이어진다. 예를 들어, 직장에서 문제가 발생했을 때 한국에서는 빠른 해결과 원인 지적을 중시하지만, 베트남에서는 관계를 우선하며 더 완곡한 접근을 선호한다. 이러한 차이를 이해하지 못하면 갈등과 오해가 생길 수 있다. 그뿐만 아니라 언어별로 표현 방식의 차이를 비교하며 문제를 다각도로 접근하는 능력을 키운다. 예를 들어, 과학 수업에서 '물질의 상태 변화'를 한국어로 이해하고, 영어와 베트남어로 표현하며 각 언어의 특징을 익힌다. 온도 단위 학습에서는 한국어와 베트남어의 섭씨, 영어권의 화씨를 비교하며 언어와 문화가 과학적 개념과 연결된 다는 사실을 배운다.

또한 '존중'이라는 단어만으로도 각 언어가 전달하는 뉘앙스의 차이를 배우며 문제를 창의적으로 해결하는 능력을 키운다. 이러한 경험은 학생들에게 언어의 경계를 넘어 다양한 시각과 사고방식을 통해 글로벌 사회에서 요구되는 역량을 기르는 데 큰 밑거름이 된다.

초등 공동담임제 운영, 중등 원어민 교사 확보
—

KIS는 3중 언어교육 체계를 효과적으로 운영하기 위해 학급별 특성과 학생들의 언어능력을 고려한 초등 공동담임제를 도입했다. 이 제도는 학년별로 학생들의 언어적, 정서적 성장에 맞춤형으로 작동하며, 교육과 생활 전반에서 언어 학습과 다문화 감수성을 동시에 강화한다. 1~2학년에서는 베트남 공동담임제가 운영된다. 이는 한국어 능력이 부족한 한-베 가정 학생들을 돕기 위한 특별한 장치로, 한국인 교사와 베트남인 교사가 함께 학급을 운영하며 학생들에게 언어와 문화적 다리를 제공한다. 한-베 가정 학생들은 한국어가 미숙한 경우가 많아, 공동담임 교사는 한국어 교육뿐 아니라 학생들이 정서적으로 안정감을 느끼고 학교생활에 잘 적응할 수 있도록 세심하게 배려한다. 특히, 이 과정에서 베트남어는 학생들이 자신감을 가질 수 있는 중요한 연결 고리로 작용한다.

3~6학년에서는 원어민 공동담임제를 통해 영어 몰입 교육과 생활 밀착형 언어 습득 환경을 제공한다. 영어 원어민 교사와 한국인 교사가 함께 학급을 맡아 수업뿐 아니라 생활 속에서도 학생들과 긴밀하게 소통한다. 이를

통해 학생들은 영어를 학습의 도구를 넘어 생활의 언어로 자연스럽게 익힐 수 있다. 예를 들어, 영어로 진행되는 프로젝트 활동과 생활 속 대화를 통해 의사소통 능력을 발전시키며 글로벌 환경에서의 자신감을 쌓는다. 중등교육에서는 3중 언어교육을 위해 베트남어 교사 4명과 영어 원어민 교사 7명을 확보하였다. 중학교 단계에서는 수준별 수업, 고등학교 단계에서는 선택형 교육과정을 통해 다양한 언어교육을 전개하고 있다.

수준별 수업을 위한 교육과정 설계
—

KIS는 학생들의 수준과 요구를 반영한 체계적인 교육과정을 설계하였다. 학기 초와 연말에 실시하는 진단평가를 통해 한국어, 영어, 베트남어 능력을 정확히 진단하고, 이를 바탕으로 수준별 이동수업을 운영하였다. 학생들은 자신의 언어 실력에 맞는 반에서 맞춤형 학습을 받으며, 기본부터 심화 과정까지 체계적으로 학습할 수 있다.

또한 영어와 베트남어는 단순히 언어 과목으로 한정되지 않고, 과학, 수학, 사회 등 주요 교과목에서도 적극적으로 활용되었다. 예를 들어, 영어로 과학 실험을 수행하거나 베트남어로 현지 사회와 문화를 배우는 등의 방식으로 실질적인 언어 사용 환경을 제공하여 학습 효과를 극대화했다.

교사 및 교재 준비
—

교사와 교재 준비는 3중 언어교육의 핵심 과제이다. 영어와 베트남어 수업에는 원어민 교사를 적극 배치하고, 한국인 교사와 협력하여 수업의 질을 높였다. 이를 통해 학생들은 언어를 실제로 사용하는 환경에서 배우며, 다문화적 감수성을 자연스럽게 키울 수 있었다. 또한 교사 간 정기적인 워크숍과 협력 회의를 통해 교수법의 일관성을 유지하고, 교육 전략을 공유하였다.

교재는 언어별로 맞춤형으로 개발되었다. 베트남어 수업에서는 현지 언어와 문화를 반영한 자체 교재 'Vui hoc Tieng Viet'를 활용하고, 영어 수업에서는 수준별 학습 자료와 디지털 도구(클래스팅 AI, 마이온 등)를 적극적으로 사용하였다. 한국어는 기초가 부족한 학생들을 위한 세종한글반을 운영하여 체계적인 보충 학습을 지원하였다. 또한 고등학교에서 '베트남 사회 문화의 이해'라는 과목을 개발하였고, 영어교재 역시 자체 개발하였다.

학부모와의 협력

3중 언어교육의 성공을 위해 학부모와의 협력도 필수적이었다. KIS는 학부모와의 긴밀한 소통을 위해 정기적으로 설명회를 개최하고, 영어와 베트남어 공개 수업을 통해 학부모가 자녀들의 학습 과정을 직접 확인할 수 있도록 하였다. 이를 통해 학부모들은 학교와 협력하여 학생들에게 일관된 학습 환경을 제공할 수 있었다. 또한 학부모 대상 아카데미와 연수 프로그램을 운영하여 다문화 시대의 언어교육 필요성과 가정 내 학습 지원 방법을 공유하였다. 이러한 프로그램은 학부모들에게 자녀의 학습 환경을 보다 깊이 이해하고 지원할 수 있는 기회를 제공하며, 학교와 가정의 긴밀한 협력을 이끌어내는 중요한 역할을 했다.

KIS
3중 언어교육 만들기

한국어(Korean)
—

KIS는 재외한국학교로서 한국의 일반 학교보다 교육과정 편성에서 많은 자율권을 갖는 기관이다. 그러나 국어 교과만큼은 법정 시수를 줄일 수 없는 이유는 해외에서 살아가는 학생들에게 한국어가 정체성 유지와 문화적 뿌리를 다지는 데 중요한 역할을 하기 때문이다. 이에 따라 KIS는 학생들에게 한국어 기반의 교과 교육을 충실히 제공하며, 대부분의 일반 교과를 한국어로 진행하는 체계이다. 동시에 한국어가 미숙한 학생들을 위해 맞춤형 교육 프로그램을 마련하고, 다문화·다국적 학생들의 한국어 능력을 체계적으로 향상시키기 위한 다양한 프로그램을 운영하는 방식이다. 이를 통해 학생들은 언어와 문화적 소속감을 높이고, 한국어로 생각하고 표현하는 역량을 점차 심화하는 과정을 거친다.

국어 수업은 한국의 일반 학교와 동일한 수업 시수를 유지한다. 그러나 학생들이 일반적인 한국 평균 어휘력에 미치지 못하는 경우가 많아 어휘력 향상을 중점 목표로 두는 여러 활동을 포함한다. 교사들은 어휘력 증진에 주안점을 두고 학습 자료와 수업 방식을 조정하며, 학생 각자의 수준에 맞추어 어휘 학습 전략을 개발·적용하는 노력을 기울인다. 이러한 노력을 통해 학생들은 풍부한 어휘 기반을 다지며 한국어를 보다 정교하게 구사하는 역량을 갖추게 된다.

초등 세종한글반

KIS는 정규 세종한글반을 운영하여, 정규 수업 시간 안에서 읽기·쓰기·말하기·듣기 네 영역을 고루 학습시키고 한국 문화에 대한 이해를 심화함으로써 학생들의 정체성을 확립하는 데 중점을 둔다. 이 수업은 초등 1~6학년을 대상으로 하며, 1~2학년은 학급당 최대 10명, 3~6학년은 학년당 최대 12명으로 소규모로 운영되는 체계이다. 학생들의 학습 수준에 따라 수준별 학급을 구성하고, 영어와 베트남어 수업과 마찬가지로 정규 국어 수업 시간에 원격 학급을 떠나 별도의 세종반 교실로 이동해 수업에 참여한다. 정규 교과 과정 내에서 국어 능력을 집중적으로 강화하는 만큼 문해력과 언어 활용 능력 향상에 탁월한 효과를 나타내는 구조인데, 이는 학기 초와 말에 진단평가를 통해 학생별 학습 진도를 점검하며, 담임교사가 주기적으로 학생들의 성취도를 평가해 필요한 경우 개별 보충 지도를 실시한다. 평가 결과에 따라 연 4분기(1년에 4번) 세종한글반 재배정 시기가 마련되며, 이를 통해 학생들의 한국어 학습 수준을 적절히 관리하는 체계를 갖추고 있다.

정규 수업 외에 국어와 수학의 기초학습 능력이 부족한 학생들에게는 방과후 세종한글·수학반을 통해 보충 학습 기회를 제공한다. 초등 1~6학년 중 국어와 수학 성취도가 하위 10% 정도에 해당하는 학생을 대상으로 학기 중 방과후나 방학 기간에 수업을 운영하는 방식이다. 1~2학년은 학급당 최대 10명, 3~6학년은 학년당 최대 12명으로 편성하여 개별 맞춤형 지도가 가능하도록 한다. 국어 영역에서는 듣기 · 말하기 · 읽기 · 쓰기를 골고루 신장하기 위한 개별화 수업이 이루어지며, 수학 영역에서는 기본 연산 능력과 문제 해결 능력을 강화하기 위해 학생별로 약점을 보완하는 프로그램을 제공한다. 방학 중에는 2주간 집중 학습 프로그램을 운영하여 학습 공백을 최소화하도록 하고 학기 중간과 학기 말에는 실력 향상도를 평가하여 이 평가 결과를 토대로 다음 학기에 수업에 참여할지를 결정하는 절차가 마련된다.

평가 결과는 담임교사와 담당 강사에게 공유되어, 학생 개개인에게 필요한 보충 또는 심화 지도를 반영한다. 운영 일정은 1학기와 2학기 방과후 세종한글 · 수학반이 학기 중 주 2회, 하루 2시간씩 총 10주간 이루어지며, 여름방학과 겨울방학 방과후 세종한글 · 수학반은 방학 중 주 5회, 하루 4시간씩 2주간 운영함으로써 집중적으로 학습 능력을 보완한다.

초등 세종한글 · 수학반 운영 현황

- 대상 학년: 1~6학년
- 주당 시수: 국어 주 5시간, 수학 주 3시간
- 구성 및 특징: 학급당 8~10명의 소수의 학생 수

		학기 중		방학	
	정규시간		방과후수업 (6강좌)	방과후수업 (5강좌)	
	한글반	수학반	방과후 세종한글 · 수학반	한글반	수학반
1학년	5학급	X		1학급	1학급
2학년	5학급	5학급		1학급	1학급
3학년	2학급	1학급	3학급	1학급	
4학년	1학급	1학급			
5학년	X	1학급	3학급	X	X
6학년	X	1학급		3학급X	X

중등 기초학력 다지기반

초등의 방과후 세종한글반 같이 중등에도 정규 수업 시간 외에 방과후 시간을 사용한 기초학력 다지기 반을 개설하여 운영하고 있다. 국어, 영어, 수학, 베트남어가 매 학기 성적 하위 학생들과 전학생들을 대상으로 개설이 되며 일정 인원 이상이 모이면 시작된다. 영어는 기본적으로 어휘와 문법을 기반으로 독해능력 향상에 초점을 맞추며 영어 실력 자체를 올리는 것과 더불어 올바른 학습 태도와 동기부여를 향상시키는 부분에서도 초점을 맞추어 운영되고 있다. 이 반은 소인수로 운영되어 학습 능력 부족으로 자신감이 부족한 학생들의 눈높이 수업이 용이하다. 이로 인해 질문도 하지 못해 어려움을 겪던 학생들은 부족한 학습을 만회한다. 베트남어 성적 하위 학생들, 전학생들의 베트남어 실력을 확인하여 기초학력 다지기반에 들어오는 것을 권장한다. 무엇보다 중등에서의 기초학력 다지기반은 학교예산으로 100% 지원하여 재정적인 문제로 학업을 포기하지 않도록 지속가능한 양질의 교육을 추구하고 있다.

영어(English)

초등 정규 영어 수업 및 교육과정 편성 · 운영

KIS 초등 영어교육은 초등 1~6학년 전 학년을 대상으로 실시하되, 학년별 수준에 따라 세분화된 그룹을 구성하는 체계이다. 매 학기 초 · 중 · 말에 영어 평가를 진행하여 학생별 역량과 성취도를 다각도로 파악하고, 이를 토대로 맞춤형 피드백과 추가 학습 계획을 세운다. KIS의 영어교육은 공통교육과정(Co-teaching Immersion)과 수준별 이동수업(Level-Based English)을 결합하여 운영하고 있다. 특히 기초학습 보충이 필요한 학생을 위해 기초반 (Foundation Class)을 별도로 두고, 학년별로 적절한 시수와 프로그램을 통해 자신의 역량과 목표에 맞게 학습 경험을 쌓도록 지원하는 구조이다.

초등 정규 영어 수업 및 교육과정 편성 · 운영 요약

1. 공통교육과정(Co-teaching Immersion)
   - 대상 학년:3~6학년
   - 주당 시수: 총 8시간/주
     - 몰입공통영어(Reach Higher): 주 5시간
     - 몰입영어수학(Math): 주 2시간
     - 몰입창의영어(Skills Development): 주 1시간
   - 구성 및 특징:
     - 원어민 교사와 한국인 교사가 공동으로 수업을 계획, 운영, 평가
     - 수학 등 교과 내용을 영어로 학습 (Immersion 방식)

2. 수준별 이동수업(Level-Based English)
   - 대상 학년:1~6학년
   - 주당 시수:
     - 1~2학년: 주 10시간
     - 3~6학년: 주 5시간
   - 구성 및 특징:
     - 1~2학년: FC 1개 반 + 레벨별 5개 반
     - 3~6학년: FC 1개 반 + 레벨별 6개 반

3. 기초반(Foundation Class)
   - 대상 학년:1~6학년
   - 구성 및 특징:
     - Reach Higher, 수준별 이동수업 시간에 FC반으로 이동
     - 1~6학년: 학년별 1개의 FC반

초등 영어교육 학년별 수업 구성 및 공통교육과정

1~2학년은 기초 언어능력을 탄탄히 다지기 위해 수준별 이동수업에 더 많은 시수를 배정하고, 3~6학년은 공통교육과정을 통해 교과 학습과 영어 몰입교육을 자연스럽게 연계하는 구조이다. 또한 학생별 학습 격차를 최소화하기 위해, 필요한 학생들에게는 기초반을 별도로 운영하고 있다. 공통교육과정은 몰입공통영어(주 5시간), 몰입영어수학(주 2시간), 몰입창의영어(주 1시간)으로 이루어진 주당 8시간 체계이며, 원어민 교사와 한국인 교사가 함께 수업을 계획하고 운영한다. 이 몰입교육(Immersion) 방식은 영어를 단순한 교과로서가 아니라 수학·과학·프로젝트 수업 등과 융합해 실제로 활용하게 하며 이를 통해 학생들은 말하기·듣기·읽기·쓰기를 총체적으로 경험하며 교과 학습의 성취도까지 높일 수 있는 효과를 보인다.

초등 영어교육 학년별 수업 구성 및 공통교육과정 요약

1. 1~2학년
   - 주요 프로그램/과정:수준별 이동수업 + FC
   - 주당 시수:
     - 이동수업: 주 10시간

2. 3~6학년
   - 주요 프로그램/과정: 공통교육과정 + 수준별 이동수업 + FC
   - 주당 시수:
     - 공통교육과정: 총 8시간/주
       - 몰입공통영어(Reach Higher): 주 5시간
       - 몰입영어수학(Math): 주 2시간
       - 몰입창의영어(Skills Development): 주 1시간
     - 수준별 이동수업: 주 5시간
     - 세부 편성: FC 1개 반과 레벨별 6개 반으로 편성

초등 영어 원어민 공동담임제: 글로벌 환경에서의 혁신적인 학급운영

KIS는 학생들이 진정한 글로벌 학습 환경에서 성장할 수 있도록, 3~6학년에서 원어민 공동담임제를 시행하고 있다. 한 교실에는 한국인 교사와 원어민 교사가 함께 상주하며, 이들은 수업·생활지도·학급 경영 전반에 걸쳐 긴밀하게 협력한다. 원어민 교사는 영어 몰입 교육에서 주도적 역할을 맡아 영어를 활용한 학습 활동을 지도하고, 한국인 교사는 수업 내용의 이해를 돕고 학생들의 정서적 요구를 충족시켜 생활 전반을 관리하며 심리적 안정감을 제공한다. 이로써 학생들이 영어 의사소통 능력과 학문적 이해도를 동시에 높이며, 문화적 다양성을 자연스럽게 익힐 수 있는 학급 분위기가 조성된다. 또한 학부모들은 두 교사가 함께 자녀를 지도한다는 점에서 교육적 신뢰감을 얻는다. 원어민 교사는 영어 전문성을 발휘하고, 한국인 교사는 정서적 지원을 제공하여 이들이 균형을 이루면서 학생들의 전인적 성장을 돕는다.

중학교 수준별 영어회화수업

KIS의 중학교 영어교육은 한국 교육과정에 준하는 영어 과목과 원어민 교사가 주를 이루는 회화수업 이렇게 두 기둥으로 구성되어 있다. 첫째, 영어과목에서는 한국 선생님들이 어휘, 독해, 문법 위주의 영어수업을 통해 학생이 다양한 콘텐츠의 정보를 얻고 이해하도록 밀도 있는 수업을 진행한다. 학생들은 SDGs를 방점으로 두고 글로벌 리더로서 미래를 준비할 수 있는 내용을 배우며, 영어라는 도구로 세상을 배우는 경험을 익힌다. 이 수업이 어렵다고 느끼는 학생들을 위해 학교는 최소학업 성취기준에 맞춰 기초반을 운영한다.

둘째, 수준별 영어회화수업(Basic English Conversation)은 3단계의 레벨로 고등학교 수업을 위한 준비 과정으로 구성되어 있으며, 학생들은 실력 있는 원어민 교사로부터 실생활에 사용되는 영어회화에 필요한 억양, 발음, 표현 등을 배워나간다. 이는 학습자에게 조금 더 유의미한 수업이 될 수 있도록 설계된 구조이다. 이 회화수업과 더불어 7, 9학년에 배치된 ECC(English Convergence Class)는 PBL 기반으로 진행되며, 학생들은 원어민 교사와 함께 세상의 다양한 문제를 해결하고 참신한 아이디어를 다양하게 표현한다. 이는 2022 개정 교육과정에서 중점을 둔 협력적 소통 역량과 공동체 역량을 함양하는 시간이다.

중학교 수준별 영어회화수업 요약표

1. 수준별 영어회화수업(Basic English conversation)
- 대상 학년: 7~9학년
- 주당 시수: 총 4시간/주
- 구성:

7학년	8학년	9학년	ECC
Basic English conversation I −1 Basic English conversation I −2 Basic English conversation I −3	Basic English conversation II −1 Basic English conversation II −2 Basic English conversation II −3	Basic English conversation III	7학년 1학기 9학년 2학기

고등학교 선택교과 영어수업

KIS의 고등학교 영어교육에서 한국과의 가장 큰 차별점 중 하나는 원어민 선택교과 수업이 있다는 점이다. 한국의 고등학교 수업에서 배우는 다양한 전공과목들을 해당 전공 학위가 있는 원어민 교사에게 배울 수 있는 기회를 제공한다. 글로네이컬 인재를 키우겠다는 기치 아래 심도 있는 수업, 다양성, 언어능력까지 확장시키는 원어민 선택과목 수업은 11, 12학년에서 운영되고 있으며 화학, 생물, 심리학, 비즈니스, 세계사 및 국제관계 등의 과목들이 운영되고 있다. 아래는 현재 운영되고 있는 수업명이며 해를 거듭할수록 학생들의 수요와 학교 교육과정에 따라 과목 수가 수정 및 확장되고 있다.

11학년	12학년
Business Studies History and International Relations Introduction to Psychology Introduction to Chemistry Introduction to Biology	Introduction to International Business Adventures in World History Literary Elements in Literature Comprehensive Biology Comprehensive Chemistry

외국어 교재 선정, 활용 및 원어민 강사 관리

KIS 초등에서는 공통교육과정(Co-teaching Immersion)에서 Reach Higher 시리즈(G3~G6)를 주교재로 사용하고, 수준별 교육과정에는 Oxford Phonics World[23], Rainbow Bridge, Big English Plus[24] 등 다양한 교재를 단계별로 선정해 활용한다. 또한 myON(온라인 영어도서관), Scholastic, Book Report, English Journal 등을 운영하여 영어 독서교육을 중요하게 여기고 있다.[25]

---

23 Oxford Phonics World 및 Rainbow Bridge는 Oxford 출판사의 영어 교재로, 본교 1~2학년 영어교육과정에 활용되며 기초 발음과 자연스러운 의사소통을 위해 활용한다.

24 Big English plus는 Pearson 출판사의 초등 대상 영어 교재로, 본교 3~6학년 학생들이 주로 학습하는 기본 영어교재이다. CLIL 접근법을 기초로 듣기, 말하기, 읽기, 쓰기를 균형 있게 향상시킬 수 있도록 구성되었다.

25 학생들의 영어 읽기 능력 신장을 위해 MyOn 온라인 프로그램, Scholastic 도서를 적극 활용하며 꾸준한 영어 쓰기 활동을 위해 English Journal 쓰기를 실시하고 있다..

KIS 중학교에서는 한국인 영어 선생님의 수업과 원어민 선생님의 영어 회화 수업이 이루어지고 있다. 한국인 영어 선생님의 수업에서는 학생들의 다양한 영어 수준에 맞는 여러 가지 학습 활동을 구성할 수 있도록 National Geographic에서 출판된 Reading 교재를 채택하여 사용하고 있으며, 각 학년 선생님들께서 재량을 발휘하여 발표 수업, 독서 수업, 문법 수업 등 다양한 학습 활동을 진행하고 있다. 원어민 선생님들 수업은 전부 영어로 진행되기 때문에 Speaking, Writing에 좀 더 집중할 수 있도록 Cambridge에서 출판된 회화 교재를 사용하고 있다. 학기별로 발표 수업 및 글쓰기 수업을 구성하여 진행하고 있으며 매 단원 Unit Test를 통해 학생들의 성취도를 확인한다. 또한, 원어민 선생님들 수업의 경우 Advanced, Intermediate, Beginner 세 단계의 수준별 수업을 구성하여 학습자들 수준에 맞는 수업을 제공하고 있다. 수업 외에도 '영어의 날', '영어 말하기의 날'을 지정하여 Vocabulary Olympiad, Essay Writing, Poem Writing, Pop Song Contest 등을 진행하고 있으며 다양한 문화 체험 부스 운영을 통해 학생들이 온전히 영어를 사용하며 축제의 날을 즐길 수 있는 장을 마련하고 있다.

KIS 고등학교에서는 영어교육 역시 선택형 교육과정으로 운영되고 있다. 11학년(고등 2학년)부터는 학생들이 한국인 선생님의 수업(Academic Reading, Essential English Grammar 등)을 선택하거나 자신의 진로와 관련 있는 원어민 선생님의 수업을 자유롭게 선택할 수 있다. 특히 원어민 선생님 수업의 경우 국제학교에서 운영되는 IGCSE, AP, A-level 정도의 수준으로 Biology, Chemistry, Business, History, Psychology 수업이 운영되고 있어서 학생들의 진학에도 많은 도움이 되고 있다.

원어민 교사는 서류심사와 면접, 수업시연 등의 과정을 거쳐 전문성과 적합도를 검증받은 뒤 채용한다. 이후 학교의 시스템과 교육과정 전반에 대한 오리엔테이션과 학년 코디 · 한국인 교사와의 멘토링을 통해 연수를 진행하며, 정기 회의를 통해 공동 수업(Co-teaching)의 질을 관리한다. 교사들은 수업 장학과 상호 피드백, 팀티칭 등을 통해 전문적학습공동체를 형성하고, 서로 협력하여 수업의 질을 높이고 있다.

주요 영어 프로그램

매년 개최되는 English Week는 3학년부터 6학년 학생들이 참여하는 몰입형 영어 학습 프로그램이다. 학생들은 5일 동안 '관광'이나 '태양광 에너지'와 같은 주제를 탐구하며, 학습 내용을 바탕으로 창의적인 프로젝트를 완성하는 과정이다. 프로그램은 학생들의 발표회로 마무리되며, 이를 통해 영어 능력뿐만 아니라 비판적 사고와 협업 능력을 키우는 기회를 제공한다.

KIS는 myON 온라인 독서 프로그램을 통해 1학년부터 6학년 학생들에게 10,000권 이상의 e-Book을 제공하는 서비스이다. 학생들은 자신에게 맞는 독서 수준에서 다양한 장르를 탐색하며, 영어 독해력을 키우고 독서의 즐거움을 느낀다. 이 프로그램은 학생들이 자기 속도에 맞춰 학습하며, 영어 읽기 실력을 체계적으로 향상시킬 수 있도록 돕고 있다.

KIS만의 특별한 프로그램인 한 · 대 · 일 영어교류행사는 본교 바로 옆에 위치한 일본과 대만 학교의 학생들과 함께하는 하루 행사이다. 이 프로그램에서는 전통 의상, 음식, 놀이 등 각국의 문화를 영어로 소개하고 다양한 친목활동을 하며 교류한다. 문화적 다양성을 이해하고 글로벌 시민으로서의 소양을 기르는 기회를 갖는다.

방과후 영어 프로그램은 정규 수업 외에 추가적인 학습 기회를 제공하며, 이를 통해 학생들은 학습 공백을 줄이고 보충 · 심화 수업을 자유롭게 선택할 수 있는 구조이다. 초등 1~6학년들은 한국어, 베트남어로 진행되는 방과후 수업 이외에도 원어민 선생님들이 강좌 개설한 다양한 영어 방과후 수업에 참여할 수 있다. 문법·독서·쓰기 강화 프로그램 외에도 농구, 축구, 미술, 요리, 댄스, 체스, 스페인어, 영화 감상, 글쓰기, 어휘, 서양 역사 등과 같은 다양한 활동을 마련하여 학생들의 관심과 수준에 맞춰 외국어를 접목하였다. 한국인 교사, 베트남인 교사, 원어민 교사가 강좌를 자유롭게 개설하여 학생들이 여러 분야를 외국어 습득과 함께 경험하도록 지원한다.

방학 기간에는 영어를 실용적·체험적으로 유지·발전시키기 위해 방학 영어캠프를 운영한다. 이는 초등 1~6학년 학생들을 대상으로 약 2주 동안 (총 40시간 내외) 진행되며, 학년별 레벨에 따라 단계적인 프로그램을 제공하는 구조이다. 주제 기반 프로젝트와 체험형 활동을 결합하여 학습 동기와 흥미를 지속적으로 높이고, 공예, 영화 감상, 세계 문화 퀴즈 등 다채로운 활동으로 몰입도를 끌어올리는 방식이다. 요리와 스포츠, 보물찾기 등 학생들이 좋아하는 활동들이 준비된다. 또한 노래, 댄스, 스토리텔링 등을 발표하는 공연 프로그램도 마련하여 학생들이 즐거운 분위기 속에서 영어에 몰입하고 자연스럽게 자신감을 기르게 하고 있다.

KIS 자랑 중 하나인 KISMUN(Korean International School Model United Nations) 행사는 국제 정치, 외교, 인권 등 다양한 주제에 관심 있는 학생들이 모여 각 나라의 견해를 대변하며 협상을 이끌어가는 국제 정세 토의 활동 행사다. 올해로 11년째를 맞이하며 매년 250여 명의 학생이 참여하고 있는 학생 자치 대규모 행사이다. 사무총장과 부사무총장, 모의유엔의장단(LDP) 학생들이 중심이 되어 한국인 선생님, 원어민 선생님 지도교사와 함께 1년 행사를 기획하여 11월경 매년 행사가 진행된다. 매 학기와 방학 중 방과 후 수업을 통해 각 나라의 대표로서 유엔 회의에 참여하기 위한 훈련을 진행하고 있으며 이는 영어 실력 향상뿐만 아니라 국제 정세에 대한 토의를 통해 글로벌 리더로서의 자질을 향상시킬 수 있는 프로그램으로, 매년 그 규모가 커지고 있다. 인근 국제학교들과의 활발한 교류를 통해 학생들이 같은 지역사회의 외국인 학생들과 만날 기회를 제공하기도 한다. 이 외에도 영어신문반, TEDx 동아리 운영 등을 통해 학생들이 자유롭게 영어를 활용하며 자신의 진로를 개척해 나가고 있다.

베트남어(Vietnamese)

KIS는 베트남어 교육을 통해 학생들이 현지 언어와 문화를 깊이 이해하고 다문화적 소양을 함께 갖출 수 있도록 체계적인 학습 기회를 제공한다. 베트남인 교사와 한국인 교사가 협력하여 학년별 · 수준별로 맞춤형 베트남어 수업을 운영하고 있다.

베트남어 정규 수업과 방과후 베트남어 기초반

KIS의 베트남어 수업은 학생들이 현지 언어를 배우는 것을 넘어, 베트남의 문화적 배경을 이해하고 다문화적 사고를 함양하는 데 초점을 맞춘 교육과정이다. 베트남어 학습은 학생들이 언어와 문화를 통합적으로 이해하도록 돕는 중요한 과정으로, 글로벌 시민으로 성장할 수 있는 밑바탕을 제공한다.

베트남어 정규 수업은 1~6학년 전체를 대상으로 하며, 학년에 따라 주당 수업 시간이 다르게 배정된다. 1~2학년은 매주 1시간씩 기초 수준의 베트남어를 배우며, 기본적인 발음과 성조 연습을 통해 언어 학습의 기초를 다진다. 3~6학년은 매주 3시간씩 보다 심화된 내용으로 학습을 진행하며, 실질적인 회화 능력과 문장 구성, 어휘 확장을 중점적으로 다룬다. 학생 개개인의 수준에 맞춘 맞춤형 교육을 제공하기 위해, 수준별 이동수업 방식이 도입되어 있다. 베트남어 학습 수준은 A부터 E까지 총 5단계로 나뉘며, 단계별로 학습 목표와 난이도가 체계적으로 조정된다. 특히, 학생 수가 많은 단계는 두 개 반으로 나뉘어 운영되며, 한 학년에 최대 7개 반까지 운영되기도 한다. 이러한 소규모 맞춤형 접근은 학생들이 보다 집중력 있게 학습할 수 있는 환경을 조성하며, 언어 학습의 효과를 극대화한다.

베트남어 수업은 발음, 성조, 문장 구성, 어휘 확장 등 언어의 기본적이고 필수적인 능력을 단계적으로 함양하도록 설계되어 있다. 1~6학년에 걸쳐 기본 회화와 발음 연습부터 시작하여, 점차 베트남의 역사와 문화를 배우는 심화 단계로 나아간다. 이를 통해 학생들은 단순히 언어를 배우는 것에 그치지 않고, 베트남의 사회적, 역사적 맥락을 이해하며 다문화적 감수성을 기른다. 수업 중 학생들에게 과제를 부여하고, 정기적으로 평가를 실시하여 학습 상태를 점검한다. 평가 결과는 학생 개인의 학습 성취도를 분석하는 데 활용되며, 이를 기반으로 추가 학습이 필요한 학생들에게 적절한 학습 전략을 제안한다.

베트남어 학습이 어려운 학생이나 전입생의 경우, 방과후에 운영되는 베트남어 기초반을 통해 추가 학습 기회를 제공받는다. 이 수업은 주당 1시간씩 진행되며, 기초 발음과 기본 어휘를 중심으로 학습의 토대를 마련한다. 특히 전입생들에게는 새로운 환경에 적응하고 학습의 자신감을 높이는 데 중요한 역할을 한다. 방과후 수업은 단순한 학습 보충 이상의 의미를 가진다. 학생들이 기초반에서 성취감을 느끼고, 이를 바탕으로 상위 단계로 진입할 수 있는 발판을 마련한다. 이러한 체계적인 보충 학습은 학습 격차를 해소하고, 모든 학생이 언어 학습에서 성공 경험을 할 수 있도록 돕는다.

KIS는 정규 수업과 방과후 기초반을 연계하여, 학생들이 끊김 없이 학습을 이어갈 수 있도록 지원한다. 이를 통해 학생들은 부족한 부분을 보완하며 지속적으로 성장할 수 있는 기회를 얻게 된다. 특히, 정규 수업에서 다룬 내용을 방과후 기초반에서 복습하고 심화 학습함으로써 학습 효과를 극대화할 수 있다.

초등 베트남어 수업 운영 현황

구분	대상	단계	운영 시간
정규 수업	1, 2학년	2단계 (기초반, 우수반)	주당 1시간 운영
정규 수업	3~6학년	5단계 (A, B, C, D, E)	주당 3시간 운영
방과후 Foundation Class	전 · 편입생 중 희망자	베트남어 입문	주당 1시간, 방과후 운영
교사 구성: 베트남 선생님 5명, 한국인 선생님 2명			

베트남어 교재 및 다양한 활동

KIS는 학생들의 수준과 필요에 맞춘 맞춤형 베트남어 학습을 위해 자체 제작한 교재 'Vui hoc Tieng Viet'를 활용하고 있다. 이 교재는 단순히 언어를 가르치는 데 그치지 않고, 학생들이 실생활에서 바로 활용할 수 있는 실용적인 내용을 포함하여 자연스럽게 언어 능력을 습득할 수 있도록 설계되었다. 'Vui hoc Tieng Viet'은 매년 베트남인 교사와 한국인 교사가 협력하여 지속적으로 내용을 수정 · 보완한다. 이를 통해 교재는 항상 최신 트렌드를 반영하며, 학생들의 학습 수준과 학습 목표에 가장 적합한 형태로 발전하고 있다. 실생활에서 자주 사용되는 표현과 문법을 중심으로 구성되어 있으며, 예문과 실습 활동을 통해 학생들이 자연스럽게 언어에 익숙해질 수 있도록 돕는다.

특히, 학생들이 흥미를 느끼고 적극적으로 참여할 수 있도록 대화 연습, 게임, 역할극 등 다양한 활동 중심의 학습 방식을 교재에 포함하고 있다. 이러한 접근은 단순히 교실에서 학습하는 것을 넘어, 학생들이 실생활에서도 학습 내용을 활용할 수 있는 자신감을 키워준다.

KIS는 학생들이 교실에서 배운 내용을 실질적으로 적용할 수 있는 기회를 제공하기 위해 다양한 활동을 운영한다. 대표적인 활동으로 베트남어 말하기 대회가 있다. 이 대회는 학생들이 학습한 표현과 문장을 활용해 무대위에서 발표하도록 독려하며, 자신감을 기르고 표현력을 향상시키는 데 중점을 둔다. 또한, 학생들은 발표 준비 과정을 통해 창의력과 협업 능력도 함께 배양한다. Hoi Cho Festival(베트남 전통시장 체험)은 또 다른 중요한 활동이다. 이 행사는 학생들이 베트남의 전통시장 문화를 직접 체험하며, 언어뿐 아니라 지역사회의 역사와 관습을 배울 수 있는 소중한 기회를 제공한다. 전통시장에서 물건을 사고파는 경험을 통해 실질적인 언어 사용 능력을 키우는 동시에, 베트남의 생활 방식을 이해하고 공감할 수 있게 된다. 다문화데이 행사에서는 베트남 문화를 중심으로 다양한 국가의 문화를 체험할 수 있는 프로그램이 제공된다. 이 행사는 학생들에게 언어 학습의 흥미를 더하고, 다문화적 사고를 함양하는 중요한 계기가 된다. 베트남뿐만 아니라 다른 나라의 전통 의상, 음식, 놀이를 체험함으로써, 학생들은 글로벌 시민으로서 갖춰야 할 개방성과 수용성을 배울 수 있다.

KIS는 학부모와 교직원이 베트남어 교육과정을 직접 보고 이해할 수 있도록 베트남어 공개 수업을 정기적으로 실시한다. 이 수업에서는 학생들이 실제로 어떤 방식으로 언어를 배우고 활용하는지를 투명하게 보여줌으로써 학부모의 신뢰를 얻는다. 또한, 학부모가 수업 과정에 관심을 가지며 적극적으로 참여할 수 있도록 유도하여 학생들이 가정에서도 지원 받을 수 있도록 돕는다. 공개 수업은 교사들에게도 중요한 의미를 갖는다. 학부모와 교직원의 피드백을 통해 수업 방법과 내용을 개선할 수 있는 기회를 얻으며, 수업의 질을 지속적으로 향상시킨다.

KIS
3중 언어교육을 만들어낸 힘

수준별 이동수업, 시수편성의 자율성, 인적 자원
—

KIS의 수준별 이동수업은 학생들에게 최적화된 학습 경험을 제공하며, 3중 언어교육의 효과를 극대화하는 데 중요한 역할을 하고 있다. 마치 스타벅스에서 고객의 취향에 맞춰 음료를 만드는 것처럼 KIS는 한국어, 영어, 베트남어뿐만 아니라 수학에서도 학생 개개인의 학습 수준에 맞춘 맞춤형 교육을 제공한다. 신뢰도 높은 레벨 진단테스트를 통해 학생들의 언어 수준을 객관적으로 평가하고, 그 결과를 바탕으로 적합한 학급에 배치하여 학생들은 자신에게 적합한 속도로 학습할 수 있는 환경을 누리게 된다. 이러한 시스템은 학생들의 학습 부담을 줄이고, 개별화된 학습 경험을 통해 자신감을 키우는 데 큰 도움을 주고 있다.

안정적으로 자리 잡은 수준별 이동수업 외에 성공 요인은 몇 가지가 더 있다. 첫 번째는 재외한국학교로서의 높은 자율성과 확장된 수업 시간이다. 한국 내 학교와 달리, KIS는 연간 수업시수를 늘려 3~6학년 기준으로 주당 영어 13시간, 베트남어 3시간의 외국어 과목을 개설할 수 있었다. 이를 통해 언어교육의 양적, 질적 수준을 모두 높이는 기반을 마련했다. 두 번째로는 우수한 교사 배치가 있다. 재외한국학교 근무를 희망하는 많은 유능한 교사들 가운데 엄격한 선발 과정을 거쳐 적재적소에 교사를 배치했으며, 원어민 교사와 한국인 교사가 협력하여 몰입형 언어 수업의 효과를 극대화했다. 마지막으로, 기초학습 지원을 위한 맞춤형 학급운영도 성공 요인으로 꼽힌다. 기초가 부족한 학생들을 위해 한국어, 영어, 베트남어의 기초반을 별도로 운영하고, 한국인 교사가 세심히 지도하여 학생들이 언어 학습에서 자신감을 얻을 수 있도록 도왔다.

반면, 한국의 교육 현실에서는 수준별 이동수업과 같은 시스템을 도입하는 데 여러 어려움이 있다. 선행학습을 받은 학생, 외국어가 유창한 부모를 둔 학생, 국가 표준 교육과정을 따르는 학생 등 출발선이 다른 학생들이 동일한 교실에서 수업을 받다 보니 학습 격차가 발생할 수밖에 없다. 더불어 한국의 문화와 정서상 수준별 분반이 성적과 능력 차이를 부각시킨다는 우려가 있어, 이러한 시스템을 도입하려는 정책 입안자와 현장의 교사들은 도전에 직면하게 된다.

KIS의 수준별 이동수업은 학생들에게 맞춤형 학습 환경을 제공하며, 개별화된 학습을 통해 성장할 수 있는 효과적인 교육 모델로 자리 잡았다. 한국 교육계 역시 이러한 시스템을 참고하여 학습 격차를 줄이고, 학생 개개인의 학습 수준과 속도에 맞는 환경을 조성하기 위한 노력을 강화해야 할 것이다. 수준별 이동수업은 학생들의 성장 가능성을 최대화하는 유용한 접근 방식으로, 이를 실현하기 위한 제도적 지원과 문화적 인식 변화가 필요하다.

수준별 수업에 대한 학부모의 높은 동의

—

한국에서라면 성적이나 능력 차이가 부각되어 수준별 수업이 학생들 간에 위화감을 일으킬 수 있다는 우려가 흔히 제기된다. 하지만 KIS에서 수준별 수업을 하면서도 학생들 사이에 그런 불편함을 느낀 적은 거의 없다. 이 차이를 만들어 주는 요인들을 가까이서 지켜보며 KIS만의 특별한 교육 환경에 대해 다시금 생각하게 된다.

먼저, KIS 학생들은 교민사회라는 작은 공동체 속에서 자라며 서로를 돌보는 마음을 자연스럽게 키워간다. 이곳에서는 학생들이 같은 경험을 공유하며 성장하고, 공동체의 일원으로서 깊이 연결되어 있다. 학생들이 성적 차이보다는 공동체 속에서 서로를 응원하고 협력하며, 마치 가족처럼 따뜻한 유대감을 형성하는 모습은 참 인상적인 부분이다. 또한 한국의 치열한 입시 경쟁에서 벗어나 있는 덕분에, 학생들은 한국에서보다 경쟁적이지 않다. 여기서 학생들은 입시 압박 없이 각자의 속도에 맞춰 학습하며 성장할 기회를 충분히 누리고 있다. 덕분에 학생들 간에 성적이나 성취도에 대한 불필요한 비교가 일어나지 않고, 각자의 학습 여정을 존중하는 문화가 자리 잡게 된다.

그리고 KIS에서 학생들은 초등학교부터 고등학교까지 약 12년을 함께 보내며 긴 시간 동안 깊은 우정을 쌓아간다. 같은 반 친구들이 서로를 오랜 시간 알아가면서, 학습 속도가 다르더라도 이해하고 응원하는 분위기가 형성된다. 이런 친구들 사이에서는 성적 차이보다 서로에 대한 신뢰와 우정이 더 큰 의미를 가진다. 오랜 친구들과 함께하는 학교생활에서 학생들은 자연스럽게 서로를 존중하며 성장할 수 있게 된다.

마지막으로, 이곳의 학부모님들도 수준별 수업의 가치를 이해하고 긍정적으로 받아들이고 있다. 호치민에 자리한 외국계 국제학교들이 수준별 수업을 통해 학생들에게 맞춤형 학습을 제공하는 모습을 접해 오신 학부모님들은 KIS의 수준별 수업도 자녀의 개별 학습 성장을 위한 자연스러운 과정으로 받아들이고 계신다.

이 모든 요소들이 어우러져 KIS의 학생들은 수준별 수업을 받으면서도 정서적으로 안정감을 느끼고 있다. 덕분에 하위반에 속한 학생들도 위축되거나 친구들로부터 놀림을 받는 일 없이, 자신만의 학습 여정을 긍정적으로 받아들이며 자부심을 갖는 환경이 조성되어 있다.

\<KIS 이야기\>
초·중등 국제교류 수업

    KIS에서는 3중 언어교육을 기반으로 다양한 교육활동을 펼치며 글로네이컬 인재를 양성해 나가고 있다. 그중 초·중등 교사들이 국제교류수업을 위해 SDGs를 주제로 수업의 청사진을 구상하고 협력하여 수업을 완성해 나간 사례를 소개하고자 한다. 총 10분의 선생님들이 참여하여 20여 개 국가와 온·오프라인 방식으로 진행되었는데 이는 KIS에서 추구하고 있는 3중 언어교육 및 글로네이컬 인재상이 꽃피워지는 배움의 현장이라고 말할 수 있다. 아래에서는 전반적인 국제교류수업 추진 개요설명부터 온·오프라인 국제교류 및 MOU를 어떻게 진행하고 체결했는지, 검증된 교사와의 교류를 할 수 있는 노하우, 해외뿐 아니라 한국의 학교 및 대학교까지의 콜라보레이션, 온라인 공동교육과정을 활용하여 타 재외 학교 학생들도 국제교류수업에 참여할 수 있도록 한 부분들에 대해 단락별로 소개한다.

〈초·중등 국제교류수업 추진 개요〉

1. 운영 세부 목적

1) 2022 개정 교육과정의 핵심역량에 기반한 GloNaCal 인재 육성
2) 온라인을 이용한 국제교류수업을 통해 서로의 다름을 인지하고 공통의 목표를 향해 문제를 해결해 나가는 창의 융합 글로벌 역량을 도모함

3) 학습의 과정과 결과에 대한 밀착형 피드백을 통해 학생의 성장과 발달을 돕는 성장중심평가를 추구함

2. 세부 추진 내용

1) 콘텐츠 플랫폼

- 학생들의 수업에 대한 과정과 결과를 순간마다 확인할 수 있는 밀착형 포트폴리오 수업 방식 적용
- 초등과 중등의 다양한 과목과 SDGs를 취사선택 후 연계하여 교사 교육과정으로 재구성
- 2022 개정 교육과정 핵심역량과 성취기준확인 및 분석 후 "교과 X SDGs"로 교수학습 평가 계획
- 정해진 답이 아닌 학생의 생각이 답이 될 수 있도록 과정중심평가가 가능한 피드백을 줄 수 있는 온라인 수업 형태 구상

2) 온라인 플랫폼

- 교수학습자료의 구글 문서화를 통해 Google Classroom에서 개인 사본으로 제작한 뒤 학생들에게 온라인 배부
- 격 수업 또는 대면 수업 시 학습한 내용을 구글 문서로 작성하여 제출하고 교사가 이를 확인하여 성장과 발달에 도움이 되는 피드백 제공
- Microsoft, Chat-GPT, Figma 등 다양한 온라인 클래스 플랫폼을 사용하여 4차 산업 인재역량 강화

3) 글로벌 플랫폼

- Microsoft 사에서 모집, 운영하는 1만 3천여 명의 전 세계 교육혁신 전문가 집단 MIEE(Microsoft Innovative Educator Expert)와 함께 글로벌 수업을 위한 네트워크 구성
- 글로벌 국제교류 수업 GLC(Global Learning Connection) 플랫폼을 이용하여 기존 "교과 X SDGs" 질문과 더불어 인종, 사상, 문화, 풍습 등 오프라인 교실에서는 배울 수 없는 살아있는 글로벌 역량을 교환하는 수업을 기획
- 총 5개의 part로 계획하여 1부-인사, 2부-SDGs 수업교류, 3부-Q&As, 4부-문화공연 교류, 5부-펜팔 교류까지 이어질 수 있게 운영

4) 지속가능 플랫폼

- 교류수업을 실시한 학교들과 자매결연을 추구, 일회성으로 그칠 수 있는 행사 성격을 지속가능한 교류수업으로 확장
- 초등부터 중등의 다양한 과목들을 국제교류 수업에 적용해 봄으로 학년 및 과목별 다양성을 모색한 뒤 연계할 수 있는 지의 여부를 탐색

5) AI 플랫폼

- AI 자체를 배우기보다는 일반 교과 속에서 AI를 활용하여 배우고 사용할 수 있는 도구적 성격을 확대 적용 시도
- 각 교과별로 SDGs와 접목한 수업계획에 적용할 수 있는 AI 기술을 모색한 뒤 실생활의 문제들을 해결해 나갈 change makers 양성

초등에서는 3, 5, 6학년이 참여했으며, 대만 국제학교와 오프라인 교류를 진행하고, 5·6학년은 온라인 수업을 통해 국제교류를 경험했다.

방식	내용
오프라인	SDGs 14번에 해당하는 내용에 관해 대만 학교에서는 바다를 해치지 않고 살아가는 대만의 원주민의 생활을, 한국 학교로 초대했을 때엔 AI 기술을 기반으로 해양동물 보호와 관련된 다양한 수업을 진행
온라인	SDGs 13번에 해당하는 분리배출의 당위성과 실제 사례를 만들어 한국, 방글라데쉬와 진행
온라인	SDGs 16번에 해당하는 편견과 차별을 넘어 문화적 다양성을 존중하는 수업을 대만과 진행

중등 수업에서는 하노이 한국국제학교와의 온라인 공동 교육과정을 포함해 7명의 교사가 SDGs 전반과 특정 목표를 심층적으로 다룬 수업을 설계·실시했다. 이를 통해 학생들은 다양한 방식으로 SDGs를 배우고 세계 학생들의 관점을 경험했다.

방식	내용
오프라인	SDGs 의미와 역사, 베트남의 사회문제, 공정무역 실천 방안 조사 등을 하노이 학생들과 진행
온라인	SDGs 12, 13번 목표를 토론토대학의 교수님 특강과 제자의 case study를 기반하여 학습 내용에 대한 이해를 강화한 뒤 해당 주제를 인도 학생들과 진행
오프라인	SDGs 1번에 기반한 달걀의 생산 및 소비량과 식량문제, SDGs 13번의 탄소배출과 기후의 상관관계를 수학적 모델링과 파이썬을 이용하여 진행
온라인	한국의 과학중점학교들과 더불어 SDGs 6번에 기반한 서울, 하노이, 호찌민의 강의 수질 데이터를 수집 및 공유하여 각 강의 특성에 맞는 상태 친화적 개선 방안을 고안하는 수업을 진행
온라인	SDGs 3번과 연계한 "삶의 행복"이라는 주제로 자신의 삶의 의미를 구성하여 두바이 학생들과 수업을 진행
온라인	해외 마이크로소프트 혁신교육 전문가 교사들이 가르치는 17개국 학교 학생들과 함께 SDGs 17개의 목표를 교환하며 한국인의 정체성을 가지고 베트남 환경 속에서 세계와 함께 지속 가능한 발전을 추구하는 미래사회를 준비하는 수업을 진행함. 추가적으로 해당 세션들을 모두 녹화하여 Youtube에 올려 놓음.

　온라인 공동교육과정을 국제교류수업 기반으로 실시한 사례도 있다. 최초로 17개의 SDGs 목표를 17개국 학생들과 함께 배우는 것을 목표로 진행되었다. 온라인을 통해 전 세계적으로 공통된 문제들을 확인하고, 나라별로 처한 상황의 현주소를 파악한 뒤, 다양성을 품은 각자의 해결책을 발표, 질문, 대답하는 수업이었다. 수업에 참여했던 학생들이 '진정한 글로네이컬을 느낄 수 있었던 소중한 수업'이라는 피드백을 남겨주었기에 3중 언어교육이 이렇게 열매 맺어질 수 있겠다는 한 예시가 되었다.

　대학교 및 한국 학교와의 콜라보레이션은 성신여대 시민 교육역량강화사업단과 함께 진행하였으며 SDGs, 다문화, 세계시민교육 등과 관련된 교육자료 개발과 상호 정보 교류를 강화하는 MOU를 맺었다. 그 첫 활동으로 성신여대 학생 기획단 베럴어스와 함께 SDGs 콘텐츠 전시, 홍보 및 참여 부스 활동을 계획하였다. KIS 유 · 초 · 중등 학생 2,000여 명을 대상으로 진행했으며, 이 프로젝트를 위해서 한국에 있는 창덕여중, KIS 그리고 성신여대 학생들이 두 달간의 온라인 협업을 통해 준비하였으며 교원들과 협업한 SDGs 코티칭도 성공적으로 이루었다.

이번 국제 교류 수업은 주로 MIEE(마이크로소프트 혁신교육전문가) 선생님들이 계신 해외학교들과 진행하였다. 이는 검증된 온라인 활용 교육 전문가의 역량을 성공적으로 수업에 적용할 수 있는 방법 중 하나였다. 이들 중 Armenia, Croatia를 비롯해 총 8개 국가의 학교와 MOU를 맺게 되었고, 그 학교들 중 Tunisia와는 해당 학교 담당자가 개최하는 '국제과학페스티벌'에 우리 학교 학생들이 참여하는 또 다른 시너지를 내기도 했다.

국제교류수업에 참여한 학생들과 교사들은 이 수업을 통해 다양하고 긍정적인 경험을 공유했다. 학생들은 전 세계 각국의 학생들과 SDGs라는 공동 목표를 주제로 소통하며 서로의 문화를 이해하고 실천 방식을 공유하는 시간을 가졌다. 특히 영어로 발표하며 자료를 조사하는 과정에서 발표 능력과 신뢰성 있는 자료 활용 능력을 키울 수 있었다고 밝혔다. 이러한 경험은 세계시민의식을 기르고 국제 문제에 대한 책임감을 느낄 수 있는 계기가 되었으며, 단순한 학습을 넘어 지식과 기회를 확장하는 데에 3중 언어교육이 얼마나 큰 잠재력이 있는지를 느끼는 중요한 시간이 되었다.

교사들은 이번 수업이 학생들에게 글로벌 관점을 심어주고 문화적 다양성을 이해하게 만드는 소중한 기회였다고 평가했다. 영어로 수업을 진행하는 데 어려움이 있었지만, 다른 국가 교사들과의 실시간 협업을 통해 새로운 교육 방식을 배울 수 있었다고 전했다. 다만, 과목 간 연계성이 부족했던 점과 인터넷 연결 문제, 장비 부족으로 인해 전체 교류가 제한된 점은 아쉬움으로 남았다. 그럼에도 불구하고 학생들과 교사 모두 이번 국제 교류수업을 통해 성장할 수 있었고, 향후 대면 교류 수업으로 발전시키기를 희망했다.

프로젝트를 마친 뒤, 교사들은 성취감과 해방감을 느끼며, 이런 프로젝트가 가능했던 이유와 학생들이 보여준 시너지를 되돌아보게 되었다. 지속적인 성과를 위해서는 교사의 자발성, 다양한 교육과정에 대한 지원, 선행연구의 제도적 뒷받침이 필요함을 강조했다. 프로젝트 이후 KIS는 SDGs 기반 교재 개발, 베트남 학교와의 MOU를 통한 교류 확대, AI를 활용한 실질적 학습 환경 조성을 추진하고 있다. 이러한 노력으로 더 많은 교사와 학생들이 지속 가능한 미래를 만들어가는 교육에 동참하기를 기대하고 있다.

EEE(English Exchange Event)
행사 기사

영어 말하기의 날 기사

토요한글학교 기사

베트남어 말하기 대회 기사

4장

KIS 다문화교육:
공존과 협력의
미래를 열다

KIS
다문화교육

KIS는 학생들이 다양한 언어와 문화를 통해 서로를 이해하고 협력하며, 다문화적 환경에서 성장할 수 있도록 돕는 다문화교육을 실천하고 있다. 이는 단순히 언어를 배우는 것을 넘어, 다문화 사회에서 요구되는 공존의 가치를 체득하고, 지역과 세계를 연결하는 다문화적 인재로 성장할 수 있는 토대를 마련한다. KIS의 다문화교육은 한국어, 영어, 베트남어라는 3중 언어교육을 중심으로 언어와 문화를 통합적으로 가르친다. 이를 통해 학생들은 각 언어의 문화적 맥락을 이해하며, 차이를 존중하고 함께 협력하는 방법을 배운다. 동시에, 학생 개개인의 정체성과 잠재력을 존중하며, 서로 다른 문화적 배경을 가진 친구들과 협력하여 공동체적 유대를 형성하는 환경을 조성한다. 이러한 다문화교육은 단일 문화 중심의 전통적 교육에서 벗어나, 다문화적 사고와 글로벌 시민의식, 지역사회와의 연대 의식을 동시에 함양하는 혁신적인 모델로 자리 잡고 있다. KIS는 학생들이 다문화적 환경 속에서 자신만의 가치를 발견하고, 미래의 변화를 이끄는 세계적 리더로 성장할 수 있도록 지원한다.

한국과 베트남은 수교 이후 31년 동안 경제, 문화, 사회적 교류가 급속히 확대되었다. 베트남 내 한국 기업의 활발한 진출과 양국 간 무역 증가로 인해 두 나라 국민 간의 결혼도 꾸준히 증가하고 있으며, 2024년 기준으로 베트남에서 태어난 한-베 자녀의 수는 약 3만 명으로 추정된다. 이와 같은 흐름은 KIS에도 영향을 미치고 있다. 2024년 입학한 신입생 140명 중 52%에 해당하는 73명이 한-베 가정[26] 학생으로, 이들의 비율은 매년 증가하고 있다. 이들 학생은 양국의 문화와 정체성을 동시에 가지며 성장하는 독특한 장점을 가지고 있다. 한국어와 베트남어를 구사할 수 있는 이중 언어 능력은 중요한 경쟁력이지만, 주로 육아를 담당하는 베트남인 어머니의 영향을 받아 베트남어는 유창하지만 한국어는 부족한 경우가 많다. 이는 학교에서의 한국어 중심 교육과 결합되어 학습 결손으로 이어질 가능성을 높인다. 한국어가 서툰 학생들은 학습뿐만 아니라 친구나 교사와의 소통에서 어려움을 겪으며, 이는 사회적 관계 형성과 학교생활 적응에도 영향을 미칠 수 있다. 한국 사회 역시 다문화 사회로 빠르게 변화하고 있다. 외국인 노동자와 국제결혼의 증가. 외국인 유학생의 유입으로 단일 민족 국가라는 전통적 인식이 변하고 있다. 최근 통계에 따르면 다문화가정 학생 수는 약 3만 3천 명으로, 이는 전체 학생 중 2%에 해당한다. 특정 지역에서는 이 비율이 더 높아지고 있으며, 이 학생들은 언어와 문화적 차이로 인해 학습과 사회적 관계에서 어려움을 겪고 있다.

KIS의 다문화교육은 이러한 도전 과제를 극복하기 위해 다양성을 인정하고 공존의 가치를 실천할 수 있도록 돕는다. 한국어로 한국 문화를 배우는 동시에, 베트남어로 지역사회와 소통하고, 영어로 글로벌 문화를 탐구하는 교육은 학생들에게 다문화적 감수성과 협력 능력을 심어준다. 이는 글로벌 사회와 다문화 사회 모두에서 중요한 경쟁력으로 작용하며, 학생들이 지역과 세계를 연결하는 글로네이컬 인재로 성장할 수 있는 기반을 제공한다.

---

26 한베 가정(韓越家庭): 한국인과 베트남인 간의 결혼이나 기타 가족 관계를 통해 형성된 다문화 가정. 주로 한국과 베트남의 문화와 전통이 어우러진 생활 양식을 가짐.

KIS
다문화교육 만들기

다문화교육 프로그램 및 활동

다문화데이

KIS 다문화데이는 학생, 학부모, 교직원이 함께 참여하는 축제이자 교육의 장으로, 다양성 존중 문화를 자연스럽게 익히도록 기획되었다. 행사에서는 베트남 전통 의상을 직접 입어보고 사진을 촬영하는 체험을 제공하고, 전통 종이접기와 공예를 함께 즐길 수 있다. 또한, 학부모가 직접 준비한 베트남 전통 음식을 나누어 먹으면서 음식 문화를 이해하고 교류할 수 있는 기회를 가진다. 공연과 퀴즈대회 시간에는 각국의 전통 춤과 노래를 감상하고, 문화 퀴즈를 통해 세계 문화를 흥미롭게 학습한다. 더불어 여러 국가에서 유래한 음식들을 소개하고 레시피를 공유하는 다국적 음식 나눔 활동도 이뤄진다. 이러한 체험을 통해 학생들은 다양한 문화를 직접 접하면서 타 문화를 존중하고 배려하는 태도를 자연스럽게 익힌다. 이를 통해 공감 능력과 협력 정신을 기를 수 있는 기회를 얻게 된다.

다문화 주제 프로젝트 학습(PBL)

KIS는 '존중', '협력', '평화' 등의 주제를 중심으로, 학생들이 여러 문화적 관점을 탐구하고 발표하도록 프로젝트 학습을 진행한다. 한국어, 영어, 베트남어를 번갈아 활용하면서 각 문화권에서 중요하게 여기는 가치를 비교 · 분석함으로써, 문화적 차이에 대한 이해와 공감 능력을 높인다. 이러한 프로젝트 학습은 학생들에게 서로 다른 문화적 배경을 지닌 친구들과 협력하고, 다문화적 사고방식을 확장하는 경험이 된다.

학년별 활동 내용

학년	시기	주제	학습 내용
1학년	6월 2주	다른 나라 친구들은 무엇을 가지고 놀까?	– 한국의 놀잇감(비석치기, 제기차기) – 베트남의 놀잇감 (논으로 이어달리기) – 일본의 놀잇감(쭈온쭈온)
2학년	6월 2주	두근두근 세계 여행	– 세계 여러 나라 만나기 – 세계 여러 나라 장난감 만들기 – 세계 여러 나라 여행하기
3학년	9월 3주	세계의 전통 명절 음식 체험하기	– 한국의 추석'송편'만들기 – 베트남의 'Moon Festival' Moon cake 체험하기 – 한국과 베트남의 전통의상 입기
4학년	11월 3주	다, 문화! 함께 어울려요.	– 호치민 농 만들기 – 베트남 DAY에 농 쓰고 함께 사진 찍기
5학년	11월 4주	알지? 하지! 씽킹 세계발전소	– 생성형 AI 활용 한영베 동화(그림)책 만들기 – 세계 여러 나라의 전통 가옥 및 음식 조사하기 – 세계의 전통 가옥 페이퍼 크래프트 만들기
6학년	5월1주 (4~5일)	세계 여러 문화 체험하기	– 세계 여러 전통 문화 배우기 – 전통 문화 체험하기

초 · 중등 연계의 성공적 모델: 다문화 멘토링 및 재능 나눔 튜터링

KIS는 고등학생과 초등학생을 연결하는 다문화 멘토링과 재능 나눔 튜터링을 운영하고 있다. 이 프로그램은 고등학생 멘토가 초등학생 멘티에게 한국어 어휘 학습, 교과 개별 지도, 숙제 도움, 학습 상담 등 다양한 학습 지원을 제공하는 것을 목표로 한다. 이를 통해 초등학생 멘티는 학습 격차를 줄이고 자신감을 키우며, 고등학생 멘토는 지도와 나눔의 가치를 경험하게 된다. 이러한 멘토링 활동은 멘토와 멘티 모두에게 긍정적인 영향을 미치며, 학교 전체에 서로를 돕고 함께 성장하는 공동체 문화를 조성하고 있다.

멘토링 프로그램은 초등과 중등 담당 교사가 계획을 공동 수립하고 준비부터 실행까지 긴밀히 협력하여 진행된다. 중등에서는 멘토 역할을 맡을 고등학생을 모집하고 초등에서는 멘티로 참여할 학생을 선발한다. 멘토 학생들에게는 사전 교육을 통해 초등학생과 효과적으로 소통하고 지도하는 방법을 안내하며, 역할 분담을 명확히 한다.

운영 과정에서 몇 가지 어려움도 있었다. 멘토와 멘티의 1:1 매칭을 위해서는 적정한 학생 수의 확보가 필요하지만, 매년 수요가 변동되어 불균형 문제가 발생하기도 한다. 이를 해결하기 위해 우선순위 기준을 만들고, 그룹 멘토링이나 유연한 조 편성을 도입하였다. 프로그램 초기에는 초등학생과 고등학생의 수업 종료 시간이 1시간 차이가 나면서 초등학생들이 도서관에서 1시간을 멀뚱히 대기하는 공백 시간 문제가 발생하기도 했다. 이를 보완하기 위하여 멘토링은 교사와 강사가 유익한 독서 지도나 창의력 게임 활동을 준비하여 공백 시간을 효과적으로 활용하고 있으며, 재능 나눔 튜터링은 방과후 세종반과 연계하여 국어와 수학 보충학습을 지원하고 있다. 또한 초등과 중등의 학사 일정이 달라 빈 날짜가 생길 때는 사전 공지를 철저히 하고, 대체 활동 또는 방과후 세종반 수업으로 변경하여 학부모와 학생의 불편을 줄이고자 노력하고 있다.

이 과정에서 여러 감동적인 에피소드도 있었다. 한 멘토 학생이 멘티의 부족한 어휘 실력을 보완하기 위해 스스로 학습 자료를 준비해 멘티가 학기 말 성적에서 큰 향상을 이루었을 때 멘토와 멘티 모두 큰 성취감을 느꼈다. 멘토와의 대화를 통해 학생들의 문제와 고민을 발견하고 이를 해결하려 노력하는 과정에서 정서적 유대감이 깊어지는 사례도 있었다. 또한 공백 시간 동안 멘토 학생들이 자발적으로 멘티와 고민 상담이나 진로 이야기를 나누며 따뜻한 배려를 보여주는 모습은 이 프로그램의 진정한 가치를 잘 드러낸다. 멘티로 참여했던 학생이 고등학생이 되어 자신이 받았던 도움을 기억하며 멘토로 참여하게 된 사례는 학교 공동체의 선순환 구조를 증명해 준다. 더불어 든든한 멘토로 인해 학교생활에서 정서적 지지를 경험한 멘티들은 더욱 활발하고 자신감 있게 학교생활에 임할 수 있었다.

다문화 멘토링 프로그램은 KIS의 교육적 가치를 실현하며, 학생 간 협력과 이해를 바탕으로 미래 사회를 준비하는 데 기여하고 있다.

다문화 학생 지원 시스템

한-베 공동담임제

KIS는 다문화 배경의 저학년 학생들이 학교생활에 안정적으로 적응하도록 한-베 공동담임제를 운영한다. 1~2학년 한-베 가정 학생들을 위해 한국인 교사와 베트남인 교사가 함께 학급을 운영하고, 학생들의 학습과 생활지도를 동시에 지원한다. 부담임 교사는 학부모와 학교 사이의 가교 역할을 수행하고, 학교 행사와 학습 계획 등을 원활히 전달해 학부모가 학교 교육에 적극적으로 참여하도록 돕는다.

[베트남 부담임 선생님들의 역할]

1. 아침활동 시간
 − 교실에서 학생 관리 및 지도
 − 안내장 파일 관리

2. 수업 시간
 − 이동 수업 학생 관리
 − 전담 시간 학생 지도 및 관리
 − 수업 중 도움이 필요한 학생 지도
 − 수업 및 행사 사진 촬영(담임 공유)

3. 점심 시간
 − 점심 식사 지도 및 학생 생활 지도

4. 하교 시간
 − 알림장 Zalo(베트남 SNS)로 베트남어 안내
 − 담임 교사와 함께 학생 하교 지도
 − 개별 하교 학생 관리

5. 그 외 업무
 − 한−베 가정 Zalo(베트남 SNS)로 베트남어 운영 및 소통
 − 학습 자료 게시 및 교실 환경 관리
 − 담임 교사 보조

다문화 교육 환경 및 심리적 지원

다문화 친화적 교실 및 학교 환경은 학생들이 문화적 다양성을 자연스럽게 받아들이고 존중할 수 있도록 설계된다. 학교는 교실과 학교 곳곳에 다문화 관련 포스터와 소품을 비치해 학생들이 다양한 문화를 시각적으로 체

감할 수 있는 기회를 제공하고 있다. 또한, 다문화 관련 도서와 시청각 자료를 구비하여 학생들이 문화적 학습의 기회를 누리며, 자신의 문화적 정체성을 당당히 표현할 수 있는 환경을 조성하고 있다. 이러한 노력은 학생들이 서로 다른 문화를 존중하고 이해하는 태도를 자연스럽게 습득하도록 돕는다.

특히, 학교 도서관은 베트남 문화를 더욱 깊이 이해할 수 있도록 다양한 도서와 참고 자료를 제공하고 있다. 베트남의 역사, 문학, 예술, 음식 문화 등 폭넓은 주제를 다룬 자료들은 학생들에게 베트남에 대한 지식을 넓히고 문화적 관심을 증진하는 데 중요한 역할을 한다. 다문화가정 학생들은 자신의 뿌리를 탐구하고 자부심을 느낄 수 있으며, 다른 학생들도 이러한 자료를 통해 새로운 문화를 이해하고 받아들일 수 있는 기회를 갖는다. 도서관은 단순히 자료를 대여하는 공간을 넘어, 다문화 이해와 교류를 촉진하는 중요한 교육적 자원으로 자리 잡고 있다.

이와 더불어, 학교는 문화적 차이로 인해 적응에 어려움을 겪는 학생들을 지원하기 위해 심리 상담 프로그램도 운영한다. 상담은 한국어와 베트남어 두 언어로 제공되며, 학생들이 언어 장벽 없이 자신의 감정을 편안하게 표현할 수 있도록 돕는다. 정서적 안정을 통해 학생들이 학업과 학교생활에 집중할 수 있는 기반을 마련하며, 다문화 친화적 환경과 상담이 상호보완적으로 작용하여 학생들의 자신감을 키우고 성장할 수 있는 튼튼한 토대를 제공하고 있다.

다문화 학부모를 의한 소통과 협력

학사 일정, 학교 행사 안내, 상담 일정 등을 포함한 가정통신문은 다문화가정 학부모를 위해 특별히 한국어와 베트남어 두 가지 언어로 제작한다.

이러한 가정통신문은 온라인과 종이 매체를 통해 배포되어 학부모들이 다양한 방식으로 접근할 수 있도록 하고 있다. 더불어 학부모들의 의견을 수렴하기 위해 설문지도 베트남어로 제공하여, 다문화 학부모들이 학교의 중요 정보를 놓치지 않고 확인하며 의견을 전달할 수 있는 기회를 제공한다. 이처럼 학교는 다문화 학부모와의 소통을 강화하며, 교육 공동체의 일원으로서 학부모들이 더 적극적으로 참여할 수 있도록 돕고 있다.

또한, 학부모 총회나 설명회와 같은 주요 행사에는 보다 많은 학부모들이 참여할 수 있도록 유튜브 라이브를 통한 실시간 중계를 제공한다. 주로 한국어로 진행되는 행사에서는 베트남어 통역이 필요한 학부모들을 위해 스마트폰을 활용한 간단한 통역 서비스도 마련되어 있다. 이를 통해 언어 장벽으로 인해 학교 행사에 참여하지 못하는 일이 없도록 배려하며, 학부모들의 참여율을 높이고 학교와의 유대를 강화하려는 노력을 아끼지 않고 있다.

이와 더불어, 학기 초에 열리는 학부모 총회에서는 학교의 정책과 주요 프로그램에 대한 전반적인 안내가 이루어진다. 이 자리에서는 다문화 학부모들이 학교의 교육 방향을 쉽게 이해할 수 있도록 베트남어 동시통역 서비스와 한국어-베트남어로 작성된 자료를 함께 제공한다. 나아가 학부모들이 자녀의 학습과 가정 내 소통을 효과적으로 지원할 수 있도록 연간 6~10회의 학부모 아카데미도 진행된다. 이 강연에서는 자녀의 학습 습관을 지도하는 방법, 다문화가정에서의 효과적인 의사소통 전략, 그리고 베트남어와 한국어를 병행하여 학습하는 것의 장점 등 다양한 주제를 다루며, 다문화 학부모들이 학교의 비전과 세부적인 내용을 이해하고 교육공동체의 구성원으로서 역할을 다할 수 있도록 돕고 있다.

복지 혜택

———

　　　　다문화가정 학생들이 경제적인 어려움 없이 학업에 전념할 수 있도록 학교는 한-베 가정 학생과 저소득층 다문화가정을 대상으로 장학금을 지원하고 있다. 이는 학생들에게 공정한 교육 기회를 제공함으로써 학업에 대한 동기를 부여하고, 그들의 성장과 발전을 돕는 중요한 역할을 한다. 경제적 지원은 단순히 학업 지속의 기반을 마련하는 것에 그치지 않고, 학생들이 자신감을 가지고 미래를 설계할 수 있는 발판이 된다.

　이와 함께, 다문화 학생과 그 가족들이 학교의 행정 및 학사 서비스를 보다 편리하게 이용할 수 있도록, 학교는 한국어와 베트남어로 소통이 가능한 전담 행정 코디네이터를 배치하고 있다. 이들은 학년, 도서관, 교무실, 행정실, 보건실 등 학교 곳곳에서 근무하며, 단순한 문의 응대부터 신청과 서류 작업에 이르기까지 다양한 행정 업무를 지원한다. 이러한 시스템은 학교와 가정 간의 소통을 원활하게 하고, 다문화 학생과 학부모가 학교생활에 안정적으로 적응할 수 있는 환경을 조성하는 데 기여한다.

　뿐만 아니라, 급식 운영에서도 다문화가정 학생들을 위한 세심한 배려가 이루어지고 있다. 베트남 현지 문화와 한국 식생활을 반영한 메뉴를 마련함으로써 다문화가정 학생들이 학교에서 제공되는 식사에 낯설지 않게 느끼도록 돕고 있다. 동시에 다른 학생들에게도 새로운 식문화를 체험할 기회를 제공하며, 이를 통해 학생들 간의 문화적 이해를 넓히고 상호 존중의 분위기를 조성하는 데 기여하고 있다. 이처럼 학교는 학업, 행정, 일상생활 전반에서 다문화 학생들이 안정적이고 만족스러운 학교생활을 누릴 수 있도록 다각적인 노력을 기울이고 있다.

KIS
다문화교육을 만들어 낸 힘

    KIS는 다문화교육을 운영하며 여러 시행착오를 겪었고, 이를 극복하기 위한 지속적인 노력을 기울여왔다. 문화적 차이에서 오는 갈등은 초기 단계에서 가장 큰 도전 중 하나였다. 서로 다른 문화적 배경을 가진 학생들이 한 교실에서 생활하며 자연스럽게 오해와 갈등이 발생했다. 특히, 가정에서 부모나 매체를 통해 형성된 특정 출신에 대한 편견이 학생들 간에 영향을 미쳐, 상대 문화를 충분히 수용하거나 이해하지 못하는 경우가 많았다. 또한, 주 사용 언어가 서로 다른 점에서 오는 거리감은 의사소통의 장벽을 만들어 학생들 간의 유대감을 약화시켰다. 다문화 학생들의 외모적 특징이 일부 학생들 사이에서 배척의 이유가 되기도 했으며, 이는 사회적 관계를 형성하는 데 심리적 부담으로 작용했다. 이러한 문제는 학생들이 학교생활에 안정적으로 적응하는 데 있어 상당한 도전 과제가 되었다.

    학습 동기 저하도 중요한 시행착오 중 하나였다. 한-베 가정에서 주로 사용하는 언어와 문화적 환경에 익숙한 학생들은 한국어 중심의 수업에서 큰 장벽을 느꼈다. 이는 학습 동기를 저하시켜 일부 학생들이 학교생활에 소극적으로 참여하거나 자신감을 잃는 결과를 초래했다.

    과밀학급 문제 역시 다문화교육을 운영하는 데 현실적인 어려움으로 작용했다. 학생 개개인의 문화적 배경과 학습 요구를 세심하게 고려하고 적절한 피드백을 제공해야 하지만, 한 학급 내 학생 수가 많아 교사들이 모든 학생들을 효과적으로 지원하는 데 한계가 있었다. 다문화적 감수성을 강화하기 위해 학생의 특성을 수업에 반영하는 것이 필수적이지만, 시간과 자원의 제약으로 인해 일부 학생들의 정서적 안정과 학습 요구를 완전히 충족시키지 못하는 경우도 발생했다.

한편, 한국에서도 다문화 학생들을 위한 예산과 행정적 지원이 점차 확대되고 있다. 한국장학재단, 지자체 복지기관, 시·도교육청 등 다양한 기관에서 이중언어 강사 배치, 대학생 멘토링 프로그램, 다문화 가정의 사회 적응 지원 등을 통해 다문화 학생들에게 다각적인 서비스를 제공하고 있다. 하지만 이러한 노력에도 불구하고, 베트남 소재의 KIS는 물리적으로 한국과 떨어져 있어 대한민국 정부 및 기관의 실질적인 지원을 받지 못하고 있는 실정이다. 이러한 한계는 KIS가 독립적으로 다문화교육을 발전시키는 데 있어 더 큰 자율성과 동시에 더 많은 부담을 요구한다. 물리적 거리와 제한된 자원 속에서도 KIS는 학생들이 다양한 언어와 문화를 이해하며 성장할 수 있는 환경을 조성하기 위해 지속적으로 시행착오를 극복하고 있다. 다문화교육의 성공적인 운영은 여전히 많은 도전 과제를 안고 있지만, KIS는 이를 통해 학생들에게 글로벌 시민으로서의 자질을 키워주고 있다.

KIS는 다문화교육을 효과적으로 운영하기 위해 그간 체계적인 준비 작업을 진행해왔다. 먼저, 교육과정 설계에서는 다문화적 관점을 중심으로 한 체험형 교육과 프로젝트 학습을 통합하였다. 이를 통해 학생들은 다양한 문화를 직접 경험하고, 한국어, 영어, 베트남어를 활용하여 협력과 공존의 가치를 학습하며 성장할 수 있는 기회를 제공받는다. 이러한 교육과정은 단순한 언어 학습을 넘어, 학생들이 글로벌 시민으로서의 역량을 갖출 수 있도록 설계되었다. 또한, 전문성 있는 교사 배치는 KIS의 중요한 준비 작업 중 하나였다. 한국에서 다문화와 다중 언어에 대한 이해와 경험이 풍부한 교사들을 선발하여, 다문화적 감각과 언어 교육 전문성을 학교 교육에 반영할 수 있도록 하였다. 뿐만 아니라, 한국인 교사와 원어민 교사 간 협력 체계를 강화하여 학생들에게 일관되고 통합적인 교육 경험을 제공하고 있다. 교사들은 정기적인 워크숍과 협업을 통해 교수법을 공유하고, 다문화교육의 방향성을 지속적으로 논의하며 교육의 질을 높이고 있다. 학부모와의 협력도 다문화교육의 성공적인 운영을 위한 필수 요소로 자리 잡고 있다. KIS는 학부모 설명회와 연수 프로그램을 통해 다문화교육의 필요성과 가치를 공유하며, 가정 내에서도 학생들의 학습과 성장을 지원할 수 있는 방법을 제공하고 있다. 학부모와 학교 간의 일관된 지원 체계를 구축함으로써, 학생들이 다문화적 환경에서 더욱 안정적으로 학습할 수 있도록 돕고 있다. 이러한 준비 작업은 KIS의 다문화교육이 학생들에게 실질적인 성장과 경험을 제공할 수 있는 기반이 되고 있다.

KIS에서 학생들과 함께 다문화교육을 하다 보면, 감수성과 이해가 얼마나 중요한지를 새삼 느끼게 된다. 특히 다양한 언어와 문화를 아우르는 3중 언어교육을 통해 학생들이 세계를 향해 한 걸음씩 나아가는 모습을 볼 때, 이 감수성이 단순히 개인의 문제가 아닌 사회 전체의 문제임을 깨닫게 된다. 하지만 이 감수성이 결여될 때 사회가 어떤 갈등을 겪게 되는지도, 해외 사례를 통해 쉽게 알 수 있다. 예를 들어, 미국에서 발생하는 다문화적 갈등을 생각해보자. 최근 Society for Human Resource Management(SHRM)[27]의 보고서에 따르면, 2014년에서 2019년 사이 미국 기업들은 직장 내 문화

---

27 Society for Human Resource Management(SHRM) : 전 세계 인사관리 전문가와 조직을 지원하는 가장 큰 글로벌 협회 중 하나로, 인적 자원(Human Resources, HR) 분야의 리더십과 표준을 제시하는 데 중점을 둠.

적 갈등과 독성 문화[28]로 인한 이직 비용으로 무려 223억 달러를 잃었다고 한다. 이직을 결정하는 직원들 중 상당수는 차별적 대우나 고정관념에 따른 불합리한 평가 때문에 떠난다고 한다. 이러한 갈등은 단순히 직장 내 불편함에 그치는 것이 아니라, 막대한 경제적 손실로 이어진다. Pew Research Center[29]의 조사에 따르면, 미국인의 74%가 인종과 민족 차별을 사회의 심각한 문제로 인식하고 있으며, 70% 이상이 서로 다른 인종적, 민족적 배경을 가진 사람들 사이에 강한 갈등이 존재한다고 응답했다. 이런 수치는 다문화 사회에서 감수성이 부족할 때 발생할 수 있는 문제의 심각성을 여실히 보여준다.

사실 감수성 부족으로 인한 갈등은 단순한 오해에서 시작될 때가 많다. 하지만 이런 사소한 오해들이 쌓이고 방치되면, 사회적 분열과 경제적 손실로 이어지게 된다. 미국에서 발생하는 이런 문제들을 고려해본다면, KIS에서 가르치는 다중 언어교육의 중요성을 실감할 수 있다. 언어교육은 그저 말과 문장을 익히는 것을 넘어서, 그 언어를 사용하는 사람들의 사고방식과 문화를 이해하는 과정이기 때문이다.

한국도 이제는 더 이상 단일민족사회라고 하기 어렵다. 2020년 통계를 보면, 다문화 가정에서 태어난 자녀들이 꾸준히 증가하고 있으며, 결혼 이주자, 외국인 근로자, 유학생 등 다양한 배경의 사람들이 한국 사회에 함께하고 있다. 이런 변화를 겪으면서, 한국 사회는 다문화적 이해와 감수성이 필수적인 시대를 맞이하고 있다. 그러나 여전히 다문화 가정의 자녀들이나 외국인들이 차별과 편견에 부딪히는 사례를 종종 듣게 된다. 학교가 교실에서

---

28 독성문화 CANDU는 조직에 있어서는 안 되는 '독이 되는 문화'라고 한다. Complaining(불평), Avoiding(회피), Neglecting(무시), Defending(방어), Undermining(저해)의 앞글자를 딴 약자이다.

29 Pew Research Center : 미국 워싱턴 D.C.에 본사를 둔 비영리 연구 기관으로, 정책, 사회적 트렌드, 인구 통계, 미디어, 종교, 과학, 기술 등 다양한 주제에 대한 데이터 중심의 독립적인 연구를 수행함.

부터 다문화 감수성을 심어주지 않으면, 미래의 한국 사회도 미국이 겪는 갈등을 그대로 겪게 되지 않을까 하는 우려가 든다.

　다문화적 감수성과 이해는 단순히 개인의 성장을 위한 덕목이 아니다. 이 능력은 사회적 통합을 이루고, 서로 다른 배경을 가진 사람들이 함께 살아갈 수 있도록 돕는 중요한 열쇠다. 미국의 사례에서 볼 수 있듯이, 다문화 사회에서 감수성이 부족할 때 발생하는 문제는 결코 가볍지 않다. 그 문제를 예방하려면, 우리가 교육 현장에서부터 서로 다른 문화를 존중하는 분위기를 조성하고, 학생들에게 자연스러운 이해와 수용의 태도를 가르쳐야 한다. KIS의 교육 방식은 전적으로 이러한 시대적 요구에 부응한다. 학생들이 호치민이라는 다문화적 환경 속에서 3중 언어를 배우며, 글로벌 시민으로서 성장할 수 있는 발판을 마련해 주고 있기 때문이다.

KIS
다문화교육 사례

PBL 기반의 베트남과 한국을 잇는 브릿지 프로젝트
—

    KIS 교사들은 다문화적 감수성을 함양하고 서로 다른 문화를 이해하며 존중하는 교육을 위해 '베트남과 한국을 잇는 브릿지 프로젝트'를 설계하고 실천하였다. 이 프로젝트는 PBL(프로젝트 기반 학습) 방식을 기반으로, 학생들이 문제를 직접 설정하고 이를 해결하는 과정을 통해 베트남과 한국의 문화적, 역사적 맥락을 탐구하며 공존과 협력의 가치를 배우는 것을 목표로 하였다. 프로젝트는 다음과 같은 문제를 설정하여 진행되었다: '어떻게 한국과 베트남을 촘촘하게 연결하는 브릿지를 만들 것인가?'이 질문은 학생들에게 역사와 문화적 교류의 의미를 깊이 고민하게 하였으며, 이를 바탕으로 탐구 활동의 방향성을 설정하였다. 프로젝트는 세 가지 주요 활동으로 구성되었으며, 각각을 첫 번째 브릿지, 두 번째 브릿지, 세 번째 브릿지로 명명하여 학생들이 두 문화 사이를 연결하는 다리 역할을 하도록 기획되었다.

    첫 번째 브릿지는 베트남 설날(뗏)[30]과 한국 설날의 전통과 문화를 비교

---

30   뗏(Tết) : 뗏(Tết)은 베트남의 설날로, 음력 새해를 기념하는 가장 큰 명절으로 공식 명칭은 **'뗏 응

하는 활동으로 시작되었다. 교사들은 학생들이 두 나라 설날의 역사적 배경과 주요 전통을 조사하도록 지도하며, 명절 속에 담긴 가족애와 공동체 정신을 이해하도록 이끌었다. 설날 음식을 직접 만들어보는 체험도 진행되었다. 학생들은 베트남의 반쯩[31]과 한국의 떡국을 만들며 두 나라의 전통 음식을 경험하고, 윷놀이와 제기차기 같은 한국 전통 놀이와 아오자이 그리기 등의 활동을 통해 설날의 의미를 더욱 깊이 체득하였다. 학생들은 설날의 의미를 시각적으로 표현하기 위해 포스터를 제작하고 발표하면서 자신들의 이해를 공유하였다. 이 활동을 통해 학생들은 설날이라는 공통 주제를 중심으로 두 나라 문화를 비교하며, 서로 다른 문화를 존중하는 태도를 배울 수 있었다. 또한, 학생들은 활동 과정에서 각 문화에 담긴 상징적 의미를 더 깊이 고민하며 가족, 전통, 공동체와 같은 가치를 새롭게 조명하였다.

두 번째 브릿지는 베트남 전래 동화를 중심으로 창의적 학습 경험을 하는 활동이었다. 교사들은 학생들에게 '수박의 전설', '달의 꾸어이 전설', '땀과 깜'과 같은 베트남 전래 동화를 소개하고, 이야기 속 교훈과 상징을 탐구하도록 지도하였다. 이후 학생들은 각 동화를 현대적 관점에서 재구성하고, 연기와 영상 제작 활동을 통해 창의력을 발휘하였다. QR 코드를 활용한 동화 영상은 학생들에게 시각적 학습 경험을 제공하며 다문화적 사고를 자극하였다. 학생들은 스토리보드를 작성하고, 대본을 만들고, 직접 연기와 촬영, 편집까지 모든 과정을 자율적으로 수행하며 협력의 중요성을 깨달았다. 완성된 영상은 학부모와 교사들에게 상영되어 학생들의 노력과 성과를 공유하는 계기가 되었다. 이 활동은 학생들에게 베트남 전통 문화를 창의적으

우옌 단(Tết Nguyên Đán)**이며, '첫 새벽의 축제'라는 뜻을 가지고 있음. 뗏은 가족, 전통, 조상에 대한 존경을 중심으로 다양한 의식과 축제가 펼쳐지는 시기로, 베트남 전역에서 풍성하게 기념됨.

31 반쯩(Bánh Chưng) : 베트남의 설날(뗏) 전통 음식으로, 찹쌀, 녹두, 돼지고기, 그리고 바나나 잎으로 만들어지는 네모난 모양의 찹쌀떡임. 이는 베트남의 풍요로운 농업문화와 조상에 대한 감사의 의미를 담고 있으며, 특히 뗏 명절에 없어서는 안 될 중요한 음식으로 여겨짐.

로 탐구하며 자신만의 시각으로 이야기를 해석하는 능력을 배양하도록 돕는 귀중한 기회였다. 특히, 학생들은 동화를 재해석하며 현대 사회의 문제를 반영하는 이야기를 만들어내는 과정에서 비판적 사고와 문제 해결 능력을 키웠다.

세 번째 브릿지는 베트남 독립기념일과 한국 광복절의 역사적 배경을 비교하는 활동으로 구성되었다. 교사들은 학생들이 베트남 독립선언문과 한국의 광복절 선언문을 분석하며 두 나라가 독립을 이루기 위해 겪은 희생과 노력의 공통점을 발견하도록 지도하였다. 또한, 호치민 주석과 한국의 독립운동가(안중근, 유관순 등)의 활동을 조사하며 역사적 영웅들의 역할을 이해하도록 도왔다. 학생들은 역사적 사건과 인물들의 행적을 바탕으로 두 나라의 독립운동이 현재의 평화와 어떻게 연결될 수 있는지를 토론하였다. 마지막으로, 학생들은 '평화와 공존'을 주제로 선언문을 작성하고 발표하며 자신의 생각을 공유하였다. 이 활동은 학생들에게 역사를 단순히 배우는 것을 넘어, 현재와 연결된 평화와 공존의 가치를 고민하는 기회를 제공하였다. 학생들은 선언문 작성 과정에서 세계 시민으로서의 책임감을 고민하며, 독립운동이 단순히 과거의 사건이 아니라 오늘날에도 지속적으로 논의되어야 할 주제임을 깨달았다.

프로젝트의 마지막 단계에서는 본교 중등 역사 교사가 초등학생들을 대상으로 특별 강의를 진행하여 베트남과 한국의 역사적 공통점과 차이점을 흥미롭게 전달하였다. 강의는 베트남의 락롱꾸언 신화와 한국 고조선의 단군 신화를 비교하며 두 나라의 문화적 뿌리를 설명하였다. 또한, 쩐 흥 다오와 이순신 장군의 이야기를 통해 외세 침략을 막아낸 영웅들의 업적을 소개하며 학생들이 역사 속에서 공통된 가치를 발견하도록 도왔다. 강의 이후에는 역사 퀴즈와 토론 활동을 통해 학생들이 배운 내용을 복습하고, 평화와 협력의 중요성에 대해 깊이 있는 논의를 진행하였다. 강의는 학생들에게 단순히 정보를 전달하는 데 그치지 않고, 과거의 역사적 사건이 현재의 글로벌 문제와 어떻게 연결될 수 있는지에 대한 통찰을 제공하였다.

'베트남과 한국을 잇는 브릿지 프로젝트'는 학생들에게 다문화적 감수성과 협력적 태도를 배양하는 효과적인 학습 경험을 제공하였다. 각 브릿지를 통해 학생들은 두 나라의 문화적, 역사적 맥락을 깊이 이해하며 공존의 가치를 체득하였다. 또한, 프로젝트 기반 학습 방식을 통해 학생들은 스스로 질문을 설정하고 문제를 해결하며 창의적이고 주도적인 학습 태도를 기를 수 있었다. 이와 같은 프로젝트 학습을 통해 학생들이 글로벌 시민으로 성장할 수 있는 기반을 마련하였으며, 앞으로도 다양한 문화와 역사를 탐구하는 통합적 다문화교육 프로그램을 지속적으로 발전시킬 계획이다.

다문화 학생 대상 상담 프로그램 운영

—

KIS에는 다문화 학생 중 학교 적응에 어려움을 겪는 경우가 있다. 부모님으로부터 충분한 관심을 받지 못해 자존감이 낮거나, 언어적 장벽으로 인해 학습 결손이 누적되어 높은 학업 부담을 느끼는 학생들도 있었다. 교우 관계에서 어려움을 겪거나 가족 내 스트레스를 경험하는 경우도 있었다.

이러한 학생들의 어려움을 돕기 위해 다문화 학생 대상 상담 프로그램을 운영하였다. 상담 프로그램은 담임 선생님과 각 반의 1~2명 소수 학생을 선정해 학생들의 어려움에 맞춘 프로그램을 진행하며, 지속적으로 면담과 관찰을 통해 정서적 안정을 도모하여 학교생활에 잘 적응하도록 도왔다.

대상 학생 선정을 위해 학교에서 실시한 표준화 심리검사 결과를 검토하였다. 네오 성격 검사[32]와 마인드핏 심리검사[33]를 통해 학교 적응도가 낮은 다문화 학생을 우선 선정하였으며, 국어와 수학 진단평가 결과를 참고하여 학업에 어려움을 겪는 학생들을 추가로 선정하였다. 또한, 담임 선생님의 의견을 반영하여 상담 프로그램이 필요하다고 판단되는 학생들도 포함하였다. 최종적으로 6명의 선생님이 한 팀이 되어 저학년, 중학년, 고학년 학생 6명을 고르게 선정하였다.

상담 프로그램은 첫 만남에서 라포 형성을 위해 외식을 함께하며 시작되었다. 학생들과 간식을 함께 먹으며 가족생활과 학교생활에 대한 이야기를 나눴다. 두 번째 단계로 심리검사를 실시하였고, 검사 결과를 바탕으로 학생들이 낮게 나온 영역을 상담하며, 결과 분석에서 제안된 방법을 실천할 수 있도록 지원하였다.

세 번째 단계에서는 올바른 수업 태도와 공부 방법에 대해 안내하였다. 학업 스트레스는 높지만, 성적이 낮은 학생들에게는 공책 정리와 복습 방법 등을 실천하게 하여 성적이 향상된 사례도 있었다. 이후 목표 설정과 시간 관리 수업을 통해 플래너 작성법을 지도하였으며, 꿈이 없는 학생들에게 비전의 중요성을 느끼게 해주었다. 또한, 교우 관계 향상을 위해 갈등 해결 방법을 익히며, 다툼 발생 시 갈등을 평화롭게 해결하고 사이좋게 지내는 방법을 학습하였다.

상담 프로그램에서는 자존감 향상과 가족 관계 개선 활동도 진행되었다. 예를 들어, 가족 어항 그림 그리기 활동을 통해 학생들이 긍정적인 자아정

---

32 빅 파이브 성격 이론을 기반으로 개인의 성격 특성을 평가하며, 학생의 성향 분석을 통해 맞춤형 진로 상담, 학습 지도, 그리고 대인 관계 개선을 위한 심리 상담에 활용된다.

33 성격, 감정, 인지적 특성을 종합적으로 분석하여 학생들의 정서적 안정, 학업 스트레스 관리, 대인 관계 개선, 그리고 진로 탐색을 위한 심리 상담 및 교육 프로그램에 활용된다.

체성을 형성하고 가족과의 관계를 돌아볼 기회를 제공하였다. 한 학생이 어머니를 무섭게 그려 마음이 아팠지만, 이 활동이 학생의 이야기를 듣고 가족 관계를 개선할 방법을 고민하게 만드는 계기가 되었다.

프로그램 운영 시간은 점심시간으로 한정되어 학생들과 선생님 모두 수고가 많았다. 하지만 제안제도 예산을 활용해 맛있는 간식을 제공하며 학생들의 흥미를 유도할 수 있었다. 마지막 소감 시간에 학생들은 프로그램이 큰 도움이 되었다고 말하며, 간식이 맛있었다고 웃음 짓는 모습이 인상적이었다.

마지막 심리검사에서 유의미한 성장이 나타나 더욱 보람을 느낄 수 있었다. 학교에서 다문화 학생들을 위해 여러 프로그램을 운영 중이지만, 이번처럼 담임 선생님과 도움이 필요한 학생들이 지속적으로 만남을 이어가며 적응을 돕는 상담은 특별히 의미 있었다. 특히 담임 선생님이 학생들에 대해 더 많은 관심을 갖게 되었고, 학부모 상담으로도 이어져 학생을 더욱 잘 이해하고 도울 수 있었다.

다만, 선생님의 많은 노력과 시간이 필요한 부분이므로 지속가능성을 확보하기 위해 학교의 지원과 관심이 필요하다고 느꼈다.

다문화 멘토링 및 튜터링 운영 수기

—

KIS에서는 다문화 학생들을 위한 멘토링 및 재능나눔 튜터링 제도를 운영하고 있다. 2017년부터 도입된 다문화 멘토링은 매년 200여 명 이상의 초 · 중등 학생들이 꾸준히 참여해오고 있다. 다문화가정의 초등학생과 고등학생을 1:1로 매칭하여 초등학생들의 한국어 능력 및 기초학습 능력 향상뿐만 아니라 한국학교와 한국문화에 적응하는 과정에서 정서적 안정감을 심어 주기 위한 취지로 시작된 다문화 멘토링은 문화 공존을 실천하는 KIS 대표 활동으로 자리매김하고 있다.

〈다문화 학생 지원 프로그램〉

구분	다문화 멘토링	재능나눔 튜터링
목표	– 다문화가정 학생들의 한국어 능력 및 기초학습 능력 향상 – 한국교육과정 및 문화이해를 통해 정체성 확립 – 멘토의 나눔과 배려교육을 통한 성장	– 기초 학습 능력이 낮은 학생들의 학습 능력 향상 – 특정 교과에 재능있는 고등학생이 초등학생을 대상으로 맞춤형 튜터링 제공 – 재능을 활용한 봉사활동
대상	– 멘토: 고등학생(10~12학년) – 멘티: 초등학생(1~6학년)	– 튜터: 고등학생(10~12학년) – 튜티: 초등학생(3~6학년, 기초학력 진단평가 결과 기준)
운영 방식	– 1:1 또는 1:2 지도 – 숙제 및 교과목 지도, 놀이학습	– 1:1 또는 1:2 지도 – 교과목별 맞춤형 튜터링 진행
운영 기간 및 장소	– 4월~11월, 초등학교 교실	– 4월~11월, 특별실
봉사 시간 인정	– 멘토링 계획서 및 소감문 제출 시 각 1시간 부여	
선정 기준	– 전년도 활동 성실도, 누적 활동 횟수, 지원서 성실성 평가	
특이사항	– 멘티, 튜티의 담임교사와 협력하여 진행 – 사전 교육 필수참석	

KIS는 한국과 베트남의 긴밀한 교류 속에서 점점 증가하는 한-베 다문화 학생들의 교육적 요구를 충족하기 위해 멘토링 프로그램을 더욱 체계적으로 운영하고 있다. 또한 2023년에 처음으로 도입된 재능나눔 튜터링 활동은 교과목별로 기초학력이 부진한 초등학생들을 선별해 고등학생과 1:1 매

칭을 통해 세심한 학습지도를 제공하는 활동으로 '기초학력 신장 및 수준에 맞는 개별화 교육'을 실현하고자 하는 2023년 KIS의 새로운 발전 목표를 실천하기 위해 야심 차게 기획됐다. 고등학생 10~12학년 학생들은 튜터가 되어 자신의 학습 경험과 다양한 재능을 초등학생에게 나누는 과정을 통해 자신의 능력을 펼치고, 멘티 학생들은 기초학력을 신장시킬 수 있는 기회를 얻어 서로 성장하고 발전하는 기회를 가져왔다.

이 프로그램은 특히 유·초·중·고가 한 울타리에서 통합적으로 운영되는 KIS의 구조적 강점을 활용해, 멘토와 멘티 간의 접근성을 높이고 효율적인 학습 지원을 가능하게 했다. 이와 더불어, 멘토링에 참여하는 고등학생들에게는 봉사활동 시간의 의미를 넘어 다문화 감수성을 함양하고 책임감을 배울 수 있는 소중한 경험을 제공하고 있다.

특히 KIS에서는 AI CLASSTING을 선진적으로 적용하여 재외한국학교로서는 처음으로 초등학교 전 학년에 도입하고 있으며, 재능나눔 튜터링에서도 이를 적극 활용하고 있다. CLASSTING AI는 인공지능기술을 통해 학생들 개개인의 수준을 파악하여 학업성취도 진단에서부터 개인별 맞춤형 피드백을 제공하여 자기주도학습을 완성 시킬 수 있도록 돕는 프로그램이다. 재능나눔 튜터링에 참가하게 된 초등학생들은 학기 초에 실시한 국가수준 진단평가를 통해 수학교과에 추가적인 보충지도가 필요한 학생들로 튜터링이 진행되는 동안 CLASSTING AI 프로그램을 통해 학생 개별 수준에 맞는 체계적인 학습 튜터링을 제공 받을 수 있었다.

다문화 멘토링은 학습 지원의 역할뿐만 아니라 학생 간의 유대를 강화하고 다문화적 이해를 높이는 데에도 중점을 두고 있다. 멘토와 멘티가 함께 활동하며 얻는 정서적 안정감은 학교 내외에서 긍정적인 영향을 미치며, 서로 다른 배경을 가진 학생들 간의 교류를 통해 편견과 고정관념을 허

물고 있다.

　재능나눔 튜터링에 참가하는 고등학생들도 이 같은 취지를 잘 살리기 위해 연수 및 사전 교육을 통해 프로그램을 활용한 짜임새 있는 교육계획서를 제출하는 등 재능나눔 튜터링의 첫 출발을 끊게 된 기쁨과 설렘을 내실 있는 튜터링 활동을 통해 보답하고자 노력하는 모습을 보여 앞으로의 성과에 대한 기대감을 더 높였다.

　다문화 멘토링 활동을 마친 학생들의 전체 소감문에서 발췌한 단어들에서는 다양한 학생들의 생각이 드러나 있다. 개인에 따라서는 '봉사활동 시간'이라는 요소가 가장 큰 참여동기였을 수도 있지만, 한 사람을 온전히 이해하고, 가까워지기 위해 노력했던 모습, 선배이자 선생님으로 멘티들을 이끌면서 느꼈던 행복과 추억들은 그들의 삶을 살아가는데 값진 경험일 것이다. KIS에서는 점점 늘어나는 다문화 학생들이 온전한 학교 구성원이자 대한민국 국민으로 성장할 수 있도록 그리고, 타인의 어려움을 헤아리고 먼저 손을 내미는 공감 능력과 따스함을 가진 학생들로 성장하도록 많은 아이디어를 만들어 내고 있다.

　KIS의 다문화 멘토링은 다문화적 감수성과 학습 지원 능력을 키우는 동시에, 참여 학생들에게 개인적 성취감을 제공하는 귀중한 활동으로 자리 잡고 있다. 다문화가정 학생들이 한국어와 베트남어, 그리고 영어를 모두 배우며 자신만의 정체성을 확립할 수 있도록 돕는 이 프로그램은 다문화 시대에 부응하는 교육 모델로 평가받고 있다.

다문화교육 기사

다문화 멘토링 기사

베트남 전설 동화
'수박의 전설'

베트남 전설 동화
'달과 꾸어이'

베트남 동화 '땀과 깜'

5장

KIS SDGs 수업:
우리가 만드는
미래

KIS
SDGs 수업의 특별함

왜 SDGs 수업을 시작해야 하는가?

지속가능발전목표(SDGs)[34]는 2015년 유엔에서 채택된 17개의 글로벌 목표로, 2030년까지 빈곤 퇴치, 불평등 감소, 지구 환경 보호를 위해 전 세계가 협력하는 것을 목표로 한다. 이 목표는 기후 변화, 생물 다양성 감소, 물 부족, 경제적 불평등, 그리고 코로나19 팬데믹과 같은 전 지구적 위기에서 비롯되었다. 기후 변화는 지구 온난화와 자연재난의 증가를 야기해 "기후 변화 대응"(목표 13번)의 중요성을 강조하며, 생태계 붕괴는 "육상 및 해양 생태계 보존"(목표 14 · 15번)의 필요성을 부각시킨다. 또한, 물 부족 문제는 "깨끗한 물과 위생"(목표 6번)과 연결되고, 경제적 불평등은 "빈곤 종식" 및 "불평등 해소"(목표 1 · 10번)로 해결하고자 한다. 마지막으로, 코로나19 팬데믹은 보건 위기의 심각성을 드러내며 "건강과 웰빙 보장"(목표 3번)을 위한 글로벌 협력의 필요성을 강조했다.[35]

---

34 국가 지속가능발전 포털(https://www.ncsd.go.kr/)은 대한민국의 지속가능발전목표(K–SDGs)와 관련된 종합 정보를 제공하는 공식 웹사이트로, 빈곤, 성평등, 생태계 등 다양한 주제에 대한 교육자료와 정책보고서를 제공한다.

35 그 외에 목표 2번 "식량안보 및 지속가능한 농업강화", 4번 "모두를 위한 양질의 교육", 7번 "에너지의 친환경적 생산과 소비", 8번 "좋은 일자리 확대와 경제성장", 11번"지속가능한 도시와 주거지 조성", 12

SDGs의 17개 목표는 정부와 기업의 노력만으로는 달성하기 어렵기 때문에, 교육을 통한 인식 변화와 행동 실천이 필수적이다. 특히 학교 교육은 차세대 시민들이 지속 가능한 미래를 준비할 수 있도록 돕는 중요한 역할을 한다. 학교는 단순히 SDGs의 목표를 전달하는 것을 넘어서, 학생들이 이를 실제 삶에서 어떻게 실천할 수 있는지에 대한 방법을 제시해야 한다. 이를 통해 학생들은 미래의 문제를 해결할 수 있는 책임감을 가진 글로벌 시민으로 성장하게 된다. SDGs 교육은 학습과 행동을 연결함으로써, 학생들이 지속 가능한 삶을 경험하고 실천할 수 있는 기회를 제공한다.

핀란드와 같은 북유럽 국가들은 SDGs를 교육 시스템에 통합한 좋은 사례이다. 이들 국가에서는 환경 보호, 인권, 평화와 같은 주제를 교육에 포함시키며, 학생들이 실제 문제 해결 능력을 기르고, 이를 실천할 수 있도록 다양한 체험 기회를 제공한다. 이러한 교육은 단순한 지식 전달을 넘어, 학생들이 사회에 기여할 수 있는 시민으로 성장하도록 돕는다.

베트남에서 근무 중인 교사들은 학교와 지역사회에서 발생하는 여러 문제를 통해 지속가능한 미래에 대해 고민한다. 예를 들어, 동네 길거리에는 분리수거되지 않은 쓰레기들이 널려 있고, 거리에는 공회전 중인 차량이 주차되어 있으며, 일회용품 사용이 넘쳐난다. 도로에는 차량으로 가득 차 있고, 많은 양의 음식물이 남겨져 버려진다. 에어컨이 켜진 채로 문을 열어 놓은 상점들이 있는 등, 여러 가지 상황에서 에너지 낭비가 발생하고 있다. 이런 상황들을 쉽게 접할 때마다, 몇몇 선진국만의 실천으로는 글로벌 환경 문제를 해결할 수 없다는 사실을 깨닫게 된다.

한국에서는 높은 시민의식과 환경 보호를 위한 실천이 이미 자리를 잡고 있어, SDGs와 같은 교육적 필요성에 대해 깊이 인식하지 못할 때가 많았다.

번 "지속가능한 도시와 주거지 조성", 15번 "육상생태계 보전"을 교육 주제로 사용하였다.

깔끔하게 정돈된 거리와 체계적인 쓰레기 배출 시스템, 철저한 재활용 정책 등은 환경에 대한 높은 의식을 자연스럽게 실천할 수 있는 기준선을 만들어 주었다. 그러나 베트남에 와서 실제로 살아보니, 모든 나라가 한국처럼 환경 의식이 높고 체계적인 실천을 하고 있지 않다는 점을 절실히 느끼게 되었다. 이런 차이를 경험하면서, SDGs가 왜 중요한지, 그리고 이를 교육을 통해 실현해야 하는 이유를 더욱 뚜렷하게 깨닫게 된다.

'지속가능성'이라는 개념이 더 이상 단순한 구호가 아니라 우리 삶에 필수적인 과제가 되었다. 이제 SDGs 교육이 선택이 아닌 필수가 되었으며, 학생들은 실천을 통해 세상을 더 나은 방향으로 변화시킬 수 있는 역량을 가져야 한다.

KIS 교직원들은 자연스럽게 SDGs 공감대를 형성했고, 공감대는 학교 차원의 변화로 이어졌다. 2023년 학년말, 전 교직원이 의견을 모아 학교의 비전을 새롭게 수정했다. '지속 가능한 미래를 함께 만들어가는 인재 양성'이라는 비전이 학교의 핵심 목표로 설정되었다.

학교의 비전이 변화하면서 교육활동의 방향도 바뀌었다. 교사들은 각자의 수업에서 지속가능성을 주제로 한 프로젝트와 과제를 구상하게 되었고, 학교 전체가 '지속가능한 사회'를 만들어가기 위한 실천 방법들을 논의하기 시작했다. 교내 연구회와 전학공(전문적 학습공동체)에서는 SDGs와 관련된 연구와 활동이 활발히 진행되었으며, 교사들은 환경, 사회, 경제 문제와 연계된 새로운 교육 방향을 탐구하게 되었다.

이 변화는 교실에서도 실질적으로 반영되었다. 수업은 이제 시험을 위한 지식 전달을 넘어서, 학생들이 일상에서 실천할 수 있는 지속가능한 방법들을 탐구하는 방향으로 나아갔다. 분리수거, 잔반 줄이기, 에너지 절약 등 다양한 실천을 통해 학생들은 "내가 사는 세상을 위해 무엇을 할 수 있을까?"

라는 질문을 고민하게 되었다. 수업 중에는 학생들이 환경과 사회 문제에 대해 생각을 나누고, "어떤 세상에서 살고 싶냐?"는 질문에 더 깨끗하고 안전한 세상을 원한다는 의견을 나누기도 했다. 이 작은 목소리들이 모여 큰 변화로 이어질 수 있다는 가능성을 만들어 낸 것이다.

학생들은 교사들의 변화된 교육 방식을 자연스럽게 받아들이며, 학교의 새로운 비전과 방향에 공감하고 있다. 학급에서는 환경 보호와 지속가능한 생활 습관을 주제로 한 토론이 이루어졌고, '나만의 SDGs 실천 계획 세우기'와 같은 프로젝트가 진행되었다. 학생들은 자신의 일상에서 실천할 수 있는 방법을 고민하며, 점차 '지속가능한 사회'를 위한 구체적인 행동을 그려 나갔다. 이제 SDGs는 학교 구성원 모두에게 실질적인 목표이자, 함께 만들어가야 할 비전으로 자리 잡았다.

KIS는 지속가능한 미래를 위해 교육활동을 새롭게 정의하고, 이를 학생들에게 전달하는 데 집중하고 있다. 학교의 새로운 비전은 단순히 구호에 그치지 않고, 실제 생활과 교육활동에서 실천 가능한 목표로 실현되고 있다. 지속가능성은 이제 KIS가 추구하는 교육의 핵심 가치로, 학생들이 이러한 가치를 실천하고 변화를 이끌어 나가는 중요한 역할을 하게 될 것이다.

KIS
SDGs 수업 만들기

SDGs 교육의 중심축: 프로젝트 기반 학습
—

프로젝트 기반 학습(PBL, Project-Based Learning)은 SDGs 실천에 있어 중요한 학습 방법 중 하나로, 학생들이 스스로 문제를 인식하고 해결 방안을 모색하는 능력을 기르는 데 큰 역할을 한다. 이 학습 방식은 단순한 이론적 학습에서 벗어나 실질적인 문제 해결 경험을 제공하며, 학생들이 주도적으로 학습에 참여하도록 돕는다. 예를 들어, "SDGs 나무의 집 만들기" 프로젝트는 학생들이 17가지 SDGs 목표를 시각적으로 표현하고, 이를 통해 지속가능한 사회를 위한 개인의 기여를 직접 경험하는 활동이다. 이 프로젝트는 학생들이 작은 실천이 큰 변화를 가져올 수 있음을 깨닫게 하며, 문제 해결 능력과 창의적 사고력을 키우는 데 기여한다.

PBL의 가장 큰 장점 중 하나는 실질적이고 구체적인 경험을 통해 학습이 이루어진다는 점이다. 학생들은 교실 안에서만 지식을 배우는 것이 아니라, 다양한 사회 문제를 직접 탐구하고 해결 방법을 모색하면서 학습 내용을 실제 상황에 적용할 수 있게 된다. 이 과정에서 학생들은 문제 해결을 위한 다양한 자료를 조사하고, 팀원들과 협력하여 해결책을 도출하는 등 협동과 소통 능력을 기른다. 이러한 활동은 단순히 지식을 축적하는 것이 아니라, 비판적 사고와 창의적 문제 해결 능력을 함께 함양하는 데 중점을 둔다.

또한, PBL은 학생들에게 책임감과 주인의식을 키워준다. SDGs와 같은 글로벌 문제들은 거시적이고 복잡한 성격을 가지고 있지만, PBL을 통해 학생들은 이러한 문제를 작은 단위로 나누어 분석하고, 자신이 기여할 수 있는 부분을 찾게 된다. 이를 통해 개인적 기여의 중요성을 인식하고, 자신이 속한 공동체와 사회에 대한 책임감을 키울 수 있다. 예를 들어, 학생들이 플라스틱 쓰레기 문제에 대해 탐구하고 이를 줄이기 위한 프로젝트를 진행한다면, 그들은 자신이 할 수 있는 작은 행동 하나가 환경에 미치는 영향을 직접 체험하게 된다. 이는 궁극적으로 지속가능한 삶에 대한 적극적인 실천 의지를 키우는 데 도움을 준다.

뿐만 아니라, PBL은 교과 간 경계를 허물고 통합적 학습을 가능하게 한다. 과학, 체육, 음악 등 다양한 교과에서도 SDGs와 연계한 프로젝트가 진행되며, 이를 통해 학생들은 교과목에서 배운 지식을 실제 문제 해결에 적용할 수 있다. 과학 수업에서는 재생 가능 에너지와 기후 변화 문제를 탐구하고, 체육 수업에서는 건강과 웰빙을 주제로 한 신체 활동을 통해 SDGs 목표를 실천할 수 있는 기회를 제공한다. 예를 들어, 학생들이 재활용품을 활용한 의류 제작 프로젝트를 통해 창의적인 디자인을 실현하면서 환경 보호의 중요성을 배우고, 이러한 활동이 사회적 문제 해결로 이어질 수 있음을 깨닫게 된다.

KIS만의 프로젝트 기반 SDGs교육활동 목록만들기

———

KIS는 베트남 호치민시에 위치한 한국학교이다. 기존 한국 교육 현장에서 사용되었던 SDGs 교육자료는 본교 학생들의 실생활 적용과 동기유발에 적합하지 않았기에, 교사들은 협의를 거쳐 베트남 현지의 문제를 심층적으로 조사·분석하고 자체 자료를 제작하였다. 이를 통해 학생들이 실제 생활 공간인 베트남에서 직면하는 물 부족, 환경 오염, 교통 혼잡, 문화 보존 문제 등 다양한 이슈를 학습 주제로 삼을 수 있도록 하였다. 학생들은 자신의 일상과 밀접하게 연관된 문제 상황에 자연스럽게 관심을 가지게 되고, 이를 바탕으로 직접 해결 방안을 고민하며 실천한다.

특히 SDGs 교육과정을 운영하는 학교라면, 지역사회의 현황·문제·이슈를 파악하고 이를 교실로 끌어오는 체계적인 준비가 필수적이다. 본교는 이러한 준비 과정의 중요성을 인식하고, 학생들이 실제 지역사회 문제를 깊이 있게 다룰 수 있도록 프로젝트 기반 학습을 적극 활용하였다. "배움의 동기는 실재적 문제에서 비롯된다."는 원칙을 바탕으로, 베트남 현지의 문화·역사·지리·환경 등을 통합적으로 학습하며 비판적 사고와 창의력을 키우는 데 중점을 두고 있다.

이러한 프로젝트를 통해 학생들은 자신이 제안하고 실행한 결과물을 지역사회와 긴밀히 연계하여 실제 변화를 이끌어낸다. 이 과정에서 글로벌 시민으로서의 책임감을 기르고, 살아가는 지역사회에 긍정적인 변화를 만들어가는 주체적인 학습자로 성장한다.

이러한 취지에서, 지역 특성에 맞는 SDGs 수업을 위해 본교 교사들이 조사·정리한 PBL 주제 목록을 아래에 공유한다. 본 자료가 SDGs 교육과정을 운영하려는 한국 내 다른 학교에도 유용하게 참고 되길 바란다.

교사들이 정리한 KIS 프로젝트 기반 SDGs 교육활동 목록

번호	주제	문제의식	관련교과	관련목표
1	메콩강 삼각주의 물 부족 문제	· 베트남 주요 쌀 생산지 · 해수면 상승으로 염수 침투 · 수확량 급감으로 주민들의 경제적 불평등 심화와 이주	과학, 사회, 지구과학, 환경과학, 기술(컴퓨터 활용 및 디자인), 미술, 윤리(도덕), 경제, AI 활용	6, 13
2	소수민족 아동 교육	· 산악에 거주하는 소수민족 · 학교 교육의 어려움으로 인한 사회적 불평등 심화	사회, 국어, 과학, 기술(컴퓨터 활용 및 코딩), 미술, 윤리(도덕), AI 활용	4, 10
3	소수민족 문화 소멸	· 도시화와 현대화 · 전통문화의 상품화 · 언어 소멸, 다양성 훼손으로 정체성 위협	사회, 음악, 미술, 국어, 기술(컴퓨터 활용 및 디지털 디자인), 윤리(도덕), AI 활용	10, 16
4	홍수 및 배수 문제	· 급속한 도시화에 배수 시스템 미확충 · 폭우로 인한 침수 피해 · 경제, 건강 문제	과학, 기술(디자인 및 컴퓨터 활용), 지구과학, 환경과학, 사회, 미술, AI 활용	11, 13
5	전통시장 현대화와 지속가능성	· 벤탄 시장의 관광지화 · 위생, 과도한 쓰레기 문제 · 시장 현대와로 기존 소상공인의 이탈과 생계 어려움	사회, 경제, 과학, 기술(디지털 디자인 및 AI 활용), 미술, 윤리	8, 12
6	해양 쓰레기 문제	· 긴 해안선, 해양 자원 · 붕따우 해안 쓰레기 · 해양 생물 서식지 위험	과학, 환경, 기술(재활용 및 디자인), 미술, 윤리, AI 활용	14, 12
7	길거리 아이들의 복지 문제	· 가난한 아이들의 교육 결여 · 신체적, 정신적 학대 노출 · 경제적 불평등 심화	사회, 윤리(도덕), 국어, 기술, 미술, 경제	1, 4
8	베트남 농촌 지역의 식량 낭비 문제	· 수확 후 보관 시설 부족 · 비효율적 유통 구조로 농산물 낭비가 심각함 · 식량 안보 위협	과학, 사회, 경제, 기술(디자인 및 컴퓨터 활용), 미술, 윤리	2, 12
9	도시 교통 혼잡과 오토바이 문제	· 주요 교통수단인 오토바이 · 도시 교통 혼잡, 교통사고 · 대기 오염, 건강 문제	과학, 사회, 기술(도시 설계 및 컴퓨터 활용), 지구과학, 환경과학, 윤리	11, 13

10	빈곤층을 위한 주택 문제	· 급격한 도시화로 열악한 주거 환경 · 불법 건축물 난립 · 사회적 불평들의 대물림	사회, 과학, 기술(건축 설계 및 AI 활용), 미술, 윤리, 환경과학	1, 11
11	플라스틱 사용 문제	· 길거리 음식 문화, 음식 배달 문화의 발달 · 일회용품 사용의 심화 · 토양, 수질 오염	과학, 환경, 기술(소재 개발 및 디자인), 미술, 윤리, AI 활용	12, 14
12	학교 급식의 건강 문제	· 일부 학교의 영양가 없는 급식이나 지나친 고열량 위주의 식단 제공 · 음식물 쓰레기 문제	과학, 사회, 기술(식품 디자인), 윤리(도덕), 환경, 미술	3, 12
13	일회용 배달 포장재 문제	· 배달 문화의 활성화 · 음식, 물품 등 모든 물품에 1회용 포장재 사용 · 환경문제 심화	과학, 환경, 기술(디자인 및 소재 개발), 윤리(도덕), 미술, AI 활용	12, 14
14	호치민시의 에너지 소비 문제	· 대규모 공업 단지와 상업 지역 · 에너지 소비량의 급증, 화석 연료 의존도 높음 · 주민 인식 부족, 기술 인프라 한계	과학, 기술(에너지 및 AI 활용), 사회, 윤리(도덕), 미술	7, 13
15	전통 공예 산업의 쇠퇴	· 마을 단위 전통 공예 산업 · 현대와 대량 생산 체계 도입으로 공예마을 쇠퇴 · 전통 단절의 위험	미술, 기술(디자인 및 컴퓨터 활용), 사회, 윤리, 경제	8, 12
16	열대 우림 벌채 문제	· 고무나무와 커피나무 재배로 인한 대규모 개간으로 남부 열대 우림 파괴와 동식물 종의 멸종 위기 · 토양 침식과 수일 오염	과학, 환경, 사회, 윤리(도덕), 미술, 기술(디지털 지도 설계 및 AI 활용)	15, 13
17	빈곤 가정의 디지털 격차 문제	· 가정 빈부에 따른 디지털 격차 심화 · 사회적, 문화적 격차 신화	사회, 과학, 기술(컴퓨터 활용 및 코딩), 윤리(도덕), AI 활용	4, 10
18	호치민시의 공원 부족 문제	· 급격한 도시 개발로 기존 녹지 감소 · 녹지 부족, 주민들의 신체적, 정신적 건강에 악영향을 미침	과학, 사회, 환경, 기술(도시 설계 및 컴퓨터 활용), 미술, 윤리	11, 3

19	베트남 청소년의 건강 문제 (비만과 운동 부족)	· 도시화, 서구화된 식습관으로 청소년 비만 증가 · 개인의 건강과 사회적 비용 증가	체육, 과학, 윤리(도덕), 기술(앱 개발 및 AI 활용), 사회	3, 12
20	베트남의 전통 축제 상업화 문제	· 축제의 상업화 · 전통 요소의 훼손 · 축제 기간의 쓰레기와 자원 낭비, 환경 문제 야기	사회, 미술, 윤리(도덕), 환경, 기술(디자인 및 AI 활용)	11, 12

통합 교육과정 운영으로 재구성

—

　　　　SDGs 수업을 만들기 위하여 통합 교육과정 운영으로의 재구성은 필수적이며, 그 이유는 다음과 같다. 첫째, 지역과 학교의 특성을 반영하는 교육이 필요하다. 지역사회와 학교의 특성은 교육 내용의 방향을 결정짓는 중요한 요소다. 예를 들어, 베트남에서는 플라스틱 쓰레기 문제와 일회용품 사용 문제, 에너지 낭비가 주요 환경 문제로 대두되고 있다. 이를 반영하여 학교 자체 교과서를 만들어야 하며, 기존 한국 중심의 교과서 지문 대신 지역 밀착형 자료를 제공해야 한다. 이를 위해 베트남의 문화, 환경, 경제 등과 관련된 현지 사례를 풍부하게 수집하고, 학생들의 삶과 밀접하게 연결된 자료로 구성해야 한다. 예를 들어, 베트남의 전통 농업 방식과 현대적 지속가능성 사례를 교재에 포함시키거나, 현지 환경 문제를 다룬 활동 자료를 제공하여 학생들이 이론과 현실을 통합적으로 이해할 수 있도록 해야 한다. 또한, 현지 교사와 협력하여 수업에서 활용할 수 있는 추가 자료와 프로젝트 아이디어를 개발함으로써 학생들의 참여와 몰입을 더욱 촉진할 수 있다.

　　　　둘째, SDGs와 같은 새로운 학습 주제를 효과적으로 운영하기 위해서는 시수 부족 문제를 해결해야 한다. 시수 부족 문제는 기존 교과와의 병행 운영에서 발생하며, 새로운 주제를 다룰 추가 시간을 확보하기 어려운 상황 때문이다. 특히 SDGs와 같은 통합적이고 포괄적인 주제는 각 교과의 내용을 충분히 아우르기 위해 더 많은 시간이 필요하다. 이를 해결하기 위해 교과 내에서 중복되는 내용을 조정하거나, 방과후 활동과 특별 프로젝트 시간을 활용하여 추가 시수를 확보하는 방안을 고려해야 한다. 또한, 기존 교과와 SDGs 목표를 융합하여 시수를 효과적으로 사용할 수 있도록 교사들이 수업을 재구성하는 것이 중요하다. 예를 들어, 과학 수업에서는 재생 가능 에너지에 대해 배우고, 국어 수업에서는 SDGs 목표와 관련된 창작 활동을 진행하는 등 융합형 학습을 적용하면 시수 활용을 극대화할 수 있다.

셋째, 학생들의 흥미와 몰입을 유도하는 학습 환경이 필요하다. 학생들이 자발적으로 학습에 참여하고 몰입할 수 있도록 체험활동과 게임 기반 학습 같은 흥미로운 학습 방법을 적용해야 한다. 예를 들어, "지속 가능한 미래 도시 설계" 프로젝트를 통해 학생들이 자신의 창의력을 발휘하며 SDGs 목표를 실질적으로 경험하게 하는 방식이 효과적이다. 이 프로젝트는 여러 교과가 융합되어 학생들이 다양한 학문적 관점에서 문제를 탐구할 수 있도록 돕는다. 과학, 사회, 예술 등의 과목이 결합된 프로젝트는 책과 글자로만 배우는 수업을 넘어, 결과물로 이어지고 세상을 바꾸는 영향력을 경험하게 한다. 이러한 활동은 학생들의 학습 동기와 몰입도를 높이는 데 기여하며, 실질적인 문제 해결 능력과 창의력을 키우는 데 도움을 준다.

통합 교육과정 운영 원칙
—

첫째, 실제 생활과의 연계를 강화한다. 학생들이 학습한 내용을 일상생활과 유기적으로 연결할 수 있도록 교육 내용을 설계해야 한다. 이는 학생들이 배운 지식이 단순히 교실 안에서 끝나는 것이 아니라, 실제 삶 속에서 의미를 가지고 활용될 수 있음을 깨닫게 하는 데 중점을 둔다. 이를 위해 교사는 학생들이 지역사회 문제를 탐구하거나 직접 실천할 수 있는 작은 행동 계획을 세우도록 유도해야 한다. 예를 들어, 학생들이 지역사회의 일회용 플라스틱 사용 문제를 줄이기 위한 캠페인을 기획하고 실행하는 과정에 참여한다면, 학습 내용을 실질적으로 체화하고 자신감과 책임감을 동시에 배양할 수 있다. 지역사회와 연계된 체험학습, 봉사활동, 창의적 아이디어 발표 대회와 같은 프로그램도 학습의 연계를 강화하는 데 효과적이다.

둘째, 문제해결력을 키우는 데 중점을 둔다. SDGs 목표는 환경, 경제, 사회 등 다양한 분야의 복잡하고 다층적인 문제를 포함하고 있으며, 이를 해결하기 위해서는 학생들이 문제를 비판적으로 분석하고 창의적으로 해결할 수 있는 능력을 갖추는 것이 필수적이다. 교사가 정답을 제시하지 않고, 학생들이 스스로 문제를 탐구할 수 있도록 비계(Scaffolding)를 제공하고 질문 중심으로 이끌어가는 것이 중요하다. 이를 통해 학생들은 단순히 문제를 인식하는 데 그치지 않고, 해결 방안을 고민하고 실행하는 경험을 얻게 된다. 예를 들어, "에너지 절약 캠페인" 프로젝트에서는 교사가 해결책을 제시하지 않고, "우리 학교의 전기 사용량을 줄일 방법은 무엇일까?"와 같은 질문을 던짐으로써 학생들이 스스로 답을 찾아가도록 유도한다. 이러한 과정은 창의적이고 비판적인 사고력을 키우는 동시에, 실질적인 문제 해결 능력도 함께 배양할 수 있다. 또한, 학생들이 프로젝트를 통해 학습한 내용을 발표하거나 공유함으로써 성취감을 느끼고 학습 동기를 강화할 수 있다.

셋째, 협력적 학습 환경을 조성한다. SDGs는 전 세계적인 협력이 필요한 공동의 과제이며, 이를 해결하기 위해 협력과 소통은 필수적인 역량이다. 따라서 학습 환경에도 이러한 가치를 반영하여 학생들이 함께 문제를 탐구하고 해결책을 도출할 수 있는 협력적 학습 환경을 설계해야 한다. 조별 프로젝트, 토론 중심 수업, 역할극 등 다양한 협력 학습 방식을 통해 학생들이 서로 다른 시각에서 문제를 바라보고 논의할 수 있는 기회를 제공해야 한다. 예를 들어, 학생들이 다문화적 관점을 고려하여 "다양성을 존중하는 학교 문화 만들기" 프로젝트를 진행하게 한다면, 협력적 사고와 효과적인 의사소통 기술을 배우게 된다. 또한, 다양한 배경을 가진 학생들 간의 협력을 통해 서로의 의견을 존중하고 사회적 갈등을 평화적으로 해결하는 능력을 키울 수 있다. 이러한 학습 경험은 학생들에게 단순히 학문적 지식을 넘어, 사회와 세계를 바꾸는 데 필요한 실질적인 역량을 길러준다.

통합 교육과정 운영 방법

첫째, 교과 내 재구성을 한다. 개별 교과에서 SDGs와 연계된 학습 내용을 강화하고 이를 학생들에게 실질적으로 경험하도록 하는 방식이다. 예를 들어, 과학 교과에서는 기후 변화, 재생 가능 에너지, 생태계 보호 등을 다루며, 사회 교과에서는 빈곤과 불평등 문제를 중심으로 한 학습 내용을 구성한다. 국어 교과에서는 SDGs 목표를 주제로 한 문학 작품을 읽거나, 관련된 창작 활동을 통해 학습 내용을 더욱 풍부하게 할 수 있다.

이러한 교과 내 재구성은 학생들에게 학문적 내용을 넘어선 실질적인 문제를 경험하게 하며, 학습의 흥미와 동기를 동시에 유발한다.

둘째, 교과 간 통합을 한다. 여러 교과를 연계하여 SDGs 목표를 다양한 관점에서 탐구할 수 있는 수업을 설계한다. 예를 들어, 과학과 예술 교과를 융합하여 "지속 가능한 미래 도시 디자인" 프로젝트를 진행하거나, 국어와 사회 교과를 융합하여 "기후 변화와 사회적 불평등"에 대한 에세이 작성 프로젝트를 진행할 수 있다. 음악과 체육 교과를 연계하여 "에코 콘서트 기획"이나 "지속가능한 생활 습관 캠페인"과 같은 창의적이고 실질적인 프로젝트를 진행하는 것도 하나의 방법이다. 이를 통해 학생들은 다양한 학문적 관점과 접근 방식을 배우며, 문제 해결을 위한 창의적인 통찰력을 키울 수 있다.

셋째, 학생 참여형 수업을 실시한다. 학생들이 학습의 주체가 되어 직접 문제를 제기하고 해결하는 과정에 참여하도록 한다. PBL을 적극 활용하여 학생들이 주도적으로 학습에 참여하고 실제적인 문제 해결 경험을 쌓을 수 있는 기회를 제공한다. 예를 들어, "우리 학교의 쓰레기 문제 해결" 프로젝트를 통해 학생들이 문제를 조사하고, 해결 방안을 실행하며, 학습의 주도성과 책임감을 동시에 기를 수 있다. 또한, 학생들은 프로젝트 과정에서 협력, 비판적 사고, 창의력 등의 핵심 역량을 함양하게 된다. 수업의 평가 또한 학생 중심의 활동을 반영하여 포트폴리오나 성찰일지 작성을 포함하고, 학생들이 학습 과정에서 경험한 성취와 한계를 스스로 평가할 수 있는 기회를 제공해야 한다.

이러한 통합 교육과정 운영 방법은 학생들이 SDGs 목표를 보다 깊이 이해하고, 이를 통해 미래 사회를 주도적으로 이끌어갈 역량을 키우는 데 기여할 것이다.

학년별 주요 SDGs 활동(초등학교)

1학년	한국음식 만들기(SDG 2), 한국 전통과자 맛보기(SDG 3), 태극 바람개비 만들기(SDG 4), 한국과 베트남의 협동화 꾸미기(SDG 16), 협력 딱지 치기(SDG 17) 등의 활동을 통해 식량문제, 건강, 교육, 평화, 협력을 배운다. 학생들이 SDGs의 다양한 목표를 쉽고 재미있게 접할 수 있도록 구성되었다.
2학년	세계 여행하기, 세계의 음식 축제(SDG 3), 다른 나라의 놀이감 만들기(SDG 10), 마을을 위해서 해보기(SDG 11), 마을 탐험하기(SDG 16), 다른 나라와 만나기(SDG 16)와 같은 활동을 통해 글로벌 시민의식을 기르고, 불평등과 지역사회 문제를 해결하는 방법을 배운다. 다양한 문화를 체험하고 이해하며, 협동과 소통의 중요성을 체득하게 된다.
3학년	학교생활 및 안전교육(SDG 3), 도서관 활용 교육(SDG 4), 성폭력 예방교육(SDG 5), 간이 수질정화 필터 만들기(SDG 6), 민화부채 만들기(SDG 13) 등을 통해 건강, 성평등, 환경 보호 등의 주제를 다룬다. 학생들이 사회 문제와 환경 문제를 인식하고, 실질적인 해결 방법을 학습할 수 있도록 돕는다.
4학년	SDGs 앞치마 꾸미기(SDG 4), 프로젝트 발표회(SDG 4), 식물 심기(SDG 15), 걷고 줍고 플로깅(SDG 15) 활동을 통해 자연과 인간의 상호작용을 배우고, 환경 보호의 중요성을 몸소 체험한다. 캠페인 활동을 통해 SDGs의 메시지를 널리 알리고, 실천할 수 있는 능력을 기른다.
5학년	건강한 간식 만들기(SDG 2), SDGs 나만의 책 만들기(SDG 4), 오호 만들기(SDG 12) 등의 활동을 통해 책임 있는 소비와 생산의 중요성을 배우며, 학생들이 일상에서 실천할 수 있는 지속 가능한 행동들을 학습한다.
6학년	표준화 심리검사 및 생명존중 수업(SDG 3), 재생 가능 에너지(SDG 7), 햄버거 가게 창업하기(SDG 8), 재활용품 옷 만들기(SDG 12), 독도 사랑 캠페인(SDG 16)을 통해 에너지와 경제, 환경 보호, 평화와 정의에 대해 배운다. 학생들은 글로벌 문제를 인식하고, 창의적이고 지속 가능한 해결 방법을 탐색하는 능력을 기른다.

KIS
SDGs 수업을 만들어낸 힘

읽·걷·쓰: 지속 가능한 미래를 위한 인문학적 소양 키우기
—

        SDGs가 성공적으로 실천되기 위해서는 하드웨어적인 접근보다 소프트웨어적인 접근이 더욱 중요하다. 이는 단순히 물질적 이익이나 외형적 발전을 넘어서, 사람들의 인문학적 소양과 철학적 사고를 바탕으로 지속가능한 미래를 만들어가는 데 초점이 맞춰져야 한다. 읽 · 걷 · 쓰 활동은 이러한 심적 소양을 키우는 데 최적의 도구이며, 학생들뿐만 아니라 사회 구성원 전체가 함께 참여해야 할 중요한 교육적 활동이다.

  SDGs의 성공적인 실천은 인간의 내면적 변화 없이는 불가능하다. 물질적 성장과 기술 발전만으로는 지구 환경과 사회적 문제를 근본적으로 해결할 수 없다. 물질적 이익을 추구하기보다는, 지구와 인간의 미래를 위해 주변 사람들과 공존하고 배려할 수 있는 심적 소양이 필요하다. 이를 위해 철학적 사고와 인문학적 소양은 필수적이다. 읽 · 걷 · 쓰 활동은 이러한 내면의 성장을 돕는 강력한 도구로, 학생들이 질문하고 상상하며, 주변 세계와 더 깊은 연관을 맺도록 유도한다.

  읽기는 단순히 정보를 얻는 활동이 아니라, 다양한 관점을 이해하고 공감

8학년 읽·걷·쓰 백일장 행사

하며 자신의 사고를 확장하는 활동이다. 예를 들어, 환경 문제를 다룬 책이나 사회적 불평등에 관한 글을 읽음으로써 학생들은 단순한 문제 이해를 넘어, 그 문제의 근본 원인과 해결 방안에 대한 깊은 성찰을 할 수 있다. 이는 이기적인 사고방식에서 벗어나, 다른 사람과 지구를 배려하는 마음을 기르는 데 큰 도움이 된다. 걷기는 단순히 신체적 건강을 위한 활동이 아니라, 주변 환경과의 연결성을 느끼고 사유를 깊게 하는 활동이다. 걷기를 통해 학생들은 자연을 체험하고, 환경 문제의 심각성을 직접 느낄 수 있다. 예를 들어, 쓰레기로 오염된 강가를 걸으면서 그 문제를 스스로 체감하고, 이를 해결하기 위한 행동의 필요성을 깨달을 수 있다. 이러한 경험은 단순한 정보 전달을 넘어, 철학적 사고와 문제 해결에 대한 열정을 불러일으킨다. 쓰기는 읽기와 걷기 활동을 통해 얻은 생각과 감정을 정리하고 표현하는 과정이다. 학생들은 쓰기를 통해 자신의 경험과 깨달음을 글로 남기며, 이를 다른 사람들과 공유함으로써 사회적 변화를 이끌어낼 수 있다. 예를 들어, 환경 보호를 주제로 한 에세이를 작성하거나, SDGs 목표를 바탕으로 자신만의 실천 계획을 세워 발표하는 활동은 학생들의 내적 성장을 돕고, 주변 사람들에게 긍정적인 영향을 미친다.

KIS 교육과정 속에 '아빠랑 함께 떠나는 독서캠프', '초등 독서 프로그램', '중등 학년 자치 활동 읽 · 걷 · 쓰 운영 프로그램' 등으로 학생, 학부모, 지역사회에서 호평을 받았다. 읽 · 걷 · 쓰 활동은 읽기, 걷기, 쓰기 세 가지 활동이 유기적으로 연결되며, 학생들은 신체적, 정서적, 인지적 성장을 골고루 경험할 수 있었다. 특히, 학생 자치 운영단이 주도적으로 활동을 기획하고 실행하며 리더십과 협동심을 배양하였고, 학업을 넘어서 전인적 성장의 기틀을 마련할 수 있었다.

학교 현장의 어려움을 극복하는 SDGs 교육 전략
—

첫 번째, 물리적 자원의 부족 문제는 교사들이 기존 자원을 최대한 활용하고, 재활용 활동과 같은 간단한 활동으로 시작하는 것이 좋다. 학교 내에서 학생들이 일상적으로 접할 수 있는 환경에서 SDGs 교육을 실천할 수 있도록, 에너지 절약이나 쓰레기 분리배출과 같은 활동을 수업과 연결하는 방법을 사용할 수 있다. 예를 들어, 교실에서 전등을 끄거나 창문을 열어 자연광을 사용하는 것만으로도 학생들이 자원 절약의 중요성을 실감할 수 있도록 지도할 수 있다. 또한, 학생들이 쉽게 참여할 수 있는 작은 프로젝트를 통해, 자원을 절약하고 환경 보호를 실천하는 습관을 자연스럽게 기를 수 있다.

두 번째, 학부모와의 소통 및 인식 부족 문제는 작은 성공사례를 통해 자연스럽게 해결할 수 있다. 학교에서 SDGs 교육의 가치를 설명하는 설명회를 개최하는 것뿐만 아니라, 학생들이 교육을 통해 변화한 모습을 학부모들에게 알리는 것이 중요하다. 학생들이 일상에서 텀블러 사용이나 에너지 절약을 실천하는 모습을 보여주거나, 플로깅 활동 등과 같은 구체적인 활동을 공유함으로써 학부모들의 지지를 끌어낼 수 있다. 또한, 학부모들이 직접 참여할 수 있는 지역 봉사활동을 학교와 협력하여 기획함으로써, SDGs 교육이 자녀의 미래에 긍정적인 영향을 미친다는 점을 체험할 수 있도록 유도할 수 있다.

세 번째, 행정적 지원 부족 문제는 작은 규모의 학교 프로젝트부터 시작하는 것이 효과적이다. 교사들은 SDGs 목표를 기존 교과 과정에 통합하여 수업 중에 다루는 방법을 모색할 수 있다. 예를 들어, 수학 시간에 에너지 소비량 계산을 통해 환경 문제를 학습하거나, 과학 시간에 재생 에너지 연구와 같은 주제를 다룸으로써, SDGs 교육을 행정적 지원 없이도 자연스럽게 수업에 융합할 수 있다. 또한, 이러한 작은 프로젝트의 성공사례를 통해 교내에서 점진적으로 행정적 지원을 끌어낼 수 있으며, 교육 당국에 효과적인 학습 모델로 제안할 수 있다.

네 번째, SDGs 전문인력 부족 문제는 교사 간의 협력과 자율적인 학습 공동체를 통해 해결할 수 있다. 교사들이 협력하여 학습 자료를 공유하고, 함께 교육활동을 기획하는 것이 중요하다. 이를 위해 교사들이 자발적으로 학습 모임을 만들고, 온라인 자료를 활용하여 부족한 부분을 보완할 수 있다. 또한, 교사들 간의 경험을 공유할 수 있는 워크숍을 자발적으로 개최하여, 교사들이 서로의 교육 경험을 나누고 새로운 아이디어를 얻을 수 있는 기회를 제공할 수 있다.

SDGs 교육의 성공 요인: 학생 주도성과 교사 역할의 변화

　　　　　　SDGs 교육은 기존의 전통적 교육 방식과 본질적으로 다르다. 과거의 교사가 주도하는 수업에서는 학생들이 지식을 수동적으로 받아들이는 데 그쳤지만, SDGs 교육에서는 학생들이 직접 문제를 정의하고 해결하는 주체가 된다. 예를 들어, 과학 수업에서 환경 오염의 원인과 해결책을 암기하는 것이 아니라, 학생들이 직접 환경 보호 활동을 계획하고 실행하면서 문제 해결 방안을 모색한다. 이러한 변화는 학생들에게 자기 주도성과 창의력을 발휘할 수 있는 기회를 제공하며, 이론을 실천으로 연결하는 능력을 함양한다.

　KIS는 SDGs 목표를 실천하는 다양한 프로젝트를 통해 학생들의 주도성을 극대화하고 있다. 4학년 학생들이 플로깅 활동과 환경 보호를 주제로 뮤직비디오를 제작한 사례는 그 대표적인 예이다. 이 과정에서 학생들은 문제를 스스로 정의하고 해결 방안을 기획하며 실행했다. 교사는 단순한 지식 전달자가 아닌 가이드로서 학생들의 창의적이고 자율적인 접근을 독려했다. 이러한 프로젝트 기반 학습은 학생들이 지속가능성을 주제로 비판적 사고와 문제 해결 능력을 키우는 데 중요한 역할을 했다.

　SDGs 교육의 과정에서는 실패가 학습의 중요한 일부로 여겨진다. 학생들이 프로젝트를 진행하며 미흡한 결과물을 내놓거나 예기치 못한 문제에 부딪힐 때, 교사는 이를 바로잡는 대신 실패를 통해 배우는 경험을 할 수 있도록 격려한다. 이 과정에서 교사는 피드백의 시기와 방식을 신중히 고민하며, 학생들이 올바른 방향으로 나아갈 수 있도록 돕는다. 이러한 접근은 학생들에게 문제 해결 과정에서의 자신감을 심어주며, 도전과 실패를 두려워하지 않는 태도를 형성한다.

KIS의 SDGs 교육은 단순히 지식 전달에서 끝나지 않고, 학생과 교사가 함께 지속 가능한 미래를 위한 실질적 행동에 나서는 공동의 노력으로 확장되고 있다. 학생들은 글로벌 문제를 이해하고 해결 방안을 찾아가는 과정에서 자신감을 얻으며, 교사들은 새로운 교육적 도전 속에서 성장하고 있다. 이를 통해 KIS는 SDGs 목표를 교육 현장에서 성공적으로 실현하는 선도적인 사례를 보여주고 있다.

학생들의 변화: SDGs 교육이 가져온 긍정적 영향
—

SDGs 교육이 가져온 긍정적 영향은 학생들의 태도와 행동에서 뚜렷하게 나타나고 있다. SDGs 교육을 통한 학생들의 태도 변화를 살펴보면, SDGs 교육은 학생들에게 환경 문제와 사회적 책임에 대한 인식을 크게 변화시켰다. 과거에는 환경 문제나 사회적 책임에 대해 깊이 생각하지 않던 학생들이 이제는 환경 보호의 필요성을 깨닫고, 이를 실천하려는 구체적인 노력을 기울이고 있다. 많은 학생이 일회용 플라스틱 제품 사용을 줄이기 위해 텀블러를 사용하고, 전기와 물 절약을 실천하는 생활 습관을 형성하게 되었다. 이러한 습관은 학교에서 배운 내용을 가정에서도 실천하게 되었으며, 이를 통해 학생들은 작은 행동이 큰 변화를 일으킬 수 있음을 깨닫게 되었다. 특히, SDGs 프로그램에 참여한 학생들은 리더십을 발휘하면서 자신감과 사회적 책임감이 증대되었고, 이를 통해 학교나 지역사회에서도 더욱 적극적으로 참여하여 지속가능한 활동에 깊이 관여하게 되었다. 학생들은 스스로가 중요한 역할을 할 수 있음을 깨닫고, 사회에 긍정적인 영향을 미치는 일원으로 성장하고 있다.

학생들의 행동 변화에 대한 교사와 학부모의 피드백도 SDGs 교육의 긍정적인 영향을 보여주는 중요한 요소이다. SDGs 교육을 통해 교사들은 학생들이 주도적인 학습자로 성장하는 모습을 확인하게 되었다. 과거에는 교사의 지시를 따르기만 하던 학생들이 이제는 스스로 문제를 해결하고, 지속 가능한 삶을 위한 방법을 모색하며 학습의 주체로 성장하고 있다. 이러한 변화는 교사들에게도 영감을 주었고, 많은 학부모도 자녀들이 환경 보호 습관을 일상에서 실천하는 모습을 보며 SDGs 교육의 가치를 실감하고 있다. 한 학부모는 "우리 학생이 집에서도 SDGs 교육에서 배운 내용을 실천하는 모습을 보며, 작은 실천이 큰 변화를 만들 수 있음을 실감했습니다."라고 말하며 SDGs 교육의 긍정적인 영향을 강조했다. 이러한 피드백은 학교와 가정이 협력하여 SDGs 교육의 목표를 공유하고, 지속가능한 삶을 위한 협력의 장을 마련하는 데 중요한 역할을 하고 있다.

결과적으로 SDGs 교육은 학생들의 태도와 행동에 긍정적인 변화를 일으키며, 학생들이 학습의 주체로서 자율적이고 책임감 있게 환경과 사회적 문제에 참여하는 성숙한 시민으로 성장할 수 있도록 돕고 있다. 이는 학교뿐만 아니라 가정에서도 큰 변화를 불러일으키고 있으며, 지속가능한 삶을 위한 공동의 목표를 향해 함께 나아가는 소중한 기반이 되고 있다.

이러한 성과는 KIS 학생들이 'RETHINK PLASTIC VIETNAM'이 주최한 2024 IDEA EXPO에서 거둔 결과를 통해 더욱 구체적으로 드러난다. 이번 엑스포는 환경 문제 해결을 위한 창의적인 아이디어를 제안하고 지속 가능한 발전에 기여할 수 있는 기회를 제공하기 위해 열렸다. KIS에서는 5~6학년 학생들로 구성된 총 10개 팀이 예선에 참여하였으며, 이 중 4팀이 결선에 진출하는 성과를 거두었다. 결선에서는 총 13개 팀이 경합을 벌였고, 그중 KIS의 PLAREC팀이 우수 프로젝트로 선정되어 1,000만 동의 지원금을 수상했다.

PLAREC팀의 프로젝트는 플라스틱을 7가지 색상으로 분류하여 재활용률을 높이는 혁신적인 시스템을 제안한 것으로, 환경 보호를 위한 실질적이고 창의적인 해결책을 제시했다. 이외에도 KIS 학생들은 ▲연잎의 방수 재질을 활용한 우비 제작 ▲옷을 재활용한 에코백과 인형 제작 ▲친환경 여행 상품 개발 등 다양한 아이디어를 발표하며, 환경 문제 해결을 위한 실질적이고 지속가능한 방안을 모색했다.

이 과정에서 학생들은 환경 보호의 중요성을 직접 체감하며 글로벌 시민으로서의 책임감을 키웠다. 또한, 영어로 프로젝트를 발표하며 자신감을 얻고, 국제적인 소통 능력을 강화하는 계기를 마련했다. 이는 SDGs 교육이 학생들에게 단순히 이론적 지식을 넘어 행동과 실천의 중요성을 깨닫게 하는 데 효과적임을 보여준다.

한국 교육계에 제언: SDGs 교육의 새로운 방향

한국에서 SDGs 교육의 발전을 위하여 제언하면 다음과 같다. SDGs는 단순히 선택적 과제가 아니라, 모든 학생에게 필수적인 학습 주제로 자리 잡아야 한다. 한국 교육과정에서 SDGs를 체계적으로 통합하여, 모든 교과목에서 SDGs와 관련된 문제를 자연스럽게 탐구하고 실천할 수 있는 기회를 제공해야 한다. 이를 통해 학생들은 이론과 실천을 연결하며, 글로벌 시민으로서 책임감을 함양할 수 있을 것이다.

또한, SDGs 교육은 학생들의 자기 주도적 학습을 중심으로 운영될 때 더 큰 효과를 발휘한다. 학생들이 스스로 문제를 정의하고, 해결책을 모색하며, 실천 활동을 계획할 수 있는 프로젝트 기반 학습 환경을 조성하는 것이 중요하다. 이를 통해 학생들은 비판적 사고와 문제 해결 능력을 키우고, 지속 가능한 사회를 만드는 데 필요한 역량을 갖출 수 있다.

SDGs 교육은 교사들에게 기존의 지식 전달자 역할을 넘어 학생들의 가이드로서 새로운 역할을 요구한다. 이를 위해 교사 연수 프로그램을 통해 SDGs와 관련된 전문성을 강화하고, 프로젝트 기반 학습이나 문제 해결형 학습 같은 교수법을 적극적으로 도입할 수 있도록 지원해야 한다. 교사의 성장은 학생들의 성장과 직결된다는 점에서 필수적이다.

그리고 SDGs 교육은 단순히 문제를 이해하는 데 그치지 않고, 학생들이 일상에서 지속 가능한 삶을 실천하도록 돕는 데 초점을 맞춰야 한다. 한국 학교에서도 플로깅, 에너지 절약 캠페인, 음식물 쓰레기 줄이기 등과 같은 실질적인 활동을 통해 학생들이 지속가능성의 중요성을 체감하도록 해야 한다. 이를 통해 학생들은 작은 행동이 큰 변화를 만들 수 있다는 것을 깨달을 것이다.

SDGs는 학교 내부의 활동만으로는 한계가 있다. 지역사회와의 협력을 통해 SDGs 교육의 범위를 확장하고, 학생들이 지역사회의 문제를 해결하는 데 참여할 수 있는 기회를 제공해야 한다. 학생들은 지역사회에서 배우고, 성장하며, 실질적인 변화를 이끄는 주체로 자리 잡을 수 있다.

마지막으로 SDGs 교육은 학교 단위의 노력만으로는 완전한 실현이 어렵기 때문에 교육부와 지역 교육청은 SDGs 교육을 위한 정책적 지원과 재정적 투자를 강화해야 한다. 특히, 다양한 교육 자료와 교수법을 개발하고, 교사와 학생들에게 적합한 환경을 제공할 수 있는 시스템을 구축해야 한다.

KIS SDGs
수업사례

4학년 SDGs 프로젝트 자세히 들여다보기
—

'호치민 지킴이 호랑이'

KIS 2024학년도 4학년 1반

우린 4학년 1반 지구의 친구 지구를 지키는 걸 좋아하는 친구♪♫
나를 보면 인사건내줘 반갑게 먼저 말을 걸어줘♪

친구들이 자꾸 물어봐 어떤 숙제를 할지 자꾸 물어봐♫
정말 쉬운 문제야 답은 바로~♪♫

쓰레기를 쓰레기통에 버리는 착한 시민♪
일회용품을 줄이는 착한 시민♪♫
전기를 아끼는 착한 시민♪
얍얍얍 right now 지금 지구를 지키는 맘을 가져♫

호치민의 거리에서 우리는 이야기를 나누고 함께 걸어가♪
호치민의 향기가 우리를 감싸안으면 우리의 꿈이 피어나♩

한걸음 한걸음 우리 호치민의 환경을 생각하면서♬
한걸음 한걸음 우릴 도와주는 지구♩
비가 내리는 거리에서 우리는 함께 춤을 추며 환경을 생각해♪

KIS의 4학년 학생들은 SDGs 목표를 실천하는 다양한 프로젝트에 참여하며, 자신들의 역할을 인식하고 직접적인 변화를 이끌어내는 활동을 경험했다.

플로깅	학생들은 학교 주변을 돌아다니며 쓰레기를 줍고 환경 보호에 앞장섰다. 이 활동을 통해 학생들은 단순한 환경 학습에서 벗어나, 실제로 지역사회의 문제를 해결하는 데 참여할 수 있는 경험을 쌓았다. SDG 15번 목표인 육상 생태계 보호와 밀접하게 연관된 이 활동은 학생들이 작은 실천으로도 환경에 큰 영향을 미칠 수 있다는 점을 체험하게 했다.
식물 키우기	학생들은 식물 재배 활동을 통해 자연의 소중함과 지속가능한 생활 방식을 배우게 되었다. 각 학급은 작은 화분에 다육식물이나 허브를 심어 키우면서, 식물의 성장을 직접 관찰하고 돌보는 책임감을 느꼈다. 학생들은 물을 주고, 햇빛을 조절하며, 식물의 성장을 보며 자연과의 소통을 경험했다. 이를 통해 학생들은 식물과 자연의 중요성을 몸소 깨닫고, 지속가능한 방식으로 자연을 보호하는 방법을 배우게 되었다.
SDGs 홍보 앞치마 제작	앞치마 꾸미기 프로젝트도 학생들이 주도한 창의적인 활동 중 하나였다. 학생들은 앞치마에 SDGs와 관련된 그림이나 메시지를 그려 넣어, 다른 친구들, 교직원, 가족들에게 지속가능한 목표의 중요성을 알리는 기회를 얻었다. 학생들이 이 활동을 통해 협력의 가치를 배우고 창의적으로 SDGs의 메시지를 전달하는 방법을 체험하면서 SDGs 목표가 단순한 학습에서 끝나지 않고 학생들의 삶에 구체적으로 녹아들게 되었다.
뮤직비디오 제작	뮤직비디오 제작 프로젝트는 SDGs 교육에서 학생들의 자발성과 창의성을 발휘할 수 있는 활동 중 하나였다. 학생들은 자신이 직접 창작하고 공모한 SDGs 가사를 Suno AI를 활용하여 음악으로 제작하였고, 뮤직비디오를 제작하며 SDGs의 메시지를 음악과 영상으로 표현했다. 이 활동을 통해 학생들은 SDGs를 다양한 방식으로 알릴 수 있는 능력을 기르게 되었고, AI 기술을 접목한 창의적인 문제 해결 방법을 배우게 되었다.

프로젝트 과정에서 학생들은 다양한 도전과 배움을 경험했다. 플로깅 활동에서는 예상보다 많은 쓰레기가 발견되었고, 이를 수거하는 일이 쉽지 않다는 것을 깨달으며 쓰레기 처리와 재활용 문제의 심각성을 체감하게 되었다. 또한, 식물 키우기 활동에서는 꾸준한 관리와 관심이 필요하다는 점을 배웠다. 식물이 기대만큼 빠르게 자라지 않거나 잘 자라지 않을 때, 그 원인을 파악하고 해결하는 과정을 통해 문제 해결 능력을 키울 수 있었다. 이러한 경험은 학생들에게 자연의 소중함을 깨닫고, 지속가능한 방식으로 자연을 돌보는 방법을 배우는 중요한 기회가 되었다.

교사들은 학생들이 스스로 프로젝트를 주도적으로 이끌어가는 과정에서 최대한 자율성을 부여하며, 그들이 필요한 부분에서만 조언을 제공하는 역할을 맡았다. 이를 통해 학생들은 프로젝트에 더 큰 책임감을 느끼고 몰입하게 되었고 자신이 끌어낸 결과물에 대한 자부심을 느끼게 되었다. 이러한 프로젝트 활동은 학생들이 지속가능한 목표를 단순히 이론적으로 학습하는 데 그치지 않고 실제로 실천할 수 있는 기회를 제공하며, 글로벌 시민으로서 성장하는 데 중요한 밑거름이 되었다.

프로젝트 주간 활동 안내 포스터

프로젝트 데이 발표회

6학년 SDGs 프로젝트 자세히 들여다보기

—

KIS의 6학년 학생들은 PEP-C(Political, Economical, Peaceful, Citizen)를 주제로 한 다양한 프로젝트를 통해 세계시민으로서의 역할을 탐구하고 실천하였다. 이 프로젝트는 정치적, 경제적, 평화적, 그리고 세계시민으로서의 관점을 심화하며 학생들이 글로벌 문제를 스스로 해결하는 능력을 기를 수 있도록 설계되었다.

정치(Political)

학생들은 정치적 관점에서 의사결정과 참여의 중요성을 배우며, 민주적 태도를 실천하였다.

- 학급 회의: 학생들은 민주주의 원칙에 따라 학급 내 중요한 사안을 논의하고 결정을 내리는 경험을 통해 협력과 소통의 가치를 배웠다. 학생들은 각자 역할을 나누어 회의 진행자, 기록자, 그리고 발표자를 맡으며, 학급 규칙과 예산 배분과 같은 실제적인 사안을 다루었다.
- 더 나은 우리 학교를 위한 제안 글쓰기: 공개수업에서 학생들은 학교의 발전을 위한 구체적이고 창의적인 아이디어를 제시하며, 문제를 분석하고 해결 방안을 제안하는 능력을 키웠다. 제안된 아이디어는 실제 학급 규칙으로 채택되거나 학교 개선 프로젝트로 연결되기도 하였다.
- 졸업앨범 준비 및 졸업여행: 학생들은 졸업앨범 촬영 및 졸업여행을 계획하면서 협업과 조직의 중요성을 체험하였다. 학생들은 졸업앨범 제작 과정에서 촬영 멤버를 소그룹으로 구성하고, 촬영 컨셉과 배경을 정하는 회의를 진행하였다. 또한, 소품이나 의상을 준비하며 창의적인 아이디어를 공유하였다. 졸업여행에서는 각 그룹이 여행 일정과 활동 계

획을 발표하고, 이에 대한 피드백을 교환하며 더 나은 여행 경험을 설계하였다. 이 모든 과정은 학생들 스스로 의사결정을 내리며 협력하는 중요한 배움의 시간이 되었다.

• 캐릭터 공모전: 학생들은 SDGs와 연계된 창의적인 캐릭터를 기획하고, 이를 공모전 형식으로 발표하였다. 각 캐릭터는 정치를 상징하는 지식과 안정성, 환경을 보호하는 나무와 식물, 평화를 나타내는 비둘기, 시민들의 협력과 조화를 담아내는 창의적 아이디어로 구성되었다. 공모전 당선작은 학생들이 스스로 배지로 제작하였으며, 이 배지들은 SDGs 메시지를 전달하고 홍보하는 데 활용되었다. 또한, 배지 제작 과정에서 학생들은 디자인 소프트웨어를 익히고, 제작 비용을 관리하며 경제 활동도 간접 체험하였다.

경제(Economical)

경제 활동을 체험적으로 배우며 자원 활용과 합리적 선택의 중요성을 배웠다.

• 교실 경제 활동: 학생들은 4단계로 구성된 가상 화폐 시스템을 체험하였다.

• 돈이 생기다: 학생들은 자신만의 직업을 선택하거나 가상 고용 계약을 체결하여 임금을 벌고, 이를 통해 소비와 저축의 개념을 익혔다. 일부 학생들은 학급 내 서비스를 제공하며 추가 수익을 창출하기도 하였다.

• 세금을 내다: 공공 재정의 원리를 배우기 위해 학생들은 세금 부과 및 관리 시스템을 체험하였다. 예를 들어, 학생들이 낸 세금으로 학급 활동을 위한 예산을 구성하며 공공 재화의 의미를 이해하였다.

• 사업을 하다: 학생들은 사업 계획서를 작성하여 교사의 승인을 받은

후, 다양한 가상 상품과 서비스를 학급 내에서 판매하였다. 이 과정에서 학생들은 가격 책정, 마케팅, 그리고 고객 서비스의 중요성을 체득하였다.

- **돈을 활용하다**: 학생들은 적금 및 주식 거래 시뮬레이션을 통해 금융 지식을 쌓았다. 특히, 각종 경제 데이터를 분석하여 투자 결정을 내리고, 이를 통해 자원의 효율적 활용 방법을 학습하였다.
- **무역 놀이(공정무역)**: 학생들은 가상의 나라를 설정하고, 각 나라에 고유의 자원을 배정받아 무역 활동을 체험하였다. 학생들은 자원의 가치를 평가하고, 서로 필요한 자원을 교환하며 공정한 거래를 이루기 위해 협상 기술을 익혔다. 이 과정에서 학생들은 자원 배분과 협력의 중요성을 배우고, 글로벌 경제와 지속가능성의 연관성을 실질적으로 이해하였다.

평화(Peaceful)

평화로운 공존과 지속가능성의 가치를 실천하며 지구촌 문제 해결을 탐구하였다.

- **SDGs 숏폼 제작**: Suno AI[36]를 활용해 SDGs 메시지를 담은 음악을 제작하고, 이를 기반으로 숏폼 영상을 제작해 SNS에 공유하였다. 학생들은 먼저 SDGs의 목표 중 한 가지를 선정하고, 그와 관련된 주요 메시지를 창작하여 가사로 표현하였다. 이후 AI를 활용해 노래와 배경음악을 제작하고, 이를 영상 편집 도구로 시각화하여 공유하였다. 이 과정에서 학생들은 콘텐츠 제작과 디지털 소통 기술을 익혔다.

---

36 간단한 **프롬프트** 입력만으로 음악을 만들 수 있는 음악 작곡 · 생성 인공지능(https://suno.com/home)

- 지구촌 문제 전시: 학생들은 자신이 조사한 주제를 바탕으로 전시 자료를 제작하며 지구촌 문제 해결을 위한 다양한 접근 방식을 탐구하고 공유하였다. 예를 들어, 가자지구 분쟁과 미얀마 사태를 주제로 삼아 해당 지역의 갈등 원인과 영향을 분석한 자료를 전시하고, 이를 평화적으로 해결하기 위한 국제 사회의 노력을 설명하였다. 보트피플 사례를 통해 난민 문제의 인도적 접근법을 제안하거나, 쿠릴 열도와 같은 영토 분쟁의 사례를 다루며 국제적 협력의 필요성을 강조하기도 하였다. 이 활동은 학생들에게 문제 해결의 중요성과 창의적 표현 방식을 배우는 기회를 제공하였다.
- 국내학교와의 교류 활동: 학생들은 한국에 있는 학교와 온라인으로 연결되어 '다문화'를 주제로 교류 활동을 진행하였다. 학생들은 각자의 문화적 배경과 전통을 발표하고, 다문화 사회에서의 도전과 해결 방안에 대해 의견을 나누었다. 이 과정은 서로의 문화에 대한 이해를 높이고, 글로벌 관점을 확장하는 데 기여하였다.

세계시민(Citizen)

학생들은 글로벌 시민의 역할을 체화하며, 지속 가능한 목표 실천에 참여하였다.

- 진로 특강: 다양한 분야의 전문가들을 초청해 직업 세계와 글로벌 시민의 역할에 대해 배우는 시간을 가졌다. 학생들은 환경, 경제, 정치 등 각기 다른 분야의 전문가로부터 실제 경험과 조언을 듣고, 자신의 관심 분야를 탐구하며 미래 진로에 대한 시야를 넓혔다.
- 6.1 데이: 6학년 학생들이 1학년 학생들과 함께 다양한 활동을 하며 학교 구성원 간의 일체감을 느꼈다. 학생들은 세대 간의 차이를 발견하며

서로의 관점을 이해하려는 대화를 나누고, 간단한 놀이와 협력 과제를 통해 협력의 중요성을 몸소 체험하였다. 이러한 과정은 소통과 연대감을 강화하는 동시에, 세대 간 갈등을 줄이고 공동체감을 키우는 소중한 경험을 제공하였다.

- SDGs 연간 실천 내용 학급 발표회: 학생들은 연간 프로젝트 결과물을 정리하고 이를 학급 발표회에서 공유하며 SDGs 목표와 연계된 자신의 실천 과정을 되돌아보았다. 발표는 영상, 모형, 포스터 등의 다양한 형식을 활용하여 진행되었으며, 학생들은 이를 통해 자신의 학습 성과를 창의적으로 표현하는 능력을 길렀다. 발표회를 통해 학생들은 자신이 경험한 연간 프로젝트에 대한 기억과 소감을 나누며 글로벌 시민으로서의 성장을 공유하였다. 학생들은 개별 프로젝트와 팀 활동의 결과를 발표하며, 자신이 배운 점과 앞으로의 계획을 반영한 발표를 통해 성장 과정을 체감할 수 있었다.

11학년 SDGs 전문적학습공동체 프로젝트 자세히 들여다보기

11학년의 SDGs 프로젝트는 수업량 유연화와 학교 자체 교육과정을 운영할 수 있는 시간을 마련하기 위해 국가수준 교육과정에서 정하고 있는 16+1의 +1을 운영하는 과정이었다. 11학년의 수업을 담당하고 있는 모든 교사가 전문적학습공동체의 구성원으로 참여하여 학기별로 SDGs에 대한 융합 프로젝트를 진행하였다.

전학공 운영을 위해 학기 초에 간단한 연수를 시작하였다. SDGs 교재를 자체 제작하고, 온라인 공동교육과정으로 1년간 수업을 미리 해본 동료 교사를 초빙하여 전반적인 SDGs의 거시적인 흐름과 교재의 구성에 대해 설명을 들었다. 미시적으로는 학생들이 실제 수업에서 어떻게 참여하고 정해진 답이 없는 문제에 대해 어떤 과정을 거쳐 자신의 생각을 펼쳤는지를 살펴보았다. 또한 타인의 의견을 수용하고 자신의 의견과 다를 때에 그것을 어떻게 포용하여 더 나은 개선책을 창출하는지 등을 2022 개정 교육과정의 6대 역량을 가이드라인으로 전학공 운영의 아이디어를 모색해 갔다. 이 과정에서 중요한 건 각 교과목에서 공통되는 SDGs를 모색 후 방점으로 잡아 한 개념을 배우면 각 과목 간의 연계성이 있음을 확인하고 유의미한 학습으로 확장해 나갈 수 있다는 점이라는 것을 서로의 토론으로 다져갔다.

SDGs에 대한 이해를 높인 구성원들은 각자 혹은 2~3명이 팀을 이뤄 수업에 녹여내는 방법을 고민하며, 프로그램이나 수업을 설계하고 개발하였다. SDGs가 가지고 있는 확장성을 바탕으로 통계와 접목하여, SDGs의 달성에 필요한 요소를 추출하는 프로그램도 있었고, SDGs에 대한 인식 제고를 위한 픽토그램이나 이미지를 디자인하는 수업, SDGs의 목표를 달성하기 위한 기술의 개발을 진행하는 연구 프로그램, 지속가능성을 가진 도시를 설계하고 모형을 제작해보는 프로젝트 등 10가지의 프로그램을 개발하고 적용하였다. 11학년 학생들은 자신이 이수하는 과목에서 진행한 프로그램에 참여하였기 때문에 최소한 3개 이상의 프로그램에 참여하였다. 더불어 각 프로젝트의 결과를 공유하기 위해 공유의 장을 열고, 자기 성과물을 발표하기도 하고, 친구들의 성과 발표를 경청하며 다양한 접근의 SDGs를 이해하였다. 일부 프로그램은 초등학교 동생들과 후배들과 함께하는 부스를 운영하여, 학교 전체의 SDGs 관심도를 제고하는 효과를 얻기도 했다.

16＋1 과정은 학교에 부여된 교육과정의 자율성을 활용하는 방법으로 관련 활동들을 하나의 과목처럼 활동한 내용과 성장을 평가하여 기록하는 과

정이다. 하지만 새로운 과정을 설계하고 운영하는 것이 쉬운 일은 아니다. KIS의 11학년 전학공은 매년 SDGs를 주제로 +1 과정을 설계하고 운영하고 있다. KIS의 교사들은 SDGs가 모든 학생에게 필요하면서, 도움이 되는 주제이며 세계 민주시민으로 꼭 필요한 가치관의 정립, 시대의 흐름을 파악할 수 있는 주제로 평가하고 있다.

　SDGs 활동의 결과, 11학년 학생들은 매년 지속가능발전목표 주제를 대상으로 연구 주제를 탐색하고, 연구 계획을 세우고 있다. 학생들의 연구는 주제의 참신성, 필요성, 적절성이 우수하며, 문제의식이 좋다는 높은 평가를 한국과 외국의 전문가로부터 받고 있다. 외국의 학생 연구 발표 대회에서 수상하기도 한다. 이런 성과의 밑바탕은 학년에서 진행하는 SDGs 프로젝트가 있다.

한국어, 베트남어, 영어로 제작한 흑점 관찰 부스 포스터

읽·걷·쓰 연계 SDGs 교육활동 자세히 들여다보기

SDGs 실천을 위한 읽 · 걷 · 쓰 사례 1. 아빠랑 함께 떠나는 독서캠프

'아빠랑 함께 떠나는 독서캠프'는 아버지와 자녀가 함께 참여하여 독서를 매개로 유대감을 형성하고, 지속가능한 미래를 위한 인문학적 소양과 철학적 사고를 기르는 특별한 활동이다. 이 프로그램은 단순히 책을 읽는 데 그치지 않고 다양한 체험과 활동을 통해 독서의 가치를 확장시키는 데 중점을 두었다.

첫 번째 캠프에서는 MBC 방송작가 출신 교내 선생님의 강의를 통해 아버지들에게 자녀에게 책 읽어주는 효과적인 방법을 소개하며 독서교육의 중요성을 강조하였다. 이어서 온책 읽기 활동과 감정 카드놀이가 진행되었으며, 이를 통해 자녀와 아버지가 함께 책의 내용을 깊이 이해하고, 감정을 나누는 시간을 가졌다. 이후 교정 산책을 통해 참여자들이 걸으며 생각을 정리하고 동반자와 공유할 수 있었다.

두 번째 캠프에서는 독서를 통해 배운 내용을 독도사랑 미니 정원 만들기 활동으로 연결하여 창의력을 발휘할 기회를 제공하였다. 이 활동은 독서에서 얻은 정보를 실질적인 행동으로 전환하여 환경 보호와 생태계 보존의 중요성을 체감하게 하였다. 테라리움을 꾸미며 자연과의 연계를 느끼고, 자신의 작품을 통해 성취감을 경험하는 것이 목적인 활동이었다.

세 번째 캠프는 작가와의 만남을 통해 참여자들에게 독서의 새로운 차원을 소개하였다. 김용세 동화작가와의 대화를 통해 독서가 개인의 성장과 사회적 변화를 이끄는 도구임을 배우고, 독서를 통한 상상력과 창의력을 자극하였다. 또한, 글로네이컬 요리하기라는 독창적인 활동을 통해 음식과 이야기를 결합하며, 독서 경험을 더 깊게 연결하였다.

SDGs 실천을 위한 읽 · 걷 · 쓰 사례 2. 초등 독서 교육 프로그램

초등 독서 교육 프로그램은 다양한 활동을 통해 독서를 학생들의 일상에 자연스럽게 스며들게 한다. 단순히 책을 읽는 데 그치지 않고 학생들이 독서를 통해 스스로 성장할 수 있도록 돕는 것을 목표로 한다.

생각쓰기장 활동은 학생들이 독서 후 느낀 점을 자유롭게 표현할 수 있는 기회를 제공한다. 이 과정에서 학생들은 사고를 정리하고, 자신의 생각을 글과 말로 표현하는 연습을 할 수 있다. 국어 수업과는 별개로 다양한 주제에 대해 글을 써보고, 교사의 피드백을 받는 과정을 통해 표현력을 더욱 발전시킬 수 있다. 또한, 학생들은 이러한 활동을 통해 자신의 의견을 논리적으로 정리하는 방법을 배우고, 글쓰기와 말하기에서 자신감을 얻는다.

도서관 연계 행사는 학생들이 도서관을 자주 방문하도록 독려하며, 도서관 이용 교육과 독서 관련 행사를 통해 독서에 대한 흥미와 동기를 부여한다. 도서관은 아이들이 차분히 사고할 수 있는 놀이터로 기능해야 하며, 특별히 마음먹고 방문해야 하는 곳이 아니라 일상적으로 찾아가고 싶은 편안한 공간이 되어야 한다. 이를 위해 학교는 라포를 형성하고, 아이들이 마음을 열 수 있도록 다양한 교육적 장치를 마련해야 한다. 예를 들어, 도서관에서 책과 관련된 미니 전시회나 독서 퀴즈 대회를 열어 학생들의 호기심과 참여를 유도한다.

온책 읽기 활동은 학년별 수준에 맞는 책을 선정해 학생들이 함께 읽고 토론하도록 돕는다. 인간은 자신의 경험과 느낌을 공유하고자 하는 본능적인 욕구를 가지고 있다. 각자의 책 읽기 경험도 소중하지만, 모든 친구가 하나의 책을 읽고 자신의 생각과 느낌을 다양한 활동을 통해 표현하고 공유하는 것은 특별한 가치를 지닌다. 예를 들어, 책의 주제를 바탕으로 한 연극 공연이나 팀별 발표를 통해 학생들은 자신만의 독특한 시각을 표현하고,

다른 사람들의 시각을 존중하는 법을 배운다. 이를 통해 학생들은 다른 사람의 생각을 경청하고, 생각의 차이를 확인하며 수용하는 법을 배울 수 있다. 이러한 과정은 비판적 사고력과 협력적 문제 해결 능력을 더욱 효과적으로 키우는 데 기여한다.

SDGs 실천을 위한 읽·걷·쓰 사례 3. 중등 학년 자치활동

KIS는 지속가능한 미래를 함께 만들어가는 글로네이컬 인재를 육성하는 것을 목표로 삼고 있다. 그러나 현재의 교육과정이 주로 입시 중심의 이과 계열 및 AI 교육에 초점이 맞춰져 있어 학생들의 인문학적 소양을 함양할 기회가 부족하다는 점을 인지하고, 이를 보완하기 위해 읽·걷·쓰 활동을 프로젝트로 선정하였다. 이 프로젝트는 학생들의 전인적 성장을 지원하며, 학업을 넘어선 균형 잡힌 성장을 추구하고 있다.

학기 초에는 8학년 중심으로 학생 자치 운영단을 구성하여 홍보부, 생활부, 방송부, 문화부의 네 개 부서를 통해 다채로운 활동을 기획하고 실행하였다. 홍보부는 읽·걷·쓰 활동의 취지와 필요성을 학생들에게 알리기 위해 포스터를 제작하고, 학교 내 다양한 채널을 활용해 안내를 진행하였다. 또한, 읽·걷·쓰 가족 공모전과 학생 참여 동아리 공모전을 개최하여 학생들뿐만 아니라 가정과도 연계된 활동을 기획하며 참여율을 크게 높였다. 생활부는 걷기 활동을 중심으로 독도 사랑 걷기 대회와 10km 걷기 도전 프로그램을 운영하였다. 이를 통해 학생들이 단순한 신체 활동을 넘어, 역사적 의미와 공동체 의식을 내면화할 수 있는 기회를 제공했고, 일상에서 규칙적으로 걷기 습관을 형성하도록 도왔다. 방송부는 학생들의 동기를 고취하기 위해 읽·걷·쓰 홍보 영상을 제작하였다. 학생들이 실제로 활동에 참여하며 즐기는 모습을 영상에 담아 공유하며 활동의 생동감을 더했고, 이러한 영상들은 다른 학생들에게 긍정적인 영향을 미치며 활동 참여를 촉진하였다. 문화부는 조회 시간을 활용하여 필사 노트 작성 활동을 내실 있게 운영하였다. 필사 주제를 통해 학생들이 창의적으로 생각을 표현하고, 이를 토대로 우수 학생(글씨체, 근면, 사고력 등) 및 최다 작성 학급을 선정해 시상하며 동기를 부여했다.

이처럼 읽·걷·쓰 활동은 읽기, 걷기, 쓰기 세 가지 활동이 유기적으로 연결되며, 학생들은 신체적, 정서적, 인지적 성장을 골고루 경험할 수 있었다. 특히, 학생 자치 운영단이 주도적으로 활동을 기획하고 실행하며 리더십과 협동심을 배양하였고, 학업을 넘어서 전인적 성장의 기틀을 마련할 수 있었다.

읽·걷·쓰 관련 다양한 교내 행사 포스터

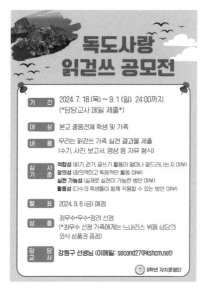 

\<KIS 이야기\>
학생, 교사 모두가 작가가 되는 경험, SDGs 동화책 제작 프로젝트

　KIS 교과연구회 활동으로 생성형 AI를 활용한 SDGs 동화책 제작 프로젝트를 시도하였다. 이번 프로젝트는 학생들이 창작자로서 자신의 이야기를 만들어보고, 교사들은 학생들이 표현하고 싶은 내용을 AI 도구로 구현할 수 있도록 돕는 데 중점을 두었다. 학생들이 처음 동화책을 직접 만든다고 했을 때, 호기심에 찬 눈빛과 설렘이 교실을 가득 채웠다. "선생님, 제 이야기가 책으로 만들어지는 건가요?"라며 기대에 찬 질문들이 쏟아졌고, 그 질문들은 우리 모두에게 큰 동기부여가 되었다.

　학생들은 생성형 AI를 통해 각자의 상상력을 펼치며 자신만의 이야기를 그림과 글로 풀어내기 시작했다. SDGs의 다양한 목표 중 자신이 관심 있는 주제를 선정해 스토리를 구성하고, AI가 생성한 이미지를 활용해 동화책의 페이지를 채워나갔다. 예를 들어, 환경 보호에 관심이 많은 한 학생은 '바다의 친구들'이라는 제목으로 해양 생물들이 환경 오염을 해결하는 모험 이야기를 만들었다. AI로 생성한 푸른 바다와 산호초 이미지가 마치 한 편의 그림책 같은 완성도 높은 작품으로 탄생했다. 완성된 동화책들은 출판기념회와 전시회를 통해 공개되었고, 이를 통해 학생들은 자기 작품에 대한 큰 자부심을 느꼈다. 학부모님들 또한 아이들이 직접 만든 동화책을 보며 "우리 아이가 이런 생각을 하고 있었구나!"라며 감탄을 금치 못했다.

AI를 활용한 교사들의 창작 활동

———

교사들은 학생 활동과는 별도로 동화책 제작에 도전하며 창작 역량을 키웠다. 평소 그림 그리기를 어려워하던 교사들도 생성형 AI '미드저니'[37]를 이용해 일관성 있는 이미지를 생성하며 각자의 이야기를 동화책으로 완성하는 성취감을 느꼈다. 교사들은 자신만의 경험과 창의성을 바탕으로 SDGs 주제에 맞춘 이야기를 구상하며, 전통적인 이야기 방식에서 벗어나 새로운 시도를 했다. AI로 생성된 캐릭터와 배경 디자인은 일관성과 창의성을 유지했으며, 교사들이 세밀히 조정하며 작업한 결과, 마치 프로 작가가 작업한 것 같은 작품이 탄생했다. 이 활동을 통해 교사들은 스스로 작가가 되어보는 경험을 통해 큰 성취감을 얻었으며, 이러한 창작 경험은 교실 수업에도 확대 적용되었다.

프로젝트의 심화와 전자책 출간

———

여러 차례의 연수, 외부 강연 및 선생님들의 자발적인 연습을 통해 프로젝트는 더욱 심화하였고, 동화책 제작은 전자책 출판으로 이어졌다. 총 18권의 SDGs 동화책은 국내외 주요 전자책 플랫폼에서 유통 및

---

37 미드저니(MidJourney)는 인공지능(AI)을 활용하여 이미지 생성 작업을 수행하는 플랫폼으로, 창작자와 디자이너, 예술가들에게 독창적이고 창의적인 비주얼 콘텐츠를 제작할 수 있는 도구

판매된다. 또한, 전자책 판매금은 일정 기간 전액 학교 발전기금으로 기부된다. 이번 프로젝트의 목적은 금전적 성과를 넘어서 학생과 교사들이 창작자로서의 자신감을 키우고, 교사들이 새로운 교육 자료를 제작하며 전문성을 확보하는 데 있었다.

교내 전시와 홍보

———

　　　책은 일정 기간 학교 내 글로네이컬 전시관에서 전시되었다. 이번 전시는 학생, 학부모, 교사가 함께 참여하며 프로젝트의 결과물을 공유하는 의미 있는 장이 되었다. 또한, 동화책 프로젝트는 교육 포털, 언론 매체 등을 통해 홍보되었으며, 국내 외에서 많은 관심을 받고 있다. KIS는 생성형 AI를 활용한 SDGs 동화책 제작 사례로 재외 교육기관 최초로 주목받으며, 글로벌 교육의 새로운 방향성을 제시하고 있다.

생성형 AI 교과연구회
SDGs 동화책 제작

환경 보호 'IDEA EXPO'
우수 프로젝트 선정 기사

6장

AI융합교육과 에듀테크: 변화를 이끄는 미래형 학교 모델

왜 KIS AI융합교육을
해야 하는가?

AI융합교육은 AI교육, 에듀테크와는 다른 접근의 교육이다
—

        4차 산업혁명으로 촉발된 초연결, 초인지 사회로의 전환은 인공지능의 발전 속도를 비약적으로 빠르게 만들었으며, 나라별 기술의 격차도 이전보다 커지게 만들었다. 세계는 이런 추세를 인지하고, 발 빠르게 인공지능 분야 인재 양성 전략을 수립하고 있다. 영국은 '인공지능과 데이터를 기반으로 한 경제'라는 슬로건을 내세우며 2017년부터 국가 수준에서 인공지능 시대를 준비하기 위한 전략을 수립하고 발표하였고, 미국도 '국가 AI & R&D 전략 계획'을 발표하였다(홍석훈, 2021).

  우리나라도 이런 흐름에 동참하여 '인공지능시대 교육정책방향과 핵심과제'를 발표하였고, 이에 따라 전국 38개 교육대학원에 인공지능융합교육 전공을 설치하여 교사를 양성하는 한편, 인공지능융합교육 중심고등학교[38](이하 AI융합교육 중심고)를 지정하여 현재 운영 중에 있다(관계부처합동, 2020).

---

[38] AI융합교육 중심고는 중점학교와 결을 같이 하는 학교이다. 특정 교과 영역의 인재를 양성하기 위해 정보, 수학 교과의 비율을 높인 교육과정을 운영하는 학교이다.

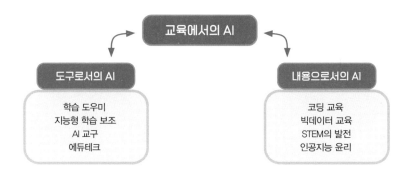

교육에서의 AI개념을 정리한 모식도(홍선주 외, 2020)

교육에서의 AI

도구로서의 AI

학습 도우미
지능형 학습 보조
AI 교구
에듀테크

내용으로서의 AI

코딩 교육
빅데이터 교육
STEM의 발전
인공지능 윤리

한국과학창의재단(2022)의 초중등 AI교육 학교 적용 방안 연구보고서에는 AI융합교육을 정의하기 위해, 현장 교원 대상 워크숍과 2차례의 전문가 델파이를 실시했다. 그 결과, 인공지능 융합교육은 인공지능 기술, 인공지능에 대한 원리와 핵심 개념 이해를 기반으로 하여 다양한 학문(교과)간 및 산업 분야를 융합하여 창의적인 해결책을 제시한다. 인문학적인 상상력과 과학적인 지식(STEAM)을 갖추어 새로운 지식을 창조할 때 인공지능을 융합하여 새로운 가치를 창출하는 것을 가르치는 것과 융합 태도를 함양하는 교육으로 정의하였다.

정리하자면, AI융합교육이 가장 넓은 범위를 가지고 있고, 하위 내용을 세 가지로 나눌 수 있다. 그 속에는 첫째, 에듀테크 활용교육이 있다. 이는 인공지능을 이용하여 교수–학습 방법을 개선하고 개별화된 학습 진도 및 수준관리를 한다. 둘째, AI교육이 있다. 이는 AI기술의 기반이 되는 데이터 사이언스, 코딩, 인공지능 윤리를 포함한다. 셋째, AI활용 교육이 있다. 이는 다양한 교과에서 AI 기술을 활용하여 문제를 해결하며, 교과 융합적인 접근을 통해 AI를 폭넓게 활용한다.

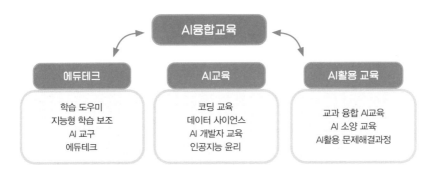

AI융합교육의 정의

AI융합교육

에듀테크	AI교육	AI활용 교육
학습 도우미 지능형 학습 보조 AI 교구 에듀테크	코딩 교육 데이터 사이언스 AI 개발자 교육 인공지능 윤리	교과 융합 AI교육 AI 소양 교육 AI활용 문제해결과정

즉, AI융합교육이란 단독 교과로서의 AI교육, 다양한 교과와 연계하여 운영하는 AI활용 교육, 개인의 학습효과를 높이기 위한 에듀테크를 모두 포함하는 개념이다. 학교 현장에서 이 내용이 적용되는 모습을 살펴보면, 학교 교육과정 안에는 AI교육과 AI활용 교육이 조직·운영되며, 학습을 도와주는 에듀테크는 지원시스템으로 조직·운영되고 있다.

KIS의 AI융합교육 살펴보기

KIS의 인공지능 교육과정의 편제는 크게 학교 지정 과목과 학생 선택과목으로 이루어진다. 유치원부터 10학년까지는 인공지능(정보) 과목과 교과 융합수업 등으로 인공지능을 배운다. 11학년부터는 인공지능을 심화로 배우고 싶은 학생들이 선택하여 수업을 듣게 된다. 이는, 유치원과 초등학교에서 놀이체험 중심 AI교육부터 중학교와 고등학교에서 심화 지식과 경험을 얻을 수 있는 AI교육까지 폭넓게 다루고 있다. 단순히, 프로그래밍 교육만이 아닌, ①문제인식-②학습-③알고리즘-④자연스러운 상호작용-⑤사회적 영향에 이르기까지 AI교육 전 영역을 다루는 교육과정을 개발하였다.

인공지능 교육과정 편제

학년	유	1	2	3	4	5	6	7	8	9	10	11 1학기	11 2학기	12 1학기	12 2학기
담당 과목	자연탐구	인공지능						인공지능기본	인공지능활용	정보	정보	정보과학	인공지능프로그래밍	프로그래밍프로젝트	게임프로그래밍
구분	학교 지정											학생 선택			
차시	34	34	34	34	34	34	34	34	34	68		136	136	136	136

　인공지능 교육과정의 영역은 총 6개 영역으로 구성하였다. 초등학교 실과, 중·고등학교 정보과에서의 영역과 성취기준을 종합하여 연계성 있는 교육과정이 되도록 하였다. 초등학교에서는 2022 개정 교육과정에서 주요 역량 중 하나인 디지털 소양을 먼저 배운다. 그리고 프로그래밍과 인공지능의 학습방법에 대해 알아보고 디지털 문화(인공지능 윤리)에 대해 토론 등의 방법을 통해 접하게 된다. 중학교에서는 데이터, 추상화와 알고리즘, 기계

학습과 딥러닝 등 좀 더 심화한 내용을 배우게 된다.

인공지능 교육과정 영역의 구성

영역 명	초등학교 1~2학년	초등학교 3~4학년	초등학교 5~6학년	중학교 7~8학년	중학교 9학년	고등학교 10~12학년
디지털 소양	○	○	○			
데이터		○	○	○	○	○
추상화와 알고리즘			○	○	○	○
프로그래밍	○			○	○	○
기계학습과 딥러닝	○	○	○	○	○	○
디지털 문화	○	○	○	○	○	○

미국컴퓨터교사협회(CSTA)[39]와 인공지능학회(AAAI)[40]는 공동으로 AI교육 지침 'AI4K12'를 제작하고 모든 초중고등학교에 AI교육을 체계적으로 도입하고 지원하고 있다. 'AI4K12'를 바탕으로 하여 KIS의 교육과정에 맞게 변경하여 개발한 것이 'KIS AI PLANS'이다. 'KIS AI PLANS'는 5가지 주요 주제를 기반으로 구성되어 있다. 인식(Perception), 학습(Learning), 알고리즘(Algorithm), 자연스러운 상호작용(Natural Interaction), 사회적 영향(Social

---

39 미국 컴퓨터과학 교사 협회(Computer Science Teachers Association)는 컴퓨터과학 교육에 대한 다양한 자료를 공유하기 위해 만들어진 단체로 컴퓨터과학 교육에서 일어나는 이슈들에 대해 논의하고 교육 기준안을 만드는 일들을 한다.

40 인공지능학회(Association for the Advancement of Artificial Intelligence)는 AI분야에서 가장 오래된 학회로 지능적 사고와 행동의 기본 메커니즘과 구현에 대한 과학적 이해를 증진하는데 전념하는 비영리 과학 협회로 인공지능 분야 세계 최고 권위를 자랑하는 글로벌 학회다.

impact) 다섯 가지 대주제에 따라 초·중·고등학교에서 학생들이 AI를 체계적으로 배울 수 있도록 구성하였다.

교과 영역을 바탕으로 실제 학생들을 가르칠 교재를 만들었다. 교재는 학생들의 눈높이에 맞춰 쉽고 재미있게 만들고자 했다. 초등학교 저학년에서는 한글 기초 타자 연습부터 언플러그드 소프트웨어 체험활동을 접하고 중학년에서는 엔트리로 기초 프로그래밍을 배우고 구글 문서 도구 활용법으로 발표 도구 제작법 등을 배운다. 고학년에서는 인공지능의 학습원리 등을 배우고 여러 피지컬 컴퓨팅 도구들을 활용하여 보다 심화한 프로그래밍을 접하게 된다.

인공지능 교과는 교재 내용에 국한되지 않고 학년 프로젝트와 연계하여 필요한 내용을 배우게 하였다. KIS에서는 매 학년도 2학기에 프로젝트 활동이 집중적으로 이뤄진다. 이 때 AI프로젝트도 이뤄지는데 그 중 5학년은 생성형 AI를 활용하여 동화책 만들기 수업을 진행하였다. 담임 선생님 수업 시간에는 도서관에 가서 내가 좋아하는 동화책도 살펴보고, 동화책의 구조에 대하여 알아보며, 지속가능발전목표인 SDGs에 대해서도 배웠다. 이를 바탕으로 AI 시간에는 생성형 AI를 활용하여 동화책 내용과 삽화를 생성하여 하나의 책으로 만들었다. 이처럼, 인공지능 교과는 학년 프로젝트나 전학공과 함께하며 유기적으로 살아 숨 쉬는 교육과정이라고 할 수 있겠다.

중학교와 고등학교에서는 정보교과와 함께 교과 간 통합으로 AI를 배우게 하였다. 윤리 시간에 AI활용 윤리에 대해 배우고 물리 시간에 아두이노와 센서를 이용해 온습도를 자동으로 측정하도록 프로그래밍하는 등의 활동을 통해 AI기술의 유용성과 활용법을 여러 교과 학습을 통해 융합적으로 배우게 된다.

인공지능 교과 영역(KIS AI PLANS)

5. Societal Impact (사회적 영향)

인공지능은 긍정적인 방식과 부정적인 방식으로 사회에 영향을 미칠 수 있습니다.

- AI가 산업, 의료, 교육 등에 미치는 영향 이해
- AI에 의한 일자리, 업무 변화 이해

프로그램
- 초 : 인공지능과 함께하는 삶 상상하기
- 중 : 인공지능으로 인한 사회문제 토론하기
- 고 : 사회 문제 해결을 위한 인공지능 개발 연구

4. Natural Interaction (자연스러운 상호작용)

인간과 자연스럽게 상호작용하는 인공지능은 인간에 대한 이해를 기반으로 합니다.

- 인간과 자연스러운 관계를 형성하며 도움을 줄 수 있는 지능형 서비스의 개발 과정을 배웁니다.

프로그램
- 초 : 로봇 기자 프로그램 만들기
- 중 : 날씨에 따른 음악 추천 인공지능
- 고 : 인공지능 챗봇 만들기

1. Perception(인식)

컴퓨터는 센서를 이용해 세상을 인식합니다.

- 센서를 이용하여 텍스트, 이미지, 소리 등을 인식하는 방법을 배웁니다.

프로그램
- 초 : 감정 인식 인공지능 만들기?
- 중 : 공기 질 센서를 이용한 건강 지킴이
- 고 : 교실 모델값을 예측 인공지능 개발

2. Learning(학습)

컴퓨터는 데이터를 통해 학습합니다.

- 데이터 셋을 만드는 방법을 배웁니다.
- 머신러닝 프로세스를 경험합니다.

프로그램
- 초 : 티처블 머신으로 머신러닝의 학습 방법 체험
- 중 : 오렌지를 머신러닝을 이용한 유해물질 예측 인공지능 경험
- 고 : 진로와 연계된 공공데이터를 이용한 인공지능 개발

3. Algorithm(알고리즘)

알고리즘은 다양한 설계 전략을 통해 일상생활의 문제를 해결합니다.

- 순차, 선택, 반복 등의 제어 구조를 활용하여 논리적이고 효율적인 알고리즘 설계 방법을 배웁니다.

프로그램
- 초 : 순차, 반복 구조를 활용하여 엔트리로 게임 만들기
- 중 : 정렬 알고리즘을 이용한 가장 작은 수 찾기
- 고 : 날씨날 알고리즘을 이용한 연계의 이미지 분류하기

호치민시한국국제학교
KOREAN INTERNATIONAL SCHOOL HCMC

과목 및 편제와 영역의 구성

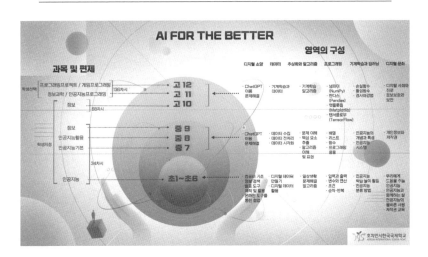

세계 최초 유-초-중-고 연계 AI교육과정 만들기

———

1969년 스탠리 밀그램의 '하늘 올려다보기' 실험에서 유래된 '3의 법칙'처럼, KIS의 인공지능 교육도 소수의 교사로 시작해 변화를 만들어냈다.

유·초등학생에게 인공지능 교육을 가르치는 것은 생소한 시도였다. 그러나 시대 흐름에 따라 스마트교육으로 시작된 에듀테크가 소프트웨어 교육과 AI교육으로 이어졌다. 코로나 이전에는 일부 저 경력 교사들이 자체 연구회를 통해 에듀테크 교육을 진행했으나, 팬데믹과 원격 수업의 도입으로 모든 교사가 에듀테크를 필수적으로 경험하게 되었고, 관심이 커졌다.

2022년 AI와 소프트웨어 교육 경험이 풍부한 20여 명의 초등 교사가 KIS에 부임했다. 이들 중에는 AI교육 전공자와 연수 강사로 활동한 교사들이 다수 포함되었고, 이들이 협력하여 AI교육과정을 개발하기 시작했다.

중학교와 고등학교에서는 2020년에 소프트웨어 교육을 처음 도입하며 중3과 고1을 대상으로 수업을 진행했다. 그러나 제한된 시수와 학년으로는 학생들의 학습 수요를 충족하기 어려웠다. 2021년 물리교사가 합류하며 첫 중·고 해커톤 캠프가 열렸고, 학생들은 피지컬 컴퓨팅을 활용해 문제를 해결하며 멘토링을 경험했다. 이 캠프는 AI캠프와 대회로 확장되었고, 지속적인 교육을 위해 교과서와 교육과정 개발로 이어졌다.

이후 교사들은 심화 교육과 교양 교육을 나눠 AI교육을 체계화했다. 학생들은 AI기술을 활용해 인간 중심의 관점에서 문제를 해결하는 사고력을 길렀다. 이후 윤리, 수학 등 다양한 전공 교사들이 합류하며 교육의 폭이 넓어졌다.

2022년에 KIS에 부임한 손성호 교장과 교사들은 유-초-중-고 연계 AI교육과정을 개발하기 위해 TF팀을 구성했다. 이들은 초·중등 공통 목표를 설정하고 학년별 역량을 세분화했다. 정보와 실과 교과 내용을 통합적으로 연결하며 재외한국학교의 자율성을 활용해 독자적인 교육과정을 설계했다.

교육과정 도입 과정에서 교직원 의견을 반영하기 위해 워크숍을 열고 합의를 도출했다. 이를 통해 세계 최초의 연계 AI교육과정이 완성되었으며, KIS는 AI교육의 새로운 장을 열었다.

이렇게 유치원부터 고등학교에 이르기까지 한 울타리의 학교에서 연계성 있는 교육과정을 새롭게 만들어서 운영되는 경우는 한국뿐이 아니라 세계 최초이지 않을까 추측해본다.

일반 학교에는 AI교육이 아닌 AI융합교육이 필요하다.
—

　　　　일반 학교에는 다양한 진로를 가진 학생들이 모여 있다. 따라서 특정 교과에 치우친 교육과정보다는 융합적 성격을 가진 교육과정의 운영이 필요하다. AI교육은 인공지능 개발자를 기르는 데 목적이 있는 교육이다. 반면 AI활용교육, AI융합교육은 자신이 해결해야 할 문제를 인공지능, 혹은 데이터 분석 기술을 활용하여 해결해 나가는 교육이다. 이에 KIS에서는 AI활용교육, AI융합교육을 공통 분야로 정하고자 하였다. 12년 연계 AI융합교육과정이 자리를 잡고, 효과를 발휘하기 위해서는 일부 학생을 위한 AI교육이 아니라 모든 학생을 위한 AI융합교육이 필요했다.

　AI융합교육을 위해 기존의 교육과정 체계에 맞도록 속진과정과 심화과정을 구성하였다. 속진과정은 AI개발자와 같이 전문성을 높이기 위한 과정으로 소수의 학생을 대상으로 한 과정이었고, 심화과정은 기초의 보강, 다양한 경험, 심화 경험, 문제해결 경험 등을 얻을 수 있도록 구성하였다. 기본 틀인 3부 심화과정에 일반교육과정에 있는 교과들을 재구성하여 심화과정이 보다 일반적으로 운영될 수 있도록 했다. 여기에 목적을 달성하는 데 도움이 될 수 있는 과목을 개발하여 3부의 성격에 맞게 배치했다. 기초 프로그래밍 과목과 인공지능 윤리 과목은 1부에, 2부에서는 인문사회영역의 학생들을 위한 빅데이터 분석, 융합 인공지능 개발자 양성의 목적을 두는 인공지능프로그래밍, 인공지능에 대한 이해를 높이기 위한 인공지능 수학을 배치하였다. 3부에서는 응용프로그래밍, 정보과학과제연구 과목을 배치하여 수준 높은 문제해결과정을 경험하도록 구성하였다. 3부의 심화과정 외에도 AP Computer Science를 통해 속진과정을 지원하고 있었고, 추가로

Coursera[41]의 데이터 사이언스 과목과 딥러닝 혹은 머신러닝 과목을 추가하는 것으로 설계를 완성하였다.

다양한 교과영역의 학생을 위한 AI융합교육과정의 설계도

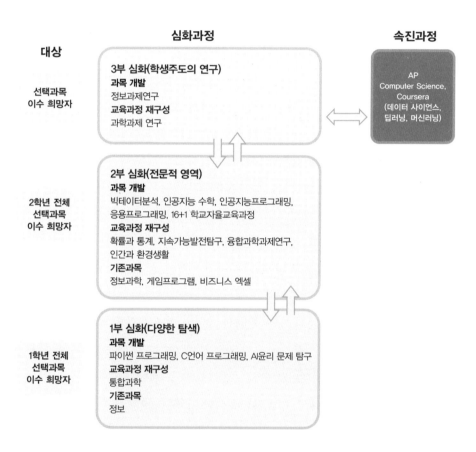

41 Coursera는 스탠퍼드대를 중심으로 시작한 미국의 교육프로그램이다. 대학의 학점을 이수할 수도 있고, 학위과정이나 자격증 코스 등을 온라인으로 수강할 수 있는 시스템이다. 온라인 강좌를 이수한 후, 시험을 통해 학점 혹은 자격을 인정받으며, 국내의 K-MOOK과 유사하다.

KIS의 AI융합교육은 크게 두 가지 방향으로 개발하였다. 기존과목의 교육과정을 재구성하여 AI융합교육을 운영하는 방법과 새로운 교과를 개발하여 운영하는 방법이었다. 기존과목을 활용하는 경우는 교육과정 편성의 변화 없이, 바로 적용이 가능하지만, AI융합교육의 목표를 달성하기에 경험의 양과 질, 내용의 양과 질이 부족하다고 판단하였다. 따라서, 기존과목의 교육과정 재구성과 함께, 새로운 과목을 개발하여, 1차적으로 온라인 공동교육과정에서 운영해 본 후, 수정·보완을 거쳐 완성도를 갖추고 일반교육과정에 추가하는 과정으로 진행하였다. 새로운 교과를 개발한 이유는 기존 정보교과가 정보영역에 치우쳐 있어, 다양한 교과영역을 모두 다루기에는 부적합하였기 때문이며, 다양한 교과영역이 융합적으로 접근하여야만 정보교사가 아닌 다른 교과의 교사가 운영할 수 있다는 점도 고려하였다.

인문사회영역의 학생들의 역량을 키우는데 코딩은 좋은 도구이다.
——

인문사회계열로 진학하는 학생들은 이공계열로 진학하려는 학생에 비해 수학이나 과학, 정보와 같은 과목에 관심이 적은 편이다. 대신 사회교과군의 과목이나 국어, 영어 교과군의 과목에 더 많은 관심이 있다. 공통영역으로서 AI융합교육이 자리하기 위해서는 인문사회계열로 진학하고자 하는 학생들의 필요에 맞는 수업이 필요했다. 이러한 필요에 부응하고자 인문사회계열을 위한 교육과정을 개발하였다. 사회학에서는 데이터를 해석하는 활동을 많이 한다. 최근에는 심리학과 같은 인문학적 소양을 많이 필요로 하는 영역에서도 자료를 수집하고, 해석하는 방식의 접근을 많이 한다. 추상적인 것에서 구체적인 정보를 뽑아내야 할 필요성이 있는 학문영역이고, 워낙 변수가 많아지다 보니 데이터 사이언스를 활용하는 경향이 많아지고 있다.

빅데이터 분석 과목은 인문사회계열 진학을 희망하는 학생들의 흥미를 유도하고, 필요를 충족시키기 위해 정보교사와 과학교사가 공동으로 개발한 과목이다. 데이터 분석을 수행하기 위한 프로그래밍과 실제 데이터 분석 프로젝트로 구성되어 있고, 프로젝트의 주제는 인문사회학적 주제로 구성하였다. 개발 방향에서 참고한 것은 AP의 통계(Statistic) 과목이었다. 이 과목은 통계라는 수학적 영역의 개념들을 중심으로 하지만, 실제 해결하는 문제들은 사회학적인 문제와 그 데이터로 구성되어 있었다. 개발하고자 하는 방향과 일치하는 면이 많았고, 코딩이란 요소를 추가하면 목적한 과목 개발이 가능했다.

2022년 개발을 시작하여 2022년 2학기에 온라인 공동교육과정에 투입하였다. 시범 투입 과정에서 놀라운 현상이 나타났다. 이수 희망자 수가 공동교육과정에 참여하는 두 학교 학생 50명에 달했고, 1개 분반으로는 감당할 수 없는 수준이었다. 대부분 인문사회계열 진학을 희망하는 학생이었다. 인문사회계열 성향의 학생들이 데이터 분석, 통계, 코딩의 필요성을 강하게 느끼고 있음을 확인할 수 있는 장면이었다. 학생들을 시대의 변화에 민감하게 반응하고 있는 존재이며, 새로운 영역에 접근할 수 있는 기회가 있다면 도전할 준비가 되어 있는 존재라는 점도 확인할 수 있었다. 물론 모든 학생이 그런 것은 아니지만, 고등학교 2학년 300명을 대상으로 한 수업에 50명이 신청했다는 점은 학교가 학생들의 필요를 빠르게 파악하고 수용해야 한다는 것을 보여주었다.

인문사회계열 학생들도, 데이터를 기반으로 한, 통계와 코딩에 많은 관심을 가지고 있다. 2023년 수정·보완을 거치면서 빅데이터 분석은 학교의 다른 교과 교육과정과 연계성을 높이며 수정되었다. 2022년에는 데이터 분석에 강점을 가지고 있으면서 비교적 코딩이 단순한 R 프로그램을 이용하는 과정으로 과목의 내용과 활동을 구성하고 있었지만, 2023년에는 파이썬 프로그램으로 도구를 바꾼 것이 가장 큰 변화였다. 프로그램을 이용하여 데이터를 분석하는 실습을 주된 활동으로 설계하는 과목에서 사용 프로그램의 변경은 과목 자체를 거의 새로 개발하는 것에 준하는 변화였지만, 프로그램을 파이썬(Python)으로 통일시키기 위해서 수정하였다.

빅데이터 분석 과목 내용 체계

대단원	중단원 구성	내용	비고
Ⅰ. 파이썬 기초	기초문법, 라이브러리	변수, 조건문, 반복문, 함수, 라이브러리 등	실습형
Ⅱ. 파이썬 활용	데이터 시각화, 알고리즘	데이터 수집, 데이터 시각화, 알고리즘 실생활 문제해결	실습형
Ⅲ. 정형데이터	공공데이터, 빅데이터 수집하기, 기술 통계, 추론 통계	공동데이터 포털, AI HUB 사용하기 아두이노 센서링, 기술통계, 카이 검정, 상관관계 검정, t 검정	프로젝트형
Ⅳ. 비정형데이터	크롤링, 자연어 처리	크롤링으로 텍스트 데이터 수집하기 빈도분석, 의미연결망, 유사도분석, 토픽분석	프로젝트형

파이썬으로 수정한 이유는 정보 교과와의 유기적 연계성을 확보하기 위한 것이 가장 큰 이유였다. 정보 교과에서 파이썬의 기본 문법과 활용법을 배우고 있는 상황에서 굳이 R이라는 프로그램을 추가로 배우는 것보다는 파이썬을 계속 사용하는 것이 학생에게도 편리하고, 수업해야 하는 교사의

입장에도 기본적인 것을 뛰어넘어서는 과정을 운영할 수 있었다. 물론 애써 개발한 프로그램을 변경하는 것도 쉬운 일은 아니었지만, 개발 교사들은 개발한 과목의 운영에서 지속가능성을 높이기 위해 수정을 진행하였다.

사실 인문사회계열 진학을 목표로 하는 학생들을 대상으로 한 데이터 사이언스와 코딩이 중심이 되는 과목을 개발하고 운영하는 것은 상당한 모험이었다. 하지만 모험의 결과는 매우 성공적이었다. 학생들의 산출물을 보면, 기존에는 단순히 데이터를 시각화하는 데 그쳤다면, 파이썬을 이용하자 시각화하는 방법이 훨씬 다양해졌고 추론 통계를 활용하거나, 인공지능 기술을 활용하여 데이터를 심층적으로 분석하고 있었다. 또한 자신이 이런 것을 잘할 수 있을 것으로 생각하지 못했다가, 자신이 만든 산출물을 보면서, 뿌듯해 하고, 더욱 배우려는 욕구가 높아짐을 느낄 수 있었다.

2023년 1학기에도 온라인공동교육과정에 가장 많은 수강생이 모인 과목은 '빅데이터 분석'이었다. 수강생의 상당수가 다른 학교에서 공동교육과정에 참여하는 학생임을 고려하면 KIS의 학생에게도 인기가 높지만, 상대적으로 AI융합교육이 활성화되지 않은 학교에서 이런 과목에 대한 수요가 더 높다는 것을 보여주고 있었고, 단위학교에 상당히 많은 수요가 잠재되어 있음을 예측할 수 있었다. AI융합교육이 이뤄지고 있지 않은 다른 두 학교는 2년간 공동교육과정을 통해 AI융합교육을 학생들에게 제공하였다. 필요성을 느껴 자체적으로 AI융합교육을 실현하기 위해 정보교사를 충원하고, 교육과정의 변경하는 등 주변 학교에도 AI융합교육이 전파되는 효과를 확인할 수 있었다. 한국의 AI융합교육 중심학교가 주변 학교에 제공하는 공동교육과정은 단순히 다른 학교에 AI융합교육을 제공한다는 의미를 넘어서 주변 학교에 AI융합교육을 시도할 수 있는 시발점을 제공할 수도 있다는 점에서 내실이 있는 운영이 필요하다.

인문사회계열로 진학할 학생들도 데이터 봉쇄 도구로서의 코딩의 필요성을 인지하고 있고, 기회가 된다면 시도해 보려는 학생들이 많다. 학교가 먼저 학생들에게 손을 내밀어 걸어갈 수 있도록 해야 하지 않을까?

AI융합교과는 어떤 과목 교사가 맡아야 할까?

인공지능 교육에 수학을 떠올리면 가장 먼저 떠오르는 과목은 '인공지능 수학'이다. 인공지능을 위해 개발한 수학과목이기도 하고, 인공지능을 교육하는 대부분의 학교들에서 개설하는 과목이기 때문이다. 실제로 많은 수학 교사는 '인공지능 수학 과목' 뿐만 아니라 다양한 인공지능 연계 프로그램을 운영하고 있다. '응용프로그래밍' 과목은 수학 과목만으로 다루기 어려웠던 내용을 다른 교과와 융합하여 새로운 과목으로 개발하게 되었다. 수학 교사가 중심이 된 새로운 인공지능 과목은 수학이 인공지능 교육의 서브라는 인식을 깨고, 메인이라는 인식을 줄 수 있으리라 생각했다.

새롭게 개발한 '응용프로그래밍' 과목은 파이썬에 대한 기본 지식을 가지고 있는 학생들을 대상으로 알고리즘에 대한 고민과 확률·통계적 접근을 구체화할 수 있도록 내용을 구성하였다. 가장 핵심인 과정은 수학교사가 개발한 영역으로 몬테카를로 알고리즘을 이용한 프로젝트였다. 난수를 이용하여 어떤 문제의 답을 확률적으로 근접하게 계산하는 알고리즘을 몬테카를로 알고리즘이라고 한다. 이 알고리즘을 활용해 다양한 문제 상황에 시뮬레이션으로 적용해 보는 과정은 무척 흥미로울 뿐만 아니라 학생들이 스스로 문제를 해결하는 과정을 통해 사고력과 문제 해결력을 기를 수 있었다. 그리고 그 결과 '응용프로그래밍' 과목의 학생 만족도는 매우 높았다.

'응용프로그래밍' 과목은 2023년 2학기에 온라인 공동교육과정에 적용하여 보완할 점을 찾았고, 워크북과 교사용 지도서를 정리하였다. 처음 개발과 수업을 담당했던 수학교사가 빠지게 된 상황에서 2024년 1학기에는 다른 수학교사가 중심이 되어 운영하였다. 교사가 교체되어도 운영에 지장이 없다는 것을 확인한 것은 의미 있는 일이었다. 그만큼 교수-학습 과정의 설계가 정교하며, 안정적이라는 것이므로 계속 운영할 수 있는 지속성을 확보한 것이었다.

'응용프로그래밍' 과목의 개발과 운영은 AI융합교육에 있어 수학교사가 중심이 될 수 있음을 확인했다는 점에서 큰 의미가 있었다. 일반적으로 정보교사 혹은 기술교사, 과학교사가 인공지능에 가깝다고 여기는 경향이 있는데, 수학교사도 충분히 중심에 설 수 있었다. 이 말은 AI융합교육에 적합한 특정 교과가 정해져 있는 것이 아니라는 것을 보여주었다.

KIS AI융합교육을
만들어 낸 힘

끈질긴 AI융합교육 개발 과정 돌아보기

⸻

AI와 관련된 다양한 지식과 경험에 초점을 맞추고 다양한 과목과 프로그램을 개발하면서 중요한 것을 놓치고 있다는 생각이 들었다. AI 모델을 개발하거나 활용하여 문제를 해결할 수 있는 인재를 양성하기 위한 AI융합교육에서 가져야 할 중요한 소양 중 하나인 윤리적인 측면의 교과나 프로그램이 별로 없다는 것을 깨달은 후, AI윤리문제를 다룰 수 있는 과목의 개발을 계획하고 실행하였다. AI윤리문제탐구라는 과목을 개발하면서 심리학과의 연계가 더 높은 효과를 끌어낼 수 있다고 판단하고, 개발 방향을 설정하였다. 인간의 심리와 윤리적 선택이라는 두 가지 측면에서 접근한다면 학생들에게 깊이 있는 과정을 제공할 수 있으리라 판단하였고, 실제 심리학과 AI윤리문제탐구를 모두 공동교육과정으로 개설하였다. 무학년제로 개설하여 학생들이 두 과목을 1학년과 2학년에서 번갈아 가면 이수할 수 있는 기회를 제공하여 높은 수준의 성과를 기대했다.

AI융합교육의 과정을 살펴보면 기술과 활용이란 측면에 많이 몰두하게 된다. 그러다 보면 자연스럽게 우수한 개발자나 AI활용 역량을 가진 인재의 양성을 목표로 하게 된다. 즉 윤리적으로도 제대로 된 가치관을 정립한 인재의 양성은 고려하지 않거나 뒤로 밀리게 되는 것이다. KIS에서는 두 가치의 균형을 중요하게 생각하였고, 특히 AI윤리를 심리학과 융합한 과목을 개설하여 더 많은 학생이 인공지능윤리교육을 접하도록 하였다. 이는 AI융합교육을 시작하는 학교가 놓치지 말아야 할 AI윤리에 대한 학생의 참여를 이끌어 내는 방법을 보여준다.

　AI윤리 과목의 내용 체계는 AI윤리에 대한 개관에서부터 개발자가 가져야 할 윤리에 대한 부분, 세계적으로 논의되고 만들어지고 있는 AI윤리강령에 대한 내용, 다양한 사례에 대한 분석이 담겨있었고, 심리학과의 연계를 고려한 뇌과학으로 해석해보는 AI도 담고 있다. AI윤리문제탐구 과목의 수업 방법은 학생들이 다양한 자료를 바탕으로 자신의 생각을 정리하는 포트폴리오 작성을 주로 하고, 토론을 통해 서로의 생각을 교환하면서, 미처 생각하지 못했던 측면을 발견하는 과정도 다수 포함되어 있다.

AI윤리문제탐구 과목 내용 체계

대단원	내용	비고
Ⅰ. AI윤리 개관	인문학으로 본 AI윤리	
Ⅱ. AI개발자 윤리	AI 개발과 활용에서 윤리의 필요성 이해	
Ⅲ. AI윤리의 흐름	각국의 AI 윤리 인증 분석 1	
	각국의 AI 윤리 인증 분석 2	
Ⅳ. AI윤리문제 사례분석	분야별 사례를 통해 야기되는 AI 윤리문제 분석 1	
	분야별 사례를 통해 야기되는 AI 윤리문제 분석 2	
특강	뇌과학과 AI	전문가 특강

학교 자율 교육과정과의 연계

교육부는 단위학교 교육과정의 자율성을 확대하기 위해 17주로 정해진 이수 기준을 16주로 낮추고, 나머지 1주는 학교자율과정을 운영할 수 있도록 하고 있다. KIS는 2학년을 대상으로 +1 과정을 인공지능 프로젝트에 배당하고 있다. '인공지능과 우리의 삶'을 주제로 영어, 생명과학, 수학, 물리학, 휴먼지오그래피, 토의토론의 실재, 독서, 화학 과목 등 2학년 수업을 운영하는 교사들이 참여하여 인공지능과 관련된 프로젝트 과정을 운영하고 있다. 정규교육과정에 개설된 과목을 중심으로 수업 시간의 일부를 투입하여 다양한 산출물을 제작하였고, 3시간의 최종발표회를 통해 서로의 산출물에 대한 교류와 피드백을 진행하고 있다. 2학년에서 운영한 결과를 보면, 총 33점의 산출물을 117명의 학생이 했다. 학년 총원 160명을 기준으로 33점의 산출물과 117명의 발표 학생은 상당히 많은 학생이 참여한 발표였다고 볼 수 있었다. 특히 수학 영역을 중심으로 발표한 추천 알고리즘 관련 연구는 학생들의 창의적인 문제 탐색과 인공지능적 사고를 통한 문제해결 과정이 이뤄졌을 때 어떤 산출물이 도출되는지를 보여주었다.

16+1 학교자율교육과정의 학생 산출물 중 추천 알고리즘 연구 주제 및 과목

연번	연구 주제	지도교사의 과목
1	전자제품 추천 알고리즘	물리학 실험
2	데이팅 상대 추천 알고리즘	토의토론의 실재
3	지하철 관련 효율 거리 알고리즘	지속가능한발전 탐구
4	베트남의 관광지별 거리를 이용한 추천 알고리즘	휴먼지오그래피
5	SNS에서의 에르되시 수 적용과 가중치 그래프 심화 탐구	확률과 통계
6	진로 연계 도서 추천 알고리즘	독서

7	노래 추천 알고리즘	미술 전공 실기
8	오렌지를 이용한 배경화면 추천 알고리즘	베트남어
9	인기 웹툰 추천 알고리즘	문학
10	약 추천 알고리즘	화학
11	음식 추천 알고리즘	생명과학

위 표의 내용은 16+1의 학교자율교육과정을 한 학년의 다양한 과목을 담당하고 있는 교사가 모두 참여하여 인공지능과 관련된 활동을 계획하고 운영한 사례이다. 인공지능에 익숙하지 않은 교사도 동료교사와 함께 궁금한 부분이 있으면 물어보면서 자신의 과목에서 어떤 활동을 할 수 있는지 같이 고민해보는 시간을 가졌고, 실행에 옮겼다. 덕분에 AI융합교육에 대하여 거리감을 표현했던 교사들이 조금은 AI융합교육에 다가오는 결과를 얻을 수 있었다. 관심이 많은 교사는 직접 프로그램을 만들어 테스트해보기도 했다. AI융합교육이 학교에 튼튼한 뿌리를 내리기 위해 AI융합 수업을 자연스럽게 접해볼 수 있는 기회를 제공하는 것이 중요하다.

16+1 학교자율교육과정의 성과는 학교의 체계적인 접근과 지원 체계에 대한 시사점을 주고 있다. KIS의 사례는 학교가 목표한 과정, 즉 AI융합교육과정을 구현하기 위해 교사의 자발적인 참여를 유도하는 것이 일반적인 방법이지만, 시스템적으로 교사들이 참여하여 경험해 볼 수 있도록 하는 것도 필요한 방법임을 제시한다. 실제 인공지능을 한 번도 생각해보지 않은 교사도 16+1을 통해 수업을 계획하고 운영하는 경험을 하였다. 그 결과, 상당히 높은 수준의 학생 산출물을 통해 학생들이 성장을 확인하였다. 이처럼 학교자율교육과정을 통해 AI융합교육에 참여하는 교사들이 늘어나게 되었다.

인문사회학 과목과의 만남

———

'지속가능발전탐구' 과목은 2종으로 개발이 이뤄진 특이한 과목이다. 2023년 1학기에 SDGs의 17가지 목표에 대해 자세히 알아보면서, 특히 영어로 된 자료를 집중적으로 살펴보는 과정으로 구성하였다. 이 과목의 목적은 2학기에 개설할 '지속가능발전과 미래사회' 과목을 통해, 전 세계의 학생들과 온라인에서 만나, SDGs의 목표를 달성하기 위해 자신들이 하는 활동이나 연구를 서로 알아가는 과정을 진행하는데 필요한 기본 개념과 영어 표현을 익히는 데 중점을 두었다. 지속가능발전과 영어가 결합한 수업 내용을 바탕으로 17개 국가와 같이하는 수업은 학생들에게 경험의 다양성을 극대화하는 장으로서 훌륭한 역할을 했고, 글로벌 문제해결을 위해 무엇을 해야 할지 고민하는 시간을 학생들에게 주었다.

2023년 2학기에 운영한 '지속가능발전탐구'는 이전과는 달리 데이터 중심의 탐색을 중요한 틀로 하여 내용과 활동을 재구성하였다. 먼저, SDGs와 관련된 데이터를 찾아보고, 수학적 접근을 통한 문제해결 과정을 경험하였다. 그리고 이 경험을 토대로 여러 가치가 충돌하는 상황에서의 해결책을 탐색하였다. 수집한 데이터를 분석하고 논의하며 다양한 전문가와의 교류를 통한 연구 방법의 탐색까지 이뤄지도록 과정을 구성하였다. 즉 데이터 사이언스와 코딩이 결합한 형태가 만들어졌다.

2023년 2학기 지속가능발전탐구 교육과정 재구성

단원	학습내용	비고
SDGs란	SDGs 개론 / 공정무역의 가치 충돌	
아세안의 현황	GLOBE 데이터 서칭 / 확보	

개발과 보존	UN 식량 기구의 연구 과제	UN연구관 특강
최적화	수학적 접근을 통한 생태통로, 기후변화모델링	AI융합교육 프로그램
실천하는 SDGs	GLOBE 토의 / 공정무역 토의	토론토대학교 패키징 공학과 교수 특강
데이터 과학	데이터 시각화와 새로운 시도를 통한 SDGs 데이터 해석	AI융합교육 프로그램
물류시스템	가치 충돌과 수학적 접근	AI융합교육 프로그램
Challenge	실천하는 SDGs	교류

2023년 2학기의 지속가능발전탐구는 영어, 베트남어, 일반사회, 수학, 과학 교사가 함께 교육과정 재구성 방향과 방법을 논의하면서 개발하였다. 데이터의 확보와 데이터의 분석, 데이터를 이용한 의사결정 방법 탐색 등의 활동에 실제 연구를 진행하고 있는 연구자의 특강, SDGs를 실천하는 새로운 학문영역인 친환경 패키징 공학의 현재와 진보의 방향에 대해 알아보는 등, 다양한 융합적인 접근이 포함되었다.

과정 중에서 인공지능의 융합적 활용을 중심으로 한 부분은 기후변화모델링의 연구 과정을 시간의 흐름으로 살펴보고, 기후변화모델링을 직접 설계해 보았다. 또한, SDGs의 달성 정도를 파악하기 위한 미가공 데이터를 이용하여 경향성의 유사도를 검사하고, 경향성을 바탕으로 군집화를 경험해 보면서 인공지능을 활용한 연구 방법을 익힐 수 있도록 하였다.

지속가능발전과 관련된 교육은 2022 개정 교육과정의 사회과에 새롭게 포함된 부분이다. 인문사회학 과목으로 분류할 수 있다. 이러한 사회과에 패키징 공학, 최적화 알고리즘을 활용한 의사결정 방법을 적용하면 문제를 바라보는 시야를 넓히고, 폭 넓은 해결책을 탐색할 수 있다. 오히려 인문사회학 과목에 AI융합교육을 더하는 일은 어렵지 않다. 더 많은 데이터, 더 새로운 기술을 탐색하면 되기 때문이다.

또 다른 사례로 '인간과 환경생활' 과목이 있다. 인간과 환경생활은 한국지리와 기후학이 중심이 된 과목이었다. 실제 운영 교사도 한국지리 교사였다. 운영 교사는 지리영역에서 데이터를 기반으로 한 프로그램의 필요성을 느끼고, 지리정보데이터를 이용하여 의미 있는 정보를 도출하는 과정을 설계하였다. 설계과정에서 지리정보기반(GIS)의 수업을 해 본 경험이 있는 교사와 협업하여 지리공간 데이터의 시각화와 분석을 지원하는 오픈 소스 플랫폼인 QGIS(Quantum Geographic Information System)를 이용하는 프로그램을 개발하였다.

QGIS는 지도, 차트, 다이어그램 등을 활용하여 데이터를 시각화하는 동시에 복잡한 문제를 해결할 수 있는 분석 기능도 제공하고 있다. 특히, 코딩하지 않아도 기능을 구현할 수 있어, 보다 쉽게 데이터 기반 수업을 진행할 수 있다. 실제 인간과 환경 생활을 선택한 학생들은 인문사회계열과 이공계열의 학생들이 섞여 있었지만, 인문사회계열 학생의 비율이 높은 편이었다. 아무래도 데이터 기반 활동에 관심은 있지만 코딩이 익숙하지 않아 접근을 망설이는 학생들에게 부담을 줄여준 것이다.

인문사회학 교과에서도 AI융합교육을 시도할 수 있다. AI 기술의 활용에 집중한다면 적절한 수준에서 대량의 데이터 해석에 성공하는 즐거움을 제공하기도 쉽다. 따라서 인문 사회학 교과에 AI융합교육을 접목하려는 접근은 적극적으로 권장할 필요가 있다. 물론 과목이 가진 고유한 내용과 개념 학습의 중요성은 당연히 지켜져야 하며, 활용이란 측면에서 접근하는 것이 좋다

협력하여 만드는 AI융합교육

—

KIS는 AI융합교육의 다양성에서 높은 수준의 시스템을 구현하고 있다. 정보와 수학교과만의 운영이 아니라, 영어, 사회, 국어, 과학 등 대부분의 교과가 AI융합교육에 참여하고 있다는 점에서 학교의 역량 중 많은 부분을 AI융합교육에 집중하고 있다. 또한 다양한 수준의 학생을 고려하여, 기초성격의 과목부터 인공지능 모델 개발에 필요한 데이터를 수집하고, 모델을 개발하는 과정까지를 수행하는 심화 과목까지 다양한 수준의 과목과 프로그램을 개발하고 운영하고 있다. 또한 AI융합교육을 통해 얻은 역량을 다른 AI융합과목에 투입하여 수업의 질을 높이는 선순환 구조를 완성하고 있다. 융합교육이 시대의 흐름이 된 것도 벌써 상당한 시간이 지났다. 이제 AI를 활용한다면 과목 간의 벽이 두꺼운 경우라도 아래 예시처럼 융합교육을 이뤄낼 수 있다.

영역	내용
수학	학습과 통계자료 코딩 활용 프로젝트, 인공지능 수학, 인공지능프로그래밍 교과 공동 개발, 응용융합교과형 교과 공동개발
영어	Coursera를 이용한 데이터사이언스, 머신러닝, 딥러닝 교육 운영
정보	Python, C언어 기반 교과 개발, 인공지능 개발자 양성 교과 개발, 고등학교 공통과정 교과 운영, 캠프 및 비교과 프로그램 운영
사회	온라인 분야 개발, 빅데이터 활용 프로그램 개발 운영
과학	데이터 사이언스 교과 운영, 물리학탐구캠프와 공학탐구캠프 운영, 빅데이터분석과 AI교육 융합형 교과 운영
국어	융합형 인공지능 활용 교과 운영, 자연어처리 분야 공동개발

KIS의 AI융합교육과정 운영도를 보면 대부분의 교과가 참여하고 있다

는 점을 알 수 있다. 하지만 처음부터 이런 시스템을 구축한 것은 아니었다. 정보와 과학 과목을 중심으로 AI융합교육을 시작하였고, 점차 수학 과목이 참여하고, 사회와 영어교과가 참여하는 과정을 거쳐 최종적인 운영 시스템을 구축하게 되었다. 따라서 AI융합교육을 시도하고자 하는 학교에서는 처음부터 모든 교과가 참여하는 형태로 도입하는 건 교사의 확보와 콘텐츠의 확보 측면에서 어려움을 겪을 수 있어 순차적인 도입이 용이할 것이다. 여기서 주의할 요소는 정보와 수학을 중심으로 시작은 하되, 활성화를 하지 않으면, 결국 정보와 수학만의 AI융합교육이 되어버린다는 점을 고려해야 한다.

AI융합교육은 AI교육과는 다르다. AI개발자를 양성하기 위한 성격의 AI교육과 달리 많은 학생에게 데이터 리터러시를 기반으로 자신이 직면한 문제의 해결책 중 하나로 AI기술의 활용을 고민해보게 하는 교육이 AI융합교육이다. 즉, AI융합교육은 모든 학생들을 위해 운영해야 하는 교육이다.

AI융합교육에 참여한 9명의 교사에게 AI융합교육과 관련된 질문을 해 보았다. 교사들은 AI에 대해 학생들보다 본인이 더 흥미롭다고 했다. 새로운 것을 공부하면서, 내가 모르고 있던 부분들을 일어나 갈 때 정말 좋았다고 했다. '자신에게 공부할 수 있는 기회를 제공하는 인공지능'이라는 이야기하는 교사들은 기본적으로 새로운 것에 호기심이 많고, 학생들과 새로운 수업을 하는 것에 대해 두려워하기보다는 즐기는 성향을 가지고 있기도 했다.

또한, 공부를 즐거워하는 교사라는 공통점이 9명의 교사에게 있었다. 새로운 것을 공부하는 것을 싫어하지 않고, 계속 배우려 노력하는 공부를 좋아하는 사람들이었다. 참여한 원어민 교사도 자신의 취미를 카페에서 하는 디버깅(코드의 에러를 수정하는 작업)이라고 망설임 없이 대답했다. 실제로 그 원어민 교사는 한국에 학생발표가 있어 같이 갔을 때도 한국을 구경하기보다는 틈날 때마다 카페에서 디버깅하는 교사였다. 한 교사는 통계 관련 책을 읽으며 천천히 따라 해 보는 것이 가장 좋아하는 일 중 하나라고 하는 등 공부를 좋아하는 교사에게 AI융합교육은 흥미로운 공부 주제였다. 교사들이 전문성을 가지게 된 과정이 궁금해서 지금까지 교사로 걸어온 길을 들려달라고 했다.

교사마다 전문성을 갖추어 간 성장 과정은 달랐지만, 성장을 이끈 원인에 대해서는 두 가지 유형이 있었다. 첫 번째는, 같은 생각을 가지고 있는 동료를 만나게 되어 상당 시간 동안 같이 연구하게 되었고, 각자의 프로그램에 대한 피드백이 더해지면서 확장되는 경험의 과정에서 많은 성장을 이루게 되었다는 유형이다. 두 번째는, 학교의 환경이 열악해서 원하는 수업을 할 수 없어서 외부의 사업을 하게 되었고, 그것이 계기가 되어 계속 그 영역의 활발하게 활동을 하다 보니 어느 순간에 전문성을 가지게 되었다는 교사들이 있었다.

첫 번째 유형의 교사들은 사실 도전적인 성향이 강한 편이 아니었다. 하지만 배울 수 있는 기회가 왔을 때, 망설이지 않는 성향이었다. 사람들과 같이 하다 보면 성장하고 있는 자신을 발견하게 되고, 그런 몇 번의 경험을 통해 이제는 먼저 사람들에게 다가가는 성향이 되기도 하였다고 한 교사도 있었다. 결과적으로 새로운 것을 배우는 것을 좋아하고, 찾아서 공부하는 것은 아니지만 그래도 기회가 되면 공부를 피하지 않는 성향으로 부단히 공부해 왔기에 전문성을 가지게 된 유형이었다. 절반의 교사가 이런 성향이었다.

두 번째 유형의 교사들은 기본적으로 호기심이 많고 도전적인 교사들이었다. 사실 학생들 때문에 시작했지만, 교사로서의 사명감이 강해서 그렇게 한 건 아니라고 했다. 뭐라도 해야 하는 상황에서 새로운 것이 보였고, 그래서 해 보자는 생각이 들어 했는데, 지나고 보니 자신이 새로운 것에 도전하는 것을 좋아해서 그렇게 했다는 생각이 든다고 했다. 절반의 교사는 두 번째 성향이었다.

교사의 성장 과정을 살펴보면서 기본적으로 진취적인 성향을 지닌 교사들이 새로운 것을 도입하는 데 적극적이기 때문에 AI융합교육에 큰 역할을 되었다. 상당수의 교사들은 진취적인 성향은 아니지만, 동료들과 같이하는 과정이 있었기 때문에 새로운 것을 하게 되었다고 하였다. 실제 연수가 중요한 전환점을 주기도 하지만, 더 중요한 것은 연수 후 같이 할 수 있는 기회의 마련, 즉 연수를 통해 알게 된 것을 같이 실험해보면서 의견을 나누고 더 좋은 방법을 찾아가는 동료와의 만남인 것이다.

최근의 연수프로그램을 보면 집합 연수를 통해 지식과 사례를 학습하는 과정을 이수한 후, 프로그램을 개발하여 적용하여 사례를 발표하는 과정까지 연결된 프로그램이 많아지고 있다. 프로그램을 개발하고 적용하는 과정에서 팀을 이루어 서로 피드백과 격려를 하는 과정은 두 번째 성향의 교사들에게 꼭 필요한 과정이다. 지속해서 교사들이 교류하면서 전문성을 키워나갈 수 있는 연수 방법에 대한 고민이 필요한 이유다. 또한, 학교 안에서는 전문적학습공동체를 많이 운영하고 있다. 같이 할 수 있는 동료를 만난다는 관점에서 중요한 조직이며, 실제적인 운영이 될 수 있도록 노력해야 할 필요가 있다.

KIS AI융합교육수업 사례

1~2학년 AI융합교육수업

        KIS는 2023년에 처음으로 1, 2학년에 AI시수를 편성했고, 2024년에는 시수를 주당 2시간으로 늘려 저학년 AI교과전담 교사를 두고 있다. 저학년의 AI교육은 같은 컴퓨팅 사고력 요소를 가르치더라도 더 작은 단위로, 더 쉬운 단계부터 시작해야 한다. 예를 들어 순차적 사고를 가르치려면 먼저 '순서'에 대해 알려주어야 하는 것이다. 가장 손쉽게 도입할 수 있는 동기유발 놀이는 국어 말놀이 단원에서 배우는 '시장에 가면' 놀이다. 앞 사람이 말한 단어와 연결하되, 단어를 순서대로 말해야 하는 규칙이 있기 때문이다. 가장 기초적인 프로그래밍 활동은 객체를 원하는 목적지로 이동시키는 것이다. 그러기 위해서는 '명령어'가 필요하다. 인공지능 비서 활용 수업을 통해 학생들은 명령이 있어야 인공지능이 작동할 수 있다는 사실을 배웠다. 디지털 기기를 활용한 블록 코딩 활동으로 넘어가기 전 쉬운 '말'의 형태로 명령을 입력하는 방법에 대해 배워볼 차례이다. 좋은 명령어의 특징을 다음과 같이 지도했다.

1. 한 번에 한 가지씩만 명령하기

    ex. 엄마가 "양치하면서 밥 먹어라."라고 말하지 않듯이

2. 짧고 명확하게 명령하기

    ex. '앞으로 조금 가세요'와 '앞으로 1칸' 중에 어떤 것이 더 좋은 명령어일까?

3. 명령어에 대해 반응이 끝난 뒤 다음 명령어를 입력하기

    ex. 인공지능도 한꺼번에 너무 많은 일을 주면 고장이 나버린다!

KIS에는 AI체험실이라는 학습 공간이 있는데, 이곳은 유치원처럼 신발을 벗고 들어올 수 있기 때문에 바닥에 앉고, 뛰어다니며 신체를 활용한 활동을 하기 좋은 장소이다. 그래서 바닥에 징검다리를 설치하고 조종사의 명령에 따라 움직이는 징검다리 게임을 해 보았다. 로봇이 된 학생들은 명령어가 틀린 것 같아도 명령과 다르게 움직여서는 안 된다. 목적지로 가려면 분명 오른쪽으로 돌아야 하는데, "왼쪽으로 가!"라는 틀린 명령에 동공이 흔들리며 우왕좌왕하는 로봇의 모습에 지켜보는 학생들은 웃음이 터졌다.

3~6학년 AI융합교육수업

—

AI교과를 도입한 2023년은 도전의 연속이었다. 36명의 대규모 학급을 대상으로 수업을 진행하며, 일반 교과와는 다른 AI 교과만의 특수한 문제들을 해결해 나가야만 했다. 학생들의 입장에서도 마찬가지였다. 과제를 수행하는 과정에서 하나라도 문제가 생기면 다음 단계로 넘어가

지 못했다. 2022 개정 교육과정에서도 디지털 기초 소양과 AI교육의 필요성을 강조하고 있는 만큼 앞으로 한국에서도 'AI교과전담'이라는 자리가 생겨날 수도 있는데 디지털 소양교육은 매우 중요한 일이다.

AI교과 도입 1년차에는 AI수업 때 주로 피지컬 컴퓨팅 도구를 활용했다. 햄스터봇을 이용해 축구 경기하거나 치즈스틱을 이용하여 슈팅 게임 만들기 활동 등 AI수업에서 학생들은 더 이상 게임의 소비자가 아닌 창작자로 변신할 수 있었다. AI기술이 날로 발전함에 따라 학생들과 할 수 있는 활동이 점점 더 늘어났다. 음성 인식 기능을 활용해 피지컬 컴퓨팅 도구를 제어해 인공지능 로봇 청소기를 만들기도 하고, 얼굴 인식 기능으로 필터 카메라를 만들어 볼 수도 있다. 학생들은 이처럼 AI기술을 활용해 프로토타입을 빠르게 만들어보고, 자기 생각을 구체적인 형태로 시각화하거나 실험할 수 있다는 것이 AI수업의 장점이다. 이러한 경험을 통해 교과서의 이론적인 지식에 그치지 않고 실질적인 문제 해결 능력과 창의력을 키울 수 있고 학습 과정에서 더욱 적극적으로 참여하게 된다.

4학년 학생들과는 데이터 수업을 진행했다. 학생들이 AI를 학습할 때 데이터를 다루는 경험은 데이터의 수집-분석 과정을 이해하고, AI의 한계와 가능성을 평가하는 능력을 길러주기 때문에 중요하다. 초등학생 수준의 데이터 수업해보기 위해 구글 워크스페이스를 활용했다. 먼저 학생들은 구글 폼을 이용해서 반 친구들을 대상으로 한 설문지를 만들었다. 그리고 구글 스프레드시트를 통해 설문 결과를 분석하고 다양한 형태의 그래프로 시각화하는 활동을 했다. 마지막으로 구글 슬라이드에 데이터를 분석한 내용을 발표 자료로 작성했다. 일련의 과정에서 학생들은 다양한 구글 도구를 활용해 보게 되면서 데이터뿐만 아니라 구글 도구를 능수능란하게 활용하는 능력을 갖추게 되었다. 후에 담임 선생님들 말씀으로는 학생들이 사회나 국어와 같이 다른 발표 수업에서도 발표 자료를 훨씬 더 잘 만들게 되었다고 한다.

2023년까지만 해도 AI교육은 주로 기계학습을 통한 음성 인식이나 이미지 인식 모델을 배우고 활용하는 데 초점이 맞춰져 있었다. 그런데 ChatGPT가 등장하면서 생성형 AI의 성능이 눈에 띄게 발전했고, AI교육의 방향도 새롭게 열리는 것 같았다. 나에게도 생성형 AI는 아직 낯선 영역이었기에, 겨울방학 동안 이 분야를 좀 더 깊이 알아보기로 했다. 프롬프트 엔지니어링부터 이미지 생성 프롬프트 작성법까지 공부하면서 다양한 생성형 AI를 직접 다뤄보니, 그 활용 가능성이 정말 무궁무진하다는 걸 깨달았다. 이렇게 유용한 도구를 학생들도 활용해 보면 어떨지 하는 생각이 들었다.

마침 5학년 선생님들과 뜻이 맞아, 5학년 AI융합교육주간 프로젝트로 '생성형 AI를 활용한 SDGs 동화책 만들기'를 진행하게 되었다. 학생들은 SDGs의 17개 주제 중 자신이 관심 있는 주제를 하나 골라 동화책 이야기 초안을 작성하고, 생성형 AI와 함께 이야기를 다듬는 작업을 했다. 이후 AI를 활용해 각 장면에 맞는 삽화 이미지를 생성해 하나의 동화책을 완성했다. 평소 글쓰기나 그림 그리기에 자신이 없었던 학생들도 생성형 AI의 도움으로 멋진 작품을 만들어낼 수 있어 무척 뿌듯해했다.

하지만, 텍스트 프롬프트 하나로 원하는 이미지를 얻는 게 생각만큼 쉽지 않다는 걸 경험하기도 했다. 자신들이 원하는 이미지가 뜻대로 생성되지 않자 "선생님, 너무 답답해요! 직접 그리는 게 더 빠르겠어요."라고 말하는 학생도 있었다. 이렇게 각자 자신만의 동화책을 만들어가는 과정을 통해 학생들은 생성형 AI의 올바른 활용법뿐만 아니라, AI의 무궁무진한 가능성과 한계 또한 자연스럽게 깨닫게 되었다.

6학년에서는 생성형 AI를 활용한 SDGs 뮤직비디오 제작 프로젝트를 진행했다. 많은 사람에게 SDGs를 효과적으로 알리기 위해, 학생들이 생성형 AI로 SDGs 주제의 노래를 만들고, 가사에 맞는 이미지를 생성해 1분 이내의 짧은 뮤직비디오를 제작하면 좋겠다는 생각이 들었다. 최종적으로 학생들은 완성한 영상을 유튜브에 직접 올리며, SDGs 메시지를 널리 알리는 캠페인에 참여했다.

중·고등학교 AI융합교육수업

KIS 학교교육과정은 고교학점제가 안정화되어 있고, 과목 선택 과정에 상당한 다양성이 있다. 또한 AI교육과정이 7학년부터 12학년까지 모든 학년에 걸쳐 있고 11학년과 12학년 선택과목으로 AI교육을 개설할 수 있고 학생들의 수요가 점점 많아지고 있다. KIS는 시대의 변화에 한국보다 더 빠르게 대처하며 교육과정을 운영하고 있다. 선생님들의 열정과 학생들의 자율성 덕분에 이런 교육과정이 안정적이고 혁신적으로 유지될 수 있었다. 선생님 대부분이 한국에서도 열정이 넘치는 분들이었고, 이런 선생님들이 모여 AI교육과정이 안정화되는 데 큰 기여를 했다. 또한 KIS 학생들은 수능을 치르지 않기 때문에 교육과정 운영과 과목 선택에 있어 한국학교보다 더 많은 자율성을 가지고 있다. 이는 학생들이 자신의 진로에 맞는 과목을 선택하도록 돕고, 교육과정 운영에도 긍정적인 영향을 미쳤다. 이러한 여러 요인들이 맞물려 중고등에서 AI교육이 활성화될 수 있었고, 다양한 행사와 활동들도 한국학교보다 자유롭고 열정적으로 진행될 수 있었다.

KIS 중학교 AI수업은 7학년에선 기초 엔트리프로그래밍에 대해 배우고

8학년에선 인공지능 기초 수업을 9학년에선 피지컬 교구를 활용한 AI수업을 진행하게 된다. 엔트리를 활용한 AI 배우기와 AI융합과목들로 이루어진다. 그리고 고등학교에선 10학년 정보 교과를 통해 파이썬 프로그래밍을 이수한 이후 11학년부터는 선택과목으로 수업이 진행된다. 11~12학년 AI 수업은 고등학교 고교학점제 선택 수업으로 운영하는 과목으로 많은 학생이 선택함으로써 '정보과학', '인공지능 프로그래밍', '정보과학과제연구'교과가 운영되었다. 아래에서 학년별 수업 사례들을 차례로 소개해 보겠다.

7학년 정보 교과에선 블록 코딩의 기초에 대해 배우기 위해 엔트리를 이용하여 프로그래밍의 전반적인 내용에 대해 학습 후 엔트리 사이트에 제공하는 인공지능 활용하기 프로젝트를 진행하면서 인공지능과 프로그래밍에 친숙해지는 시간을 가진다.

그 이후 인공지능 기초 및 인공지능 융합 수업이 7학년 2학기, 8학년에서 이루어지며 정보 선생님뿐만 아니라 다양한 교과의 선생님들이 인공지능과 융합된 수업을 진행하는 방식으로 교과가 운영된다. 학교에서 자체 개발한 인공지능 융합 교재를 활용하여 처음 인공지능 수업을 접하는 타 교과 선생님들도 원활히 수업이 진행될 수 있도록 교육자료를 제공하고 활용하며 수업을 진행하였다.

9학년에선 이렇게 배운 내용을 바탕으로 피지컬 교구(마이크로비트)와 AI교구(허스키렌즈)를 이용하여 다양한 프로젝트를 진행하게 된다. 소프트웨어로만 진행하는 AI수업이 아닌 허스키렌즈라는 피지컬 교구를 활용하여 실질적으로 AI프로그램들이 실생활에 어떻게 사용이 되고 있는지 이해하고, 이를 바탕으로 창의적인 프로젝트를 진행해봄으로써 AI의 활용방안에 관해 직접 탐구해보는 시간을 갖게 된다.

동작을 인식하는 달리기 게임

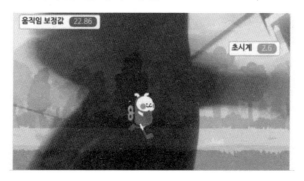

8학년 공기측정장치, 인공지능 융합수업 사례

■ 활동지

1. 공기질 측정 장치에 대해 알아보자.

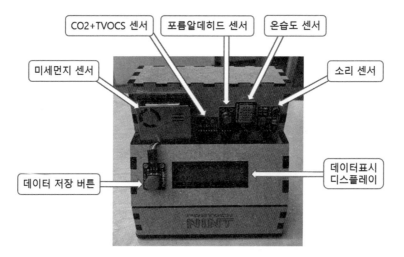

10학년 학생들이 파이썬 프로그래밍의 역량을 갖추고 스스로 문제를 해결할 수 있는 역량을 키우기 위해 프로그래밍의 기본 개념 학습과 실습이 동시에 이루어졌고 그 과정을 스스로 진행할 수 있는 온라인 학습 프로그램을 도입해 수업에 적용하였다. 첫 번째로는 구름 EDU라는 온라인 코딩 학습사이트를 이용하여 10학년 학생들에게 적합한 난이도로 수업을 구성하고, 매 차시 형성평가를 치르며 학생들의 수준을 점검하며 피드백해주는 효과적인 방안으로 운영하며 학생들이 프로그래밍에 자신감을 갖질 수 있게 되었다.

이후 "학생들이 파이썬을 할 수 있다면 직접 프로그램도 만들 수 있을까?", "그럼 우리 학생들이 Chat GPT를 활용해서 프로그램을 만들어보면 어느 정도의 프로그램까지 만들 수 있을까?"에 대한 궁금증이 생겨났다. 그래서 학생들과 함께 파이썬과 Chat GPT를 활용한 프로그램 제작 프로젝트 수업을 진행하였는데, 학생들의 결과물은 너무나도 놀라웠다. 학생들의 코딩 실력은 아주 기초적인 프로그램 제작만 가능한 정도이지만 생성형 인공지능 프로그램을 활용한다면 훨씬 더 수준이 높고 실제로 활용이 가능한 수준의 프로그램도 제작이 가능한 모습을 볼 수 있었다.

11학년 '정보과학'교과와 '인공지능프로그래밍'교과에서는 알고리즘을 직접 설계하고 작성하는 수업보다는 이러한 알고리즘을 활용할 수 있는 수업의 방향으로 진행하였으며, ChatGPT라는 생성형 인공지능 기술이 점차 확산하고 있어 이를 활용해 문제를 해결할 수 있는 수업이 진행되고 있다. 학생들은 다양한 문제를 해결할 수 있도록 빅데이터 분석 수업을 통해 미래 사회에 필요한 무수히 많은 데이터를 처리하여 유용한 정보를 얻어낼 수 있는 능력을 키운다. 데이터를 수집하고 이를 활용하여 이를 머신러닝을 이용하여 학습한 후 다양한 그래프로 표현하며 미래를 예측해보는 프로젝트를

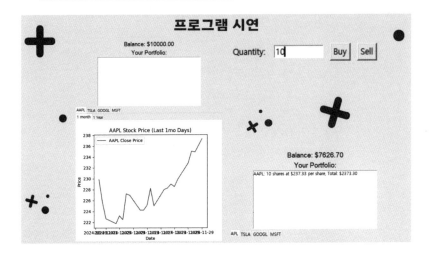

통해 학생들은 인공지능의 기본적인 학습 방법들에 대해 이해할 수 있었다. 단순히 AI의 기본 개념만 활용하여 수업을 진행하는 것이 아닌 학생들이 생성형 인공지능을 활용하여 본인이 관심 있어 하는 분야에 대한 자료를 조사하고 이를 탐구하는 프로젝트를 진행해보며 사고의 전방위적인 확산을 일으키고 인공지능을 활용한 문제해결능력이 향상될 수 있었다.

2023학년도 12학년 AI교과 선택과목으로는 '프로그래밍 프로젝트' 수업과 '게임프로그래밍 '수업이 있었고, 2024학년도에는 프로그래밍 프로젝트 수업을 프로젝트에서 그치는 것이 아닌 학생들이 정보과학 분야에 조금 더 깊이 있는 연구와 그 결과를 소논문 형태로 작성해 볼 수 있는 정보과학 과제연구로 교과명을 변경하였다. 또 2학기 수업에서는 이과 학생뿐만 아니라 문과 학생들도 AI교과에 관심을 가질 수 있도록 비즈니스 엑셀 수업을 진행하였다. '정보과학 과제연구' 과목을 선택한 학생들은 대학을 진학하기 이전에 학생들이 사전에 배운 지식과 자신이 좋아하는 분야에 관한 연구는 미래 역량을 개발하는 데에 큰 도움이 될 것이다.

학생들은 인공지능, 데이터분석, 알고리즘, 프로그래밍 등 다양한 정보과학 기술을 활용하여 본인의 희망하는 진로와도 연계하여서 한 학기 동안 연구를 진행하였고 이 내용을 생활기록부에 기재하여 자신의 학업 활동들을 정리하는 데에도 좋은 수단이 된다. 학생들은 진로나 연구하고 싶은 영역이 비슷한 학생들끼리 팀을 구성하여 총 19개의 팀이 구성되었으므로 총 19편의 다양한 분야의 소논문이 완성되었다.

처음에는 걱정도 많았고 이게 가능할까 싶은 두려움도 있었지만, 학생들이 관심 있어 하는 본인들의 진로에 인공지능과 데이터분석을 잘 연계하여 연구를 진행하여 수준 높은 연구 결과를 도출해 내는 모습들을 볼 수 있었다. 한국에서는 이런 과목을 진행해보지도, 들어본 적도 없었지만, KIS에서는 정보과학과제연구 교과뿐만 아니라 과학, 수학, 인문학 분야의 다양한 과제연구 과목이 개설될 만큼 학생들이 관심을 많이 가지고 있고 또 수능 위주의 수업이 아닌 정말 본질적인 지적 연구가 이루어질 수 있는 과목을 개설할 수 있다는 점이 놀라웠다.

\<KIS 이야기\>
AI 활용 학생 자치 캠페인 노래 만들기

    첫 자치 행사로 AI를 활용해보면 좋겠다는 생각이 들었다. 점심시간에 임원 학생들과 모여 깨끗한 학교를 주제로 한 캠페인 노래를 만들기로 하고, 먼저 뤼튼을 활용해 가사를 작성했다. 학생들은 노래에 들어갈 단어를 워드 클라우드로 토의하고, 이를 포함한 프롬프트를 통해 가사를 생성했다.

> "깨끗, 반짝이는, 학교, 청소라는 키워드를 넣어서
>
> 깨끗한 학교를 주제로 한 캠페인 노래 가사를 만들어줘."

    학생들이 생성한 가사 중 가장 마음에 드는 것을 투표했는데, 두 개의 가사가 동점을 받았다. 그러자 한 학생이 제안했다.

> "선생님 그러면 생성형 AI한테
>
> 두 개의 가사를 합쳐달라고 해 보는 건 어때요?"

    처음으로 프롬프트를 경험해본 학생이 생성형 AI의 능력을 완벽하게 이해하고 던진 의견이었다. 단순히 가사를 만들어주는 것을 넘어 두 개의 가

사를 합칠 수도 있음을 알았기 때문이다. 학생의 창의적인 아이디어 덕분에 두 가사를 결합하고 의견을 반영해 다듬었다. 다음으로 완성된 가사를 SUNO AI를 활용해 노래로 만들었다.

생성형 AI를 활용하더라도 창작의 주도권은 학생들이 갖고 있도록 학생들의 작사와 작곡의 과정에서 수정을 꼭 하도록 하였다. 생성형 AI를 활용할 때는 생성형 AI가 생성해낸 결과물을 반드시 검토하는 시간을 주어야 한다. AI의 능력이 워낙 뛰어나기 때문에 어린 학생들은 비판적 사고 없이 AI가 만들어내는 결과를 받아들이기 쉽기 때문이다.

여러 번의 생성 끝에 학생들이 마음에 들어 하는 노래가 완성되었다. 이 모든 과정은 점심시간 30분 만에 일어났다. AI 없이 직접 작사와 작곡을 했다면 30여 명의 임원 학생들과 자치활동으로 주어진 짧은 시간에 이런 결과물을 만들지는 못하지 않았을까? 생성형 AI의 활용이 빛을 발하는 활동이었다.

초-고 연계 AI 캠프 기사

AI · SW 중고 연합 해커톤 캠프 기사

7장

가르치고 배우며
함께 성장하는
KIS 교육공동체

KIS 교육공동체의
다른 점

해외라는 특수성이 가져오는 특별한 교육공동체
—

호치민시한국국제학교(KIS) 교육공동체는 교직원, 학부모, 학생, 교민사회가 함께하는 곳이다. 한국에서도 교육공동체의 구성은 유사하지만, 이곳 KIS는 해외라는 지역적·문화적 특수성 덕분에 조금 더 다른 의미를 지닌다. KIS는 학생, 교직원, 학부모, 지역사회가 함께 어우러지며 행복한 교육공동체를 꿈꾸는 학교이다. KIS는 1998년 9월 교민들의 땀과 노력으로 탄생하였다. 1992년 한국과 베트남이 수교한 이후 많은 한국 기업들과 개인 사업자들이 이곳 호치민에 진출하였지만 그들의 자녀 교육을 책임지는 학교가 변변치 않아 어려움을 겪었다고 한다. 그러던 중 한국학교를 설립하자는 교민운동이 확산하였고, 교민들의 성금을 모아 교육부의 한국학교 설립 승인을 거쳐 드디어 학교를 개교할 수 있었다.

만약 KIS가 호치민에 존재하지 않는다면 이곳 학생들은 인근의 국제학교나 혹은 베트남 지역(local) 학교에 다닐 수밖에 없을 것이다. KIS가 존재함으로써 교민 자녀들에게 한국의 교육과정을 기반으로 한 양질의 교육을 제공할 수 있는 것이다. KIS는 학생들이 모국과의 교육적 연결성을 유지하고, 한국어와 한국 역사, 문화에 대한 이해를 지속적으로 발전시킬 수 있도록 돕고 있다. 또한 한국으로의 귀국 시 원활한 학업 연계를 가능하게 하는 한편 글로벌 시민으로서의 역량도 함께 키워준다.

이렇게 해외에서 자라고 성장하는 학생들을 위해 KIS는 존재하며, 자녀 교육을 위해 학교가 갖는 의미를 알기에 학부모들은 기본적으로 학교에 대한 고마움을 갖고 있다. 이러한 토양 아래 모두를 위한 교육을 함께 고민하고 학교를 매개로 기본적인 신뢰 관계 속에서 다양한 교육활동을 실천할 수 있는 곳이 바로 KIS이다. 현재 KIS는 '글로네이컬 미래 인재를 키우는 행복한 학교'라는 공동의 교육 목표 아래 각자의 역할에 최선을 다하며 협력하고 있다.

KIS 설립을 위한 교민운동 관련 당시 기사

교민사회와 협력적 관계로 함께 키우는 학교

———

　　　　　매년 KIS에서는 교민 체육대회, 한국 문화 축제, 교민 바자회, 교민 송년의 밤 등 교민사회의 크고 작은 다양한 행사들이 개최된다. 또한 교민들의 다양한 문화 행사에 우리 학생들이 출연하고 봉사하는 등 지원역할도 병행하고 있다. 매년 학교에서 개최되는 오케스트라, 사물놀이, 뮤지컬 등 다양한 행사들은 교민사회의 큰 축제로 활용되기도 한다. 학년 말 열리는 KIS 졸업식에는 20개 이상의 교외 상을 시상할 정도로 큰 관심을 불러 일으킨다. 이는 교민사회 속에서 KIS가 중추적인 역할을 하고 있기 때문이다. KIS는 베트남 호치민시에 거주하는 한국 교민들에게 중요한 교육 및 문화적 중심지로 자리 잡고 있다. 한국과 달리 학교가 단순히 교육기관의 역할을 넘어, 교민사회의 정체성 유지와 세대 간 연결고리를 강화하는 데 중요한 역할을 하는 것이다.

　또한 KIS는 한국과 베트남을 잇는 가교역할도 수행한다. 2022년 한국 베트남 30주년 기념행사에 KIS 학생들은 초대받아 한국의 전통음악을 소개하기도 하였다. KIS는 단순히 교민 자녀들만을 위한 기관이 아니라, 베트남 지역사회와의 교류 및 협력에도 힘쓰고 있다. 지역 학교 및 단체와의 교류 활동, 봉사활동 등을 통해 한국과 베트남 간의 우호 증진과 문화적 이해를 촉진하는 데 기여하고 있다.

　이렇게 교민사회 속에서의 KIS는 필수적인 기반 시설이자, 한국과 베트남의 미래 세대를 잇는 다리로서의 중요한 의미를 지닌다. 매년 호치민에 진출한 많은 한국 기업들과 교민단체 그리고 개인들이 학교 발전을 위한 기금을 기부하기도 한다. KIS는 교민사회와 협력적 관계 속에 지역의 학생들을 함께 키워나가는 학교인 것이다.

이질적 집단이 모여 창의성을 발휘하며 협력하는 학교
—

KIS 교직원들은 출신, 지역, 전공, 언어 등이 모두 다르다. KIS는 한국에는 존재하지 않는 유치원부터 초등학교, 중학교, 고등학교까지 함께 있는 통합학교로서 유·초등 교사와 중등교사들은 대한민국 전국 각지에서 모였다. 또한 영어 원어민 교사들은 세계 각국 출신으로 국적이 모두 다르며, 베트남어를 가르치는 원어민 교사들과 부담임 교사들은 베트남 현지 출신이다. 이렇게 교사들의 국적이 다양하다. 행정실에 근무하는 직원들 역시 한국에서 온 교육청 출신 직원들부터 베트남 현지 직원들까지 같은 사무실에서 함께 근무하고 있다. 이러한 KIS 교직원 숫자를 모두 합하면 230명이 넘는다. 즉, KIS 교직원은 매우 이질적인 집단이다.

먼저 한국에서 선발된 우수 교사들, 해외 경험이 풍부한 영어 교사들, 그리고 현지에서 채용된 베트남 교사들은 부임 초반에 각자의 전문성을 바탕으로 학생들을 지도하지만 현지에서 겪는 다양한 어려움에 부닥치기도 한다. 수업, 업무, 행사 등으로 바쁘게 돌아가는 일상에서 "한국과는 다른 상황에서 어떻게 대처하지?", '나와 비슷한 고민을 한 동료가 있을까?', "이런 것을 시도해보고 싶은데 같이할 사람은 없을까?" 등 생각이 점점 깊어지게 된다. 해외에 근무하는 특수성 때문에 교내에서 문제를 해결하기 위해 자연스럽게 생각을 모으게 된다. 이러한 어려움을 함께 해결하기 위해 KIS에서는 전문적학습공동체, 케바시, 참여 제안 제도, 동호회 등의 프로그램을 운영하며, 교직원들에게 적극적으로 참여할 기회를 제공하고 있다

한국에서는 교육청 단위에서 조직된 연수를 학교 현장으로 제공받는 시스템이 일반적이다. 이로 인해 교사가 자신의 교육적 전문성을 같은 학교 동료들과 나눌 기회가 제한적일 수 있다. 그러나 KIS에서는 다양한 프로그

램에 참여하면서 교내 학교 교사들끼리 지식과 열정을 나누고 함께 성장할 수 있게 된다. 출신, 지역, 전공, 언어, 학교급 등을 뛰어넘는 이질적인 집단이 협업하면 시너지가 매우 크다. 창의적인 생각을 모아 다양한 프로그램을 기획하면서 함께 가르치고 배우며 성장하는 학교를 만들어가고 있다. 이러한 점이 KIS를 더욱 특별한 학교로 만들어가고 있다. KIS 부임한 구성원들은 한국에서는 할 수 없는 소중한 경험을 하게 된다. 또한 우리 학교에 이렇게 많은 재능과 열정을 가진 사람들이 함께하고 있다는 사실을 새삼 깨닫는다. 그래서 KIS 교직원들은 학교에 대한 애정이 매우 깊고, 스스로를 KIS를 변화시켜 나가는 주체로 여기고 있다. 이러한 점이 한국과는 다른 KIS만의 특별한 점이다.

KIS 교육공동체
만들기

KIS 교직원 교육공동체: 전학공, 케바시, 참여 제안제도

        KIS 교직원 교육공동체는 세 단계의 발전 과정을 거쳐 성장해왔다. 처음에는 한국에서 실시하고 있는 전문적학습공동체를 기반으로 시작되어 활성화 되었으며, 2단계는 이를 바탕으로 '케바시'(KIS를 바꾸는 시간)로 발전하였다. 이후 3단계로 교직원 전체가 참여하는 제안제도를 통해 그 결실을 맺게 되었다. 전문적학습공동체는 교사의 자발적 참여와 협력을 기반으로 운영되며, 교육과정과 수업을 연구하고 실천하며 피드백을 통해 발전시키는 것을 목표로 한다.

    KIS 교사들은 모두 선발된 교사들이며 매우 자발적이고 뛰어난 역량을 지니고 있다. 학기 초 리더십 있는 교사들을 중심으로 전문적학습공동체를 개설하고 회원을 모집한다. KIS의 전문적학습공동체는 학년별 또는 일반 주제를 중심으로 구성되며 다양한 주제를 연구하고 실천한다. 전문적학습공동체는 학교급을 넘어서도 개설되기도 하며, KIS 교사들은 반드시 하나 이상의 전문적학습공동체에 참여해야 한다. 다음은 2023~2024년에 KIS에 개설된 전문적학습공동체 목록이다.

2023~2024년 전문적학습공동체

	2023년 전학공	2024년 전학공
1학년	오감으로 만나는 "나, 너, 우리"	오감으로 만나는 "나, 너, 우리"
2학년	놀이로 함께 자라는 우리	우리나라 & 이웃 나라
3학년	함께 나누는 AI 생명 연구회	함께 나누는 AI 생명 연구회
4학년	Glonacal G4	Ho Chi Minh, Where I live in
5학년	자존감 UP 실력 쑥쑥 5G	알지? 하지! 씽킹발전소
6학년	육바시(육학년이 바뀌는 시간)	육바시(육학년이 바뀌는 시간)
7학년	KIS 기초학력 향상 프로젝트	성장하는 7학년 디딤돌 프로젝트
8학년	무한(∞)성장 8학년의 '더 나은 세상을 만들기	읽·걷·쓰와 함께한 8학년
9학년	나를 사랑하고 남을 배려하는 9학년	자라나는 9학년의 웃음 만발 추억만들기
10학년	진로, 진학 관련 수업 프로그램 개발	꿈을 디자인하다!
11학년	인공지능 수업연구회	세계를 바꾸는 작은 시작, SDGs
12학년	GLONACAL 퍼실리테이터	세계 다양한 기념일 탐구
일반 전학공	교실 베트남어 교육 연구회	KIS 수업 살롱
	한국화(채색화) 교육 연구회	교육자료 영상편집 연구회
	회복적 생활 교육 연구회	회복적 생활 교육 연구회
	GPT:LAB	생성형 AI활용 교육연구회
	베.지.밀(베트남 지역사회 밀착탐구)	날아라 슈퍼보드(게임기반 학습 연구회)
	좌충우돌 베트남 탐구	마음톡톡!(마음챙김 연구회)
	sketchBOOK-독서 교육을 스케치하다	좌충우돌 베트남 탐구

다음으로 2020년 5월부터 시작된 '케바시'를 소개하고자 한다. '케바시'는 'KIS를 바꾸는 시간'의 줄임말로, KIS 교사들이 자신의 지식과 재능을 자유롭게 공유하며 함께 성장할 수 있도록 설계된 연수 프로그램이다. COVID-19 팬데믹이 한창이던 시기에 시작된 이 연수는 매달 한 번씩 열

렸으며 교육뿐만 아니라 삶과 관련된 다양한 고민, 교육 현장에서의 시행착오와 성공 경험까지 편안하게 나눌 수 있는 자리로 자리 잡았다. 특히, 케바시는 형식에 얽매이지 않고 자유롭게 주제를 정할 수 있다는 점이 특징이다. 한 선생님이 연수 주제를 발표하면 그 주제가 자연스럽게 다른 선생님들에게 이어지며 도미노처럼 확장된다. 매번 어떤 주제가 다뤄질지 기대감을 자아내는 이 과정은 교사들에게 새로운 시각과 영감을 제공한다. 아래는 2023~2024년도 실시된 케바시 연수 주제 목록이다.

2023~2024년 케바시 연수 수제

순	주제	연도
1	태블릿으로 학급일지(NOTION) 쓰기	2023
2	동영상 편집 앱을 활용한 수업자료 만들기	2023
3	매일 수업 기록으로 학생들과 함께 성장하기	2023
4	이야기 손 그림 배우기	2023
5	초등학생 이윤미의 스페인 이야기	2023
6	놀이 수업의 중요한 원칙 알기	2023
7	베트남 문화 엿보기	2024
8	현재 미술교육 트랜드	2024
9	급할 땐 여기로!(응급처치 및 병원 안내)	2024
10	생생한 사진 찍기	2024
11	내 마음 점검하기(성인 성격검사 2종)	2024
12	교육 연극 알아보기	2024
13	인생을 어떻게 행복하게 살 것인가?	2024

마지막으로 2023년부터 시작된 KIS 교직원 참여 제안제도를 소개하고자 한다. KIS는 유치원부터 고등학교까지 다양한 나이대의 학생들이 한 공간에서 배우고 성장하는 특별한 교육 환경을 갖추고 있다. 또한 빠르게 변화하는 사회 속에서 우리 학교도 그 흐름에 맞춰 가야 한다는 점은 교사들 모두가 공감하는 부분이다. 이는 단순히 각자 맡은 역할을 수행하는 것에 그치지 않고 교직원 전체가 힘을 모아 고민하고 해결해야 할 과제들이 매우 많기 때문이다.

이러한 배경 속에서 2022년 KIS에 부임한 손성호 학교장은 수직적이고 권위적인 학교문화가 아닌 자율적이고 주체적인 학교를 만들기 위해 교직원 참여 제안제도 도입을 제안하였다. 교사들에게 학교 현장에서 겪는 다양한 문제와 개선점을 제안할 수 있는 기회가 주어진다면, 학교 운영에도 긍정적인 변화가 일어날 수 있는 곳이 바로 이곳 KIS라는 믿음이 있었기 때문이다. 또한, 교사들 사이에서 나오는 창의적이고 현실적인 아이디어가 학교 운영, 교육과정에 반영된다면, 이는 단순히 제안으로 끝나는 것이 아니라, 교직원 모두가 학교 발전에 함께하는 과정으로 이어질 수 있다고 보았다. 이는 단순한 제안에서 끝나는 것이 아니라 교직원 모두가 학교 운영과 발전에 주체적으로 참여하는 과정으로 이어질 것이라고 보았다. 이러한 배경 아래 2023년에 교직원 참여 제안제도를 도입하였다.

교직원 참여 제안제도는 3명 이상 교직원이면 누구나 팀을 이루어 참여할 수 있게 하였다. 주제나 아이디어 역시 학교 발전을 위한 것이라면 어떤 내용이라도 가능하도록 하였으며, 제한을 두지 않았다. 대개 한국에서는 단위학교가 아닌 교육청 단위에서 이루어지는 정책공모전을 모티브로 하되, 지원은 하되, 간섭은 하지 않는 형태로 추진하였다. 심지어 소외될 수 있는 원어민 교사, 행정실 직원들도 함께 참여할 수 있도록 적극적으로 홍보하였다. 교직원들의 참여 동기부여를 위해 학교 예산을 편성하여 예선을 거쳐 선정된 모든 팀에게는 프로그램 운영비와 협의회비를 지원하였고, 연말에는 전 직원이 참여하는 공정한 투표 과정을 거쳐 최우수 및 우수 팀을 선정하였으며, 이들에게는 해외 연수 지원과 상금을 수여하였다.

2023~2024년 KIS 제안제도 참여 포스터

생소한 프로그램 도입으로 처음에 교직원들은 고민을 많이 하였다. 그 과정에서 각 팀은 '어떤 주제와 내용을 다루어야 할까?', '익숙하게 해오던 교육자료 개발과 교육 연구에 집중하는 것이 좋을까, 아니면 새로운 도전을 시도해볼까?', '지금도 해야 할 일이 산더미 같은 상황에서, 새로운 프로젝트를 시작하면 너무 벅차지 않을까?' 하는 걱정도 들었다고 한다. 프로그램을 진행하는 부서에서는 협의 과정을 통해 제안제도의 주제는 각 팀이 실천하면서 학교에 긍정적인 변화를 가져올 수 있는 어떤 아이디어라도 괜찮다는 원칙을 세웠고, 이러한 원칙이 효과적으로 작동할 수 있었던 이유는 KIS 교직원들의 주체적이고 자발적인 성향을 믿었기 때문이며, 그 덕분에 예상보다 수월하게 추진될 수 있었다. 제안제도 프로그램의 방향이 정해지자, 교직원들은 자신들이 학교에서 평소 느꼈던 필요와 바람을 담아 다양한 주제를 구상하기 시작했다. 그렇게 탄생한 주제들은 각 팀의 개성과 색깔을 살리며 계획되었고, 많은 팀에서 아이디어를 제출하였다. 예선을 거쳐 실제 2023년에는 12개 팀, 2024년에는 10개 팀이 선정되어 약 6개월간 본격적으로 실행에 옮겨졌다. 교직원들은 각자의 새로운 아이디어들은 실현해 나가면서, 학교는 점차 긍정적인 변화를 맞이하게 되었다. 다음은 2023년과 2024년에 운영된 제안제도 주제들이다.

2023~2024년 제안제도 주제

팀	제안제도 주제(2023)	제안제도 주제(2024)
1	KIS 리모델링 (공간 재구조화를 통한 체육공간 만들기)	다문화 감성을 지닌 글로벌 인재 양성을 위한 한국어 베트남 문화 계기교육자료 개발
2	KIS 업무포털 개발	다문화 학생 대상 학교 적응프로그램 구축 및 실제 적용사례 연구
3	학교 비전이 반영된 홈커리큘럼(부모코칭) 소책자 만들기	납부금 이름표를 붙여줘
4	모두를 위한 포용적 역사 수업 개발	담임업무 경감을 위한 AI 자동화 구글스 프레드시트
5	학교 안내/공지 시스템의 합리화	베트남 삶의 질을 높여줄 베트남어 필수 표현 음성 지원 콘텐츠 개발
6	함께 만들어가는 KIS 생활기록부+지필평가	영어 어휘 테스트용 소프트웨어 개발
7	다국적 교류 관계에서 더 나은 미래를 위해 SDGs를 즐기고 탐색하는 교사들	KIS 로고송 제작

8	초중등 연계 인공지능 캠프 운영	서 · 다 · 내. 올바로 서서, 단단히 다지고, 신중하게 내딛기
9	KIS 맞춤형 건강 안전지대 구축하기	아빠랑 함께 떠나는 독서캠프
10	교사 멘토링 운영 제안	모두를 위한 카페
11	KIS 홍보를 위한 온오프라인 콘텐츠 창작	
12	Team Mascot for KIS	

KIS 제안제도는 진정한 '자유로운 참여'를 실현한 행사이다. 교직원들이 자발적으로 참여하고, 각자 관심 있는 주제를 자유롭게 선택해 활동할 수 있도록 구성된 덕분에 모든 선생님이 부담 없이 즐겁게 참여할 수 있었다. 제안제도를 통해 각 팀이 얻은 성과와 경험은 매우 의미가 깊었다. 사실, 그 시작은 아주 작은 아이디어에서 출발했다. '이거 한번 해보면 어떨까?'라는 작은 물음표가 점점 자라나 학교 전체에 멋진 변화를 가져올 수 있다는 것을 우리는 직접 경험했다. 학교는 결코 혼자서 꾸려갈 수 있는 공간이 아니다. 학교장, 교감, 교사, 행정 직원, 교육보조인력 등 다양한 사람들이 서로 돕고 손잡고 나아갈 때 비로소 학교라는 공간이 완성된다. 제안제도는 바로 그 '함께'라는 가치를 제대로 느끼게 해준 기회였다.

이 제도는 단순히 개인이 의견을 내는 데 그치지 않았다. 팀을 이루어 서로의 아이디어를 듣고, 이견을 조율하며 학교를 더 나은 곳으로 만들어가는 구체적인 계획을 세우고, 실행에 옮기는 과정이었다. 이를 통해 우리는 자연스럽게 서로의 생각을 존중하고, 목표를 향해 협력하는 과정의 중요성을 배웠다. 이 경험은 모두에게 학교의 주인이라는 자부심과 책임감을 심어주었다. 학교가 단순히 직장이 아니라, 함께 키워가고 성장시키는 소중한 공간이라는 인식도 깊어졌다. 앞으로도 우리는 제안제도를 통해 얻은 소중한 경험을 바탕으로, 더 큰 열정과 동기를 가지고 학교 발전을 위해 계속 노력할 것이다.

보통 교육 행사는 준비 과정에서부터 신경 써야 할 일이 많아 선생님들에게 큰 부담으로 다가오기 마련이다. 그러나 이번 제안제도는 그런 부담을 대폭 줄이고, 선생님들이 원하는 활동을 마음껏 시도할 수 있도록 배려한 점이 가장 큰 차별화 요소였다.

특히, 제안 계획서를 작성할 때는 타인의 일을 비판하거나 지적하는 내용을 지양했다. 또한, 수업 준비나 기본 업무에 방해되지 않는 선에서 자유롭게 제안을 실천할 수 있는 방향을 설정했다. 흥미롭게도, 수업과 직접적으로 관련 없는 아이디어도 환영받았으며 계획서는 반드시 PPT 형식이 아니어도 팀 주제에 맞는 간단한 형태로 작성할 수 있었다. 형식에 얽매이지 않고 실천에 초점을 맞춘 덕분에, 짧고 간단한 보고서만 작성하면 되니 모두가 한결 편안하게 참여할 수 있었다. 각 팀의 활동을 효과적으로 지원하기 위해 KIS 제안제도 운영팀은 팀별 컨설팅을 진행했다. 6월 한 달 동안 각 팀의 운영 상황과 필요한 지원 사항을 점검하기 위해 팀장, 담당 선생님, 팀원들이 함께 모여 의견을 나누는 시간도 마련했다. 이런 논의 과정을 통해 선생님들은 더 많은 영감을 얻고, 서로의 노력을 격려하며 협력의 가치를 실감할 수 있었다.

제안제도 발표회는 교직원들의 땀과 열정이 담긴 프로젝트를 선보이는 자리였다. 심사 방식도 공정하게 운영되었는데, 학교장, 초·중등 교감, 그리고 이사회 임원을 심사위원으로 초청하여 평가를 진행했다. 하지만 가장 돋보였던 점은 발표 후 모든 교직원이 직접 투표에 참여해 최종 우수작을 선정했다는 점이다. 이에 따라 발표회는 단순한 평가를 넘어 교직원들의 의견이 반영된 의미 있는 자리로 완성되었다.

최우수팀으로 선정된 팀에게는 특별한 보상이 주어졌다. 바로 해외연수의 기회였다. 또한, 2024년 행사에서는 교직원들이 준비한 축하 공연과 경품 행사까지 더해져 발표회는 학교 공동체의 화합과 축하의 장으로 거듭났다.

특히 발표회에서 대상 팀으로 선정된 'KIS 업무포털 개발팀(2023)'과 '모두를 위한 카페(2024)'의 성과는 참석자들에게 깊은 감동을 안겨주었다. 교직원들은 한마음으로 이들의 성과를 축하하며, 노력과 헌신에 박수를 보냈다.

이 발표회는 단순히 성과를 평가하는 자리가 아니라, 그동안의 노력과 성과를 인정받는 특별한 자리였다 2023년에는 발표회만 진행되던 행사가 1년간의 논의와 협의를 통해 2024년에는 참여 팀뿐만 아니라 교직원 전체가 함께 준비하고 즐길 수 있는 10월의 교직원 축제로 발전했다. 특히 2024년 발표회에서는 초등·중등 교사와 행정실 직원들이 함께 공연 팀을 구성하여 무대를 꾸몄으며, 모두가 함께 웃고 즐기며 학교 공동체의 소중한 가치를 다시 확인하는 뜻깊은 시간이 되었다.

KIS 학부모 교육공동체: 학부모 성장 아카데미

—

KIS는 호치민에 거주하는 재외국민들이 자녀 교육을 위해 많이 선택하는 교육기관으로 한인 사회에서 여러 가지 중요한 역할을 수행하고 있다. 그중 하나가 한국과는 다른 해외 환경에서 자녀를 양육하며 부모들이 겪는 다양한 고민과 어려움을 이해하고 돕는 것이다. 국내에서는 교육청, 지역사회 기관, 미디어 매체 등을 통해 부모 교육, 프로그램, 관련 서적이 꾸준히 제공되고 있다. 이는 현대 가족 내 갈등이 심화하고, 부모들이 자녀 양육에서 커다란 도전에 직면하고 있음을 시사한다. 호치민에서도 전자책이나 미디어를 통해 학습하고 성장하고자 하는 부모들이 많지만, 이러한 정보들이 일방적인 전달에 그칠 때가 많다. 무엇보다 부모들은 넘치는 정보 속에서 일방적으로 청취하는 것에 그치지 않고, 전문가와 소통하며 질문하고 답을 얻고자 하는 욕구가 크다.

그러나 해외에서는 이 같은 기회를 제공하는 기관이 부족하기에, 2023년부터 KIS는 예산을 편성하여 학부모 교육을 체계적으로 지원하기로 했다. 그 결과, '학부모 성장 아카데미'라는 부모 교육 프로그램이 만들어졌고, 현재까지 열두 차례 전문가와의 만남이 이어져 왔다. 자녀를 이해하는 일은 곧 시대를 이해하는 일이라는 말처럼, 부모가 알고자 하는 부분은 시대의 흐름에 따라 끝없이 변화하고 있었다. 이에 따라 우리는 학부모 성장 아카데미가 '내 자녀를 어떤 사람으로 키우고 싶은가?'라는 목표보다, '나는 어떤 부모가 되고 싶은가'라는 질문을 부모님들께 던지며 교육에 참여하는 부모의 성장에 초점을 두고 운영되는 프로그램을 기획하기로 했다. 학부모 성장 아카데미가 부모님들께 이 질문에 대한 답을 찾는 통로가 되었을 것이다.

호치민처럼 해외에서 거주하는 가정에서는 부모와 자녀 간 견해차가 더욱 두드러진다. 호치민에서 자란 자녀들은 빠르게 변화하는 한국 가족 문화와의 단절을 경험할 수 있다. 또한, 한-베 가정의 비율이 전체 학생의 50%에 달하기에 문화적 차이로 인한 양육 방식의 차이와 자녀의 정체성 혼란이 빈번하게 발생할 수 있다. 학생들이 주변 친구들과는 다른 가정 문화를 경험하며 느끼는 상대적 위축감이나 문화적 갈등은 학부모들이 새로운 방식으로 자녀와의 관계를 재정립할 필요성을 더욱 강조하는 부분이다.

이처럼 학부모 성장 아카데미는 부모와 자녀 간의 관계를 더 깊이 있게 이해하고 개선하는 방법을 제시하며, 학부모들의 자아 성장과 변화를 도모하는 프로그램이다. 학부모들은 강의를 통해 자녀의 감정을 이해하고, 자신이 지닌 문제점들을 반성하며, 긍정적인 방향으로 나아갈 수 있는 의지를 얻었다. 이러한 프로그램의 지속적인 제공은 가정의 건강한 소통 문화 확립에 기여할 것이며, 부모와 자녀 모두가 함께 성장할 수 있는 중요한 발판이 되고 있다.

2023~2024년 KIS 학부모 성장 아카데미 주제

2023년 주제	2024년 주제
디지털 시대, 자녀교육의 방향 (AI교육 왜 필요한가?)	스마트폰으로부터 우리아이를 구하라
부모-자녀 사이 연결의 대화(비폭력 대화법)	아빠랑 함께 떠나는 독서캠프
그림책으로 만나는 충분히 좋은 엄마 (부모양태도 검사)	자녀와 함께하는 행복한 책 읽기
MBTI를 통해 나와 자녀의 차이 이해하기	최고의 성교육 선생님은 부모님이다
지랄발광 사춘기 vs 흔들리는 사십춘기	AI시대 변화하는 교육 따라잡기
베트남에서 조심해야 할 질병	자녀 행복의 밑바탕, 자기조절능력
우리 아이를 위한 올바른 자세와 체형	독립된 자녀로 키우는 행복한 동행, '잡초교육'
그림을 통해 나와 내 아이의 마음을 들여다 보는 시간	이중언어 환경에서의 언어발달

KIS 학생 교육공동체: KIS 학생 자치의 모습

'학생들은 학교의 주인이다.'라는 말이 있다. KIS에서 학생 자치 행사는 학생들이 하고 싶은 활동을 제안하고 계획하고 실행해내는 일련의 프로젝트 활동으로 이뤄진다. 2024년도에는 스승의 날 기념 선생님 손 그림 공모전, 환경 보호 다큐멘터리 상영, 깨끗한 학교 만들기 캠페인, 뛰지 않기 캠페인, 전래놀이 한마당 등 다양한 행사가 열렸다.

자치 행사는 정해진 활동이 없다. 그렇기에 학생회에서 머리를 맞대고 어떤 활동을 할지 기획하게 된다. 기존에 했던 행사 중에 좋았던 것은 계속하기도 하고, 새롭게 해보고 싶은 활동을 생각해낸다. 그러면 생각하지 못했던 좋은 아이디어들이 나오고, 의견을 조율하며 준비 과정을 통해 성실함을 배우고 실천하면서 보람을 느낀다. 이처럼 학생이 스스로 행사를 기획하고, 준비하고, 실천해내는 과정에서 많은 경험을 하게 된다. 그리고 그 결과 많은 학생이 즐겁게 참여하는 행사가 이뤄져 왔다.

KIS는 교실 공간 부족으로 어려움을 겪고 있음에도 불구하고, 학생회실을 절대 없애지 않는 원칙을 고수하고 있다. 학생회실은 학생들이 모여 자치활동을 계획하고 실행할 수 있는 중요한 공간이자, 자율적으로 운영되는 학생회의 상징적 공간이다. 이러한 공간이 유지됨으로써 학생들은 자신들의 활동을 자유롭게 준비하고 실행할 수 있으며, 이는 학생 자치활동 활성화에 필수적인 물리적 기반을 제공하고 있다고 볼 수 있다. KIS 학생회는 연간 2억 동(한화 약 1천만 원)의 예산을 지원받고 있으며, 이 예산은 사업별 예산과 월별 활동비 등으로 나누어져 학생회가 다양한 자치활동을 운영하는 데 사용된다. 학생 자치활동은 단순히 아이디어와 열정만으로 운영되기 어려우며, 각종 행사를 준비하고 실행하는 데에는 실질적인 비용이 필요하다. 예를 들어, 학생회가 주관하는 학교 축제나 기념행사, 자선활동 등은 예산이 충분히 받쳐주지 않으면 원활하게 운영되기 어렵다. 따라서 KIS에서 제공하는 충분한 예산 지원은 다양한 자치활동을 성공적으로 운영할 수 있는 기반이 되며, 학생들은 이를 통해 리더십과 기획력을 키우고, 나아가 자율적이고 민주적인 학교문화를 경험할 수 있다.

학생 자치활동이 진정한 꽃을 피우기 위해서는 무엇보다 공정하고 투명한 절차를 통해 학생회장을 선발하는 것이 핵심이다. 이를 위해 우리 학교는 선거관리위원회를 중심으로 학생들이 직접 선거를 관리하며, 민주적 절차에 따라 대표를 선출할 수 있도록 체계적인 과정을 운영하고 있다. 먼저, 선관위는 선거의 의미와 역사를 학생들에게 교육하며, 학생들이 선거에 적극적으로 참여할 수 있도록 다양한 홍보 활동을 진행한다. 예를 들어, 투표를 독려하는 홍보 영상을 제작하여 학생들의 관심을 유도하며, 후보자별 공약을 분석하고 비교하는 자료를 제공하여 유권자들이 후보자들의 정책을 이해하고 평가할 수 있도록 돕는다. 또한, 후보자별 공청회를 점심시간 동안 개최하여 학생들이 직접 후보자들과 소통하고, 그들의 공약과 비전을 검증할 수 있는 기회를 마련한다. 투표 당일 체육관에서 열리는 후보자 대토론회에서는 전체 학생이 참관하는 가운데 후보자들이 자신의 정책을 발표하고 상대 후보 간의 공약에 관해 질문하고 답하는 시간을 갖는다. 선관위는 이 토론회가 공정하게 진행될 수 있도록 사회자 역할을 하며 학생들이 현명한 선택을 할 수 있도록 사전에 질문지를 구성한다.

투표 당일 기표소 설치, 투표과정 감독, 개표까지의 전 과정을 선관위 학생들이 직접 관리하며, 선거 절차의 투명성과 공정성을 확보한다. 이러한 과정을 통해 학생들은 단순히 투표를 넘어, 선거 전반을 이해하고 민주주의의 가치를 몸소 체험한다.

KIS 학생회는 역사적 사건을 기리고 기억하는 데 깊은 의미를 두고 있으며, 이를 학생들에게 적극적으로 알리고 있다. 세월호 참사와 제주 4.3 사건 추모 행사, 민주화 운동(4·19, 5·18, 6·10) 알리기, 학생의 날, 독도의 날 기념 등 다양한 행사를 통해 학생들은 역사적 사건의 의미를 되새기고, 그 아픔을 기억하며, 희생자와 그 가족들에게 진심 어린 위로와 존경을 표현하고자 노력한다. 제주 4·3 사건에 대한 추모 행사는 역사적 사실을 알리는 동영상과 패널을 제작하여 이를 적극적으로 홍보했다. 제주도의 상징인 동백꽃을 종이로 접어 제주도 지도에 붙이는 활동을 통해 학생들은 기념일의 의미를 직접 체험하며 역사적 사실을 더 깊이 이해할 수 있었다. 베트남의 대표 기념일인 홍왕절(4.18)과 남과 북의 통일을 기리는 해방 기념일(4.30), 프랑스 식민 지배로부터 독립한 기념일(9.2) 등을 챙기면서, 한국과 베트남 간의 역사적 차이를 이해하고 상호 존중하는 기회를 마련하고 있다.

KIS 학생회 주최 대표적인 행사로 학생의 날이 있다. 학생의 날은 1929년 광주에서 시작된 학생독립운동을 기리는 날로, 일제 강점기 시절 학생들이 자주독립을 외치며 벌였던 용기 있는 저항을 기념한다. 학생회는 이날을 기념하여 학생들이 독립운동가들의 숭고한 희생정신을 배우고 그 의미를 되새길 수 있도록 다양한 활동을 준비한다. 학급별로 홍보 포스터를 제작해 학교 복도에 전시회를 열고, 학생회 친구가 직접 디자인한 기념 배지를 제작하여 무인 자율 판매를 통해 수익금을 모았다.

자선 바자회를 개최하여 학생들이 자발적으로 물품을 기부하고, 학급별로 수집한 물품을 적정한 가격에 책정하여 다른 학생들에게 판매하였다. 바자회를 통해 모은 1억 3천만 동 상당(한화 700만 원)의 기금은 한국의 독립유공자 후손을 돕기 위한 자선 단체에 기부하였다. 이는 단순한 모금 행사가 아닌, 학생들이 직접 사회에 참여하며 나눔의 가치를 체험하는 소중한 기회였다. 그뿐만 아니라, 독립운동가들의 희생을 기억하며 그 뜻을 계승할 수 있는 귀중한 시간이 되었다.

진정한 자치활동의 활성화를 위해서는 학급 단위 자치활동을 어떻게 활성화할 것인가가 중요하다. 이를 위해 마련된 프로그램이 바로 학급별 교문 캠페인이다. 학급별 교문 캠페인은 아침 등교 시간에 교문 앞에서 진행되며, 각 학급은 임원을 중심으로 학급 회의를 통해 캠페인 주제를 선정한다. 주제는 학교 규정 준수 및 폭력 예방, 환경 보호 실천, 역사적 기념일 등 최근의 중요한 사회적 이슈도 포함되며, 캠페인의 목적과 의미에 맞는 다양한 활동들이 전개된다. 이러한 활동을 통해 더 많은 학생이 자치활동에 참여하고, 자연스럽게 학생 자치의 활성화에도 기여할 수 있었다.

리더십 워크숍 기사

학생회 회장단 토론회 및
선거 기사

방송부 학생이 만든
학교 홍보 영상

KIS 교육공동체를
만들어낸 힘

KIS는 소속된 교육청이 없는 특별한 학교이다. KIS 교육공동체 주체인 학생, 교직원, 학부모, 교민사회는 협력의 힘을 발휘하며 학교 교육활동에 적극적인 참여를 이루어가고 있다. KIS는 행복한 교육공동체를 꿈꾸며 다음과 같은 학교를 만들어가고 있다.

> 학생이 중심인 즐겁고 행복한 학교
> 교직원이 배움과 성장으로 신명나는 학교
> 학부모가 행복한 교육동행으로 참여하는 학교
> 교민사회가 협력적 관계로 함께 키우는 학교

KIS에서 교사공동체, 학부모 자치, 학생 자치활동이 활성화된 근본적인 힘은 여러 요소가 유기적으로 결합하여 긍정적인 변화와 성장을 끌어낸 결과라고 할 수 있다.

상호 존중과 신뢰를 바탕으로 한 공동체성, 주체성과 실천을 위한 노력
—

먼저 재외라는 특수성과 하나밖에 존재하지 않는 한국학교라는 점이 상호 존중과 신뢰의 문화를 형성한다. 학교 내부의 각 공동체는 상호 존중과 신뢰를 기반으로 한 관계에서 시작된다. 교사들은 서로의 전문성과 아이디어를 존중하며 협력하고, 학부모들은 학교 운영과 교육에 대한 깊은 신뢰를 바탕으로 적극적으로 참여하고 있다. 이러한 분위기는 학교의 중요한 정책이나 프로그램이 성공적으로 추진될 수 있는 기초가 된다.

둘째, KIS는 교사, 학부모, 학생 각자에게 학교의 발전에 기여하는 주체로서 해야 할 역할을 부여하고, 이를 통해 각 공동체의 주인의식을 키워나가고 있다. 한국 및 세계 각지에서 온 교사들은 학교 교육의 질을 높이고, 학생들의 행복을 우선시하는 교육 환경을 만들기 위해 끊임없이 노력한다. 이때 개인이 아닌 팀 단위의 역할 부여가 큰 역할을 한다. KIS 교직원들은 직장동료이자 친구이자, 가족 같은 관계를 통해 서로의 발전을 자극하고 도모한다. 학부모들은 자녀의 교육에 대한 적극적인 관심과 참여를 통해 학교 발전에 중요한 영향을 미친다. 한국과 달리 맞벌이 가정이 적은 것도 적극적으로 참여할 수 있도록 하는 큰 요소이다. KIS에서 열리는 공개수업이나 각종 행사에 학부모들은 매우 적극적으로 참여한다. 학생들 또한 자신들의 목소리가 반영되는 자치활동을 통해 책임감과 리더십을 배워나가고 있다.

셋째, KIS는 학교 교육의 목표와 비전을 명확히 설정하고, 그 비전이 모든 공동체에 공유되도록 노력하고 있다. 교사들, 학부모들, 학생들 모두 학교의 비전과 목표에 대해 공감하고 함께 나아가려고 하는 의지가 있다. 이때 원활한 소통은 공동체를 강화하는 중요한 요소이다. 교사들 간의 정기적인 회의와 학부모 회의, 그리고 학생들 간의 자치활동을 통해, 서로의 의견을 나누고, 학교의 발전 방향에 대해 함께 고민하는 문화가 잘 정착되어 있다. 특히, 다문화적 환경에서도 학교 활동에 잘 참여할 수 있도록 모든 가정통신문을 베트남어로 번역하거나 다양한 학교 활동 소개 시 동시통역 서비스도 제공하고 있다. 이런 소통은 갈등을 최소화하고, 협력적인 분위기를 만들어내는 중요한 기반이 되고 있다.

회복적 생활교육을 펼쳐나가는 학교

한국과 달리 KIS에서는 교육공동체의 힘으로 회복적 생활교육을 펼쳐나가고 있다. 재외한국학교는 학생들을 위한 안전과 정서적 지원 체계가 부족한 상황이다. 예를 들어, 해외에는 위센터나 지역사회 공공기관, 교육청 같은 필수 지원망이 없어 학생들의 정서적·심리적 문제를 즉각적으로 해결하기 어렵다. 이는 KIS뿐만 아니라 다른 재외한국학교들도 공통으로 겪는 문제이다. 최근 한국에서는 학생의 심리·정서적 문제를 해결하기 위해 정서·행동 위기 학생을 돕는 다양한 정책과 지원 체계가 마련되고 있다. 학생정신건강지원센터는 학교 구성원 모두의 정신적·정서적 안정이 학교 교육의 기반이라고 강조하며, 이를 위해 학생들에게 정신건강 프로그램과 교육 서비스를 제공해 정신건강에 대한 인식을 높이는 것이 중요하다고 주장한다. 따라서 '한 학생을 키우려면 온 마을이 필요하다'라는 오래된 격언처럼 학교와 교민사회의 협력은 필수적이다.

KIS는 학교폭력 사건이 전혀 없는 것은 아니지만, 매우 적고 학교 자체적인 노력으로 해결되는 사건 비율이 높다. 이는 교육공동체와 협력의 힘이 크다. KIS는 예전 한국에서와 같이 단위학교 내에 학부모 위원, 교사 위원,

전문위원이 참여하는 학교폭력대책 자치위원회에서 조치가 내려진다. KIS 학교폭력 조치 사항으로 최고 '퇴학'까지 가능하다. 한국은 중학교까지 의무 교육 대상이지만, KIS는 재외국민교육기관으로 의무교육기관이 아니다. '퇴학'과 같은 강력한 처벌 규정이 있다는 점과 '퇴학' 조치가 내려지면 한국학교가 아닌 곳으로 가야 한다는 점이 한국과 큰 차이점이다.

한편 KIS는 '회복적 프로그램'을 운영하고 있다. 학교폭력이 일어났을 경우 기계적으로 위원회를 개최하여 처분 조치를 내리기 전에, 관련 학생들을 불러 면담하고, 피해 학부모를 만나 상담하고, 가해 학부모를 만나 상담하여 서로의 마음을 듣고, 공감하며, 실제적인 관계 회복을 위한 방안을 찾는 데 초점을 두고 생활지도가 이뤄진다. 이러한 과정이 가능한 것은 무엇보다도 학교 구성원들의 '회복적 정의'에 대한 관심과 공감이 있기에 가능하다. 기존의 '응보적 정의' 관점에서는 잘못한 학생에 대한 처벌에 초점을 둔다. 처벌이 곧 정의라고 생각하면 정확한 양형 기준과 엄격한 처벌에 초점이 주어진다. 그렇지만 피해 학생의 회복과 가해 학생이 선도되고 성장할 기회를 잃게 된다. '회복적 정의'의 관점에서는 피해 학생의 실제적인 회복에 초점을 둔다. 피해받은 사실에 대하여 진심 어린 사과와 재발 방지의 약속, 피해의 회복이 강조된다. 가해 학생도 자기 행동에 대해 충분히 반성하는 시간을 갖고, 자기 행동을 개선해나갈 기회가 주어진다. 그 결과 학생들은 길게는 12년 동안 함께 해야 하는 학교 공동체에서 큰 앙금없이 지낼수 있게 되었다.

KIS는 '기쁨은 함께하면 배가 되고, 슬픔과 고통은 함께하면 반이 된다.'라는 말을 실천하는 학교다. 그리고 이 함께하는 힘이 바로 KIS에 존재하는 특별한 울타리라고 생각한다. 학교 안에 위기 상황이 발생하면 1차 안전망인 위기관리 협의체가 조직된다. 이 협의체는 학생들을 돕기 위한 자리

이기도 하지만, 동시에 학교 구성원 모두를 보호하는 안전지대 역할을 하고 있다. 서로의 의견을 나누고 도움을 주기 위해 대면으로 만나거나, 정서적으로 어려움을 겪는 학생들이 나타내는 예측 불가한 위험성에 대처하고자 카톡방을 통해 실시간으로 소통하며 누구 하나 홀로 지치지 않도록 손내밀며 격려해준다. 이처럼 서로 함께 만들어가는 울타리가 바로 KIS의 특별함이다.

학부모 아카데미를 통해 성장해 나가는 학부모들

학부모 성장 아카데미는 재외에 거주하는 학부모들이 함께 배우고 성장할 수 있는 흔하지 않는 기회이다. 이 기회를 통해 학부모들은 학생 교육에 필요한 정보를 얻고, 학교 공동체로서의 소속감을 높이게 된다. 학부모 성장 아카데미에 참여한 학부모들의 피드백을 살펴보면, 부모교육이 주는 긍정적인 효과가 매우 유의미하다는 것을 알 수 있다. 학부모들의 피드백을 분석하여 정리한 효과는 다음과 같다.

많은 학부모들이 강의에서 학생과의 관계에서 중요한 '경청'과 '공감'의 의미를 새롭게 깨닫게 되었다고 한다. 특히, 강사가 학생과 부모의 감정을 각각 읽어주고 대화를 이어가는 방법을 제시함으로써, 감정 소통의 중요성을 실감하게 된 점이 큰 성과로 나타났다. 이를 통해 부모들은 자녀의 감정을 이해하고, 공감하는 능력을 키우는 데 있어 실질적인 도움을 받은 것으로 보인다.

학부모들은 프로그램에서 제공된 구체적인 사례와 적용 점들이 일상에서 쉽게 활용할 수 있어 유익했다는 반응을 보였다. 특히, 사춘기 자녀를 둔 부모들은 자녀와의 소통에 있어 막연했던 어려움을 해결할 수 있는 실마리를 찾게 되었다고 이야기하며, 현실적인 대화법에 대해 큰 만족감을 드러냈다. 이를 통해 자녀와의 대화를 개선하고, 관계를 긍정적으로 변화시키고자 하는 의지를 갖게 된 학부모들이 많아진 것이다.

강의를 통해 학부모들은 자녀와의 관계를 돌아보며, 자신의 감정과 대처 방식을 점검하는 기회를 가질 수 있었다고 한다. 어떤 학부모는 "강의 내내 제 모습과 겹치는 사례들이 이어져 속으로 변명과 반박을 동시에 해보았다."라며, 자기 행동과 태도를 반성하고 개선하려는 노력을 시작하게 되었다고 말씀해주셨다. 이는 단순한 정보 전달을 넘어, 학부모들이 자녀와의 관계에서 자신의 역할을 새롭게 인식하게 되는 중요한 계기가 되었다고 볼 수 있다.

아카데미에 참석한 학부모들은 학생과의 관계에서 긍정적인 변화를 이루고자 하는 의지를 새롭게 다지게 되었다고 말한다. 학부모들이 자녀와의 관계에서 겪고 있는 현실적인 문제들 강연을 통해 되짚어보고, 해결을 위한 다양한 접근법을 배울 수 있었기 때문에, 강의 후에도 배운 내용을 바탕으로 일상에서 시도하고자 하는 의지를 보여주고 있다. 이는 단순한 지식 습득을 넘어, 실제적인 행동 변화를 이끄는 중요한 요소라 할 수 있다.

강의의 차분한 진행과 현실적인 사례들, 그리고 따뜻한 위로는 학부모들에게 큰 힘이 되었다. 사춘기 자녀와의 어려운 상황에서 방향을 잃은 듯한 부모들에게 강연은 든든한 안내서가 되었고, 자신의 노력과 고군분투를 인정받는 기분을 느끼게 해주었다고 한다. 또한, 부모 스스로의 마음을 먼저 돌보는 것이 중요하다는 메시지를 통해, 감정적으로 힘든 시기에도 자아를 다독이며 안정감을 찾을 수 있는 기회를 가질 수 있었다.

이처럼 학부모 성장 아카데미는 부모와 자녀 간의 관계를 더 깊이 있게 이해하고 개선하는 방법을 제시하며, 학부모들의 자아 성장과 변화를 도모하는 프로그램이다. 학부모들은 강의를 통해 자녀의 감정을 이해하고, 자신이 지닌 문제점들을 반성하며, 긍정적인 방향으로 나아갈 수 있는 의지를 얻었다. 이러한 프로그램의 지속적인 제공은 가정의 건강한 소통 문화 확립에 기여할 것이며, 부모와 자녀 모두가 함께 성장할 수 있는 중요한 발판이 될 것이다.

KIS 교육공동체!
모두를 위한 KIS 카페 운영 사례

왜 저는 친구들이랑 수업 못 들어요?

수업 시간에 문제를 풀다 말고 학생이 갑자기 물었다. "선생님, 왜 저는 친구들이랑 수업 못 들어요? 저도 친구들이랑 수업 듣고 싶은데." 또 다른 학생이 이때다 싶어 한탄한다. "친구들 보고 싶어.", "아아, 오늘 수업은 글렀다.", "너네 솔직히 말해. 공부하기 싫어서 그런 거지." 그런데 사뭇 진지한 표정에 말문이 막힌다. 무어라 설명해주어야 할까. 친구들이 성적에 예민한데 너희가 수업 방해 행동을 하면 친구들이 피해를 본다고 말할 수도 없고. 너희는 특수교육대상자여서 여기서 개별화 교육을 받는 거라고 말해줘야 할까.

난장이가 쏘아올린 작은 공
—

유 · 초 · 중 · 고 학생들이 약 2,000명, 교직원 230명이 넘는 거대한 교육공동체에서 초 · 중등 합쳐봐야 14명인 특수학급은 확실히 비주류이다. 수많은 군중 틈에서 까치발하고 무대를 보려는 난쟁이처럼, 학생들은 막막히 또래를 동경한다. 무대를 볼 수 없다면 다 함께 참여할 수 있는 새 무대를 만들고 싶었다. 초등 특수 선생님과 의논하고 '모두를 위한 카페, KIS for All 프로젝트'라는 이름으로 초·중등 교사와 원어민 교직원 연합 팀을 구성해 제안서를 제출했다. 교장 선생님은 아이디어가 좋다며 필요한 게 있는지 물으셨다. 커피머신과 몇몇 기자재가 필요해 예산을 찾는 중이라고 말씀드렸더니 그 자리에서 이사회에 전화하셨다. 특수학급 직업 교육을 위한 카페를 만들려 하는 데 지원을 부탁한다는 내용이었다. 난쟁이가 살포시 던진 공에 4번 타자가 배트를 휘둘렀다.

공은 일사천리 쭉쭉 뻗어 나갔다. 이사회에서 커피머신과 그라인더, 테이블 냉장고를 기증했고, 행정실은 방학 중 상하수도와 기자재를 설치하기로 하였다. 공사를 검토해보니 통합교육지원실은 상하수도를 설치하기 어려운 구조였다. 그 옆 교실에 원어민 교사 라운지가 있었는데, 영어, 베트남 원어민 선생님들이 공용 공간으로 쓸 수 있도록 협조해 주어 그곳을 카페 공간으로 꾸미기로 했다.

더없이 순조로웠으나 막상 규모가 커지자 자책이 들기도 했다. '아이고! 베트남까지 와서 가만히 있을 것이지 기어코 저질렀구나!' 이미 판이 벌어져 어쩔 수 없었다. 먼저 8~11학년 학생들을 대상으로 장애 학생 또래 도우미 굿프렌즈 모집 공고를 냈다. 봉사 시간을 내걸고도 많이 지원 안 하면 어쩌나 조마조마했지만, 걱정이 무색하게 공고 당일 지원자가 20명이 넘었고, 마감일까지 무려 100명이 지원했다. 지원서로 50명을 추려 3인 1조 집단 면접으로 24명을 뽑았다. 면접만 꼬박 4일이 걸렸다. 그즈음 중등 자치문화부에서 주관하는 학생 자치 정책공모전이 있었는데, 학생 3명이 통합교육지원실로 찾아왔다. 특수학급 학생들에 대한 인식을 주제로 설문조사를 한 뒤 결과물을 들고서 함께 일해보고 싶다고 찾아온 것이다. 이 기특하고 훌륭한 친구들도 굿프렌즈에 합류했다. 이들이 추진한 교내 카페 통합 교육 활동 기획은 이후 우수상으로 선정되어 교육활동에 예산을 지원받을 수 있게 되었다. 이사회, 행정실에 이어 학생들까지 유입되면서 점점 판이 커지고 있었다.

오리엔테이션에서 24명의 최정예 굿프렌즈 제군들에게 장애 이해 교육을 진행한 후 우리 반 학생들과 서로 짝을 지어주고 매일 식당에서 같이 식사하기로 했다. 런치 토크라고 명명한 이 활동으로 굿프렌즈를 개시한 이유가 있다. 자주 식사하는 만큼 가까워질 터였다. (우리는 안부를 물을 때도 '밥은 먹었냐?'라고 묻는 한국인이니까!) 우리 반 학생들은 이제 더 이상 따로 밥 먹지 않아도 되었고, 친구들이 보고 싶다고 한탄하지 않아도 되었다. 대신 점심마다 교실로 찾아오는 친구의 손을 잡고 식당으로 향하게 되었다. 그 경쾌한 발걸음이란! 우리 모두 살면서 언젠가 느껴보았듯이 누군가에게 지극히 평범한 일상이 어떤 이에게는 특별한 법이다. 이걸 까맣게 잊어버리고 살면 갑작스레 마주쳐 새삼 깨닫게 하는 장면들이 있는데, 손을 잡고 신나게 총총대는 이 학생들의 뒷모습을 바라보는 순간도 그중 하나이다.

교육·복지·문화복합공간으로서의 카페

장애 학생을 위한 직업교육 목적이 아니더라도 학교 카페는 여러모로 매력이 있다. 예산이 대거 투입되는 학교 공간 재구성 및 공간 혁신 사업에서도 카페는 가장 인기 있는 공간 콘셉트이다. 많은 학교가 개방된 복합공간의 필요성에 공감해 북카페를 새로 만들거나 기존 시설을 카페처럼 리모델링하여 수업, 회의, 전시회, 각종 행사, 휴식과 여가 활동으로 유연하게 활용하는 추세이다. 카페는 교육과 복지 목적으로도, 사업과 가치 측면에서 보아도 유용하고, 교직원과 학생, 학부모 가리지 않고 심미성과 감수성을 간질이는 공간임이 분명하다. 이렇게 학교 카페라는 쓸모 있고 예쁜 공간을 통합교육의 장으로 활용하지 않는다면 몹시 아쉬운 일일 테다.

더구나 KIS는 저력이 대단한 학교다. 교사는 교육과정 재구성에 대한 재량권을 보장받아 광범위한 스펙트럼을 종횡무진하면서 교육활동을 끊임없이 생산하고, 행정실의 전폭적 지원과 신속 정확한 업무처리는 막힘이 없다. 학생들은 한국에 비해 대입 압박에서 비교적 자유로워 의욕이 넘치고 다양한 행사에 적극적으로 참여한다. 등굣길 음악회나 런치 콘서트처럼 일상에서 교내 구성원이 함께 즐길 수 있는 거리도 많고, 적지 않은 수의 베트남·영어권 선생님들과 가까이에서 소통할 수 있으며, 유치원부터 고등학교까지 한 캠퍼스에 있어 학령기 전체를 연결하는 교육을 도모할 수도 있다. 통합교육을 위한 최적의 환경이라는 얘기다. 이 자율성과 다양성, 연속성의 토대 위에 통합교육 활동도 얼마든지 꾸준하게 실행할 수 있다. 여기서 불가능하다면 어디서도 성공하지 못할 것이다.

통합교육의 차원에서 학교 카페를 만들고 운영한다면 고려해야 할 점이 뭐가 있을까. 필요한 예산을 투입하고 하향식으로 신속하게 시스템을 갖추면 '짜잔~ 완성!'은 물론 아닐 것이다. 통합의 진정한 의미를 생각해 보면 장애-비장애 학생과 교직원이 어우러지는 모든 과정이 다 중요하다. 카페를 계획하고 만드는 시작 단계부터 함께할 수 있다면 더욱 좋을 것이다.

특수교육이 중요하게 다루는 교수학습 원리 '부분 참여의 원리'는 모든 장애 아동이 또래가 하는 활동에 참여할 수 있으며 장애를 이유로 배제하면 안 된다는 철학을 기반으로, 아동이 주어진 과제의 모든 단계를 스스로 할 수 없다고 하더라도 적절하게 수정된 과제를 수행하도록 가르칠 수 있으며, 할 수 있는 최대한 참여시켜야 한다는 점을 강조한다. 그렇게 해야 하는 이유는 사회적으로 가치 있는 역할을 부여받을 때 긍정적 자아 이미지가 형성되고 실제로 역량이 강화되기 때문인데, 이는 장애의 유무와 상관없이 우리 모두 마찬가지 아닌가. 우리는 티끌 같은 예산을 여기저기서 긁어모아 손때 묻혀가며 카페를 직접 만들어 보기로 했다. 시간이 더 걸리고, 결과물은 엉성할지언정, 함께 하는 과정 자체에 의미가 있었다. 우리는 같이 밥을 먹으면서 친해질 뿐 아니라 같이 일하면서 친해지기도 하니까 말이다. (아니, 사실은요. 전면 공사할 예산이 없… 읍! 잠끄… 읍읍!)

카페 꾸미기 활동 후

모두를 위한 카페, KIS 키득키득

로빈슨 크루소와 프라이데이

—

KIS의 강점 중 하나는 행정실에 베트남 직원들로 구성된 시설팀이 있어 수리, 인쇄, 전기, 수도, 설비, 시공에 이르기까지 웬만한 일은 학교 안에서 모두 해결이 가능하다는 점이다. 카페를 개설하는 과정 전반에 행정실의 역할이 컸다. 덕분에 여름 방학 중 카페 공간의 상하수도 공사를 마쳤고, 이사회에서 기증한 각종 커피 기기도 다 설치했다. 이제 카페를 꾸밀 차례였다. 방학 중이었지만 학생들을 불러 모아야 했다. 개학 얼마 후 학교 이사회 회의에 맞추어 카페 시업식이 예정되어 있었고, 그 전에 구색을 갖출 필요가 있었기 때문이다. 카페를 조성하는 시작 단계부터 학생들과 함께하기로 했으니 빨리 모일수록 좋았다. 그렇게 방학 중 3일간 굿프렌즈 워크숍을 진행했다. 조만간 카페로 변모할 교실의 대청소를 하고, 카페 콘셉트를 정하기 위한 아이디어 스케치, 물품 리스트업, 레시피 수합, 홍보 방안 구상 등 다양한 영역에서 카페 운영 방안을 의논했다. 조별 토의와 발표, 온라인 작업을 거쳐 공유한 내용을 토대로 여러 물품을 구매했다. 이후 2주 동안 할 일이 산더미였다. 베트남에서 웬만한 물품은 다 조립식이다. 큰 인조 식물 화분을 여러 개 구매했는데 이파리와 줄기를 모두 조립해야 할 줄은 상상도 못 했다. 의자와 책상과 선반도 모두 부품이 따로 와 일일이 조립했다. 우리는 택배로 온 물건들을 뜯고, 분류하고, 조립하고, 붙이고, 바르고, 옮기고, 깔고, 달고, 꾸미면서 같이 땀 흘리고, 또 웃었다.

8월 27일 드디어 시업식이 다가왔다. 카페에 필요한 기자재를 후원해 준 학교 이사회와 교장 · 교감 선생님, 학부모 위원들, 제안제도팀 선생님들과 우리 반 학생 등 관계자들이 모여 카페 시업식을 하게 되었다. 첫 개시로 음료를 주문받고, 커피를 내리고, 우리 반 학생이 음료 서빙을 했다. 많이 와

주신 그 자리에서 특수학급 학생들의 직업교육과 우리 학교 특색 통합교육을 위한 카페 운영 계획을 말씀드렸다. 이사님들과 학부모 위원들은 카페의 취지와 비전에 공감해주시고 좋은 말씀으로 또 방명록으로 응원을 해주셨다. 시업식을 성황리에 마치고 굿프렌즈 친구들과도 함께 따로 시업식 기념사진을 찍고 자축했다. 이러한 과정을 거쳐 개설한 KIS 카페 소식은 신문 기사로 보도되기도 했다. 이제 시작이었다.

제안제도팀 회의를 통해 카페 운영 방침을 정했다. 1주일에 한 번 금요일마다 카페를 오픈하고, 처음에는 교직원을 대상으로 운영하기로 했다. KIS는 교직원만 230명이고 학생들은 2,000명이 넘는다. 모두를 대상으로 운영하기에는 감당이 되지 않았다. 학생 대상으로는 우선 학년별로 나누어 매월 한두 차례 시범운영을 해보기로 했다. 그렇게 교직원을 대상으로 점심시간에만 운영했는데도, 첫 주에는 너무 바빠 정신이 없었다. 카페에 방문하는 손님이 100명이나 되었다. 동선은 꼬이고 주문은 밀리고 있었다. 시스템이 아직 준비되지 않았다는 뜻이었다. 학생들은 아직 충분히 훈련되지 않았고, 선생님들도 처음이라 우왕좌왕하는 시기였다.

몇 주 동안 시범운영 기간에 얻은 피드백을 꾸준히 반영하면서 개선해나가자 한 달이 될 즈음 시스템이 비로소 자리를 잡았다. 교실 창을 열고 주문받는 카운터로 활용하여 카페 바깥에 메뉴판과 결제 안내를 비치하면서 내부 공간은 안정을 되찾았고, 주문 시스템은 엑셀 클릭 방식으로 만들고 카운터의 노트북과 카페 작업대의 태블릿에 화면이 공유되도록 했다. 바리스타 역할을 맡은 교사와 학생들의 기술도 점차 숙련되었고, 모두가 저마다 얼음 담당, 아이스티 제조, 쿠폰 음료 서빙, 쿠폰 도장 찍기 등의 역할을 맡아 장애로 인해 소외되는 일이 없도록 했다. 시간이 지나면서 관심 있는 교직원과 학생들이 더 많이 참여해 인력풀도 점차 커졌다. 이렇게 교직원과 장애-비장애 학생이 한 공간에서 함께 일하는 장면이 연출되었다.

　10월 10일 교직원 제안제도 발표회가 있었다. KIS의 모든 교직원이 홀에 모여 준비된 발표와 공연을 보고, 심사단의 심사와 청중단의 실시간 투표로 대상과 최우수, 우수를 선정한 뒤 시상식으로 마무리하는 순서였다. 엄선된 10개 프로젝트팀의 성과를 보면서 우리 학교 교직원들의 열정과 노고가 새삼 대단하게 느껴졌다.

　우리 팀은 마지막 순서였다. 달리 말재간이 없어 진정성으로 어필하기로 한 나는 이 프로젝트 내용을 간단히 소개하고 그간의 활동을 편집한 4분짜리 영상을 상영했다. 영상을 보면서 적지 않은 선생님들이 웃다가 울기도 했는데, 나중에 들어보니 우리 반 학생들을 지도하고 기억하고 계시던 선생님들이 많았다. 베트남과 영미권 원어민 선생님들도 진심 어린 축하와 따뜻한 응원의 메시지를 보내주었다. 관심을 가지고 카페에 와주신 분들이다. 어찌 보면 KIS는 이미 준비되어 있었다. 이 프로젝트는 서로의 가슴 속에 머물던 바람을 이어주는 다리 역할만 한 셈이다. 마음을 잇는 일에는 무언가 파장이 있다. 탁월한 성과들 틈에서 대상으로 뽑아주신 이유가 아니었을지 생각해 본다.

　대니얼 디포의 소설 〈로빈슨 크루소〉에서 로빈슨은 무인도라고 생각했던 섬이 실은 무인도가 아니었다는 것을 알게 된다. 어느 금요일, 그는 식인종에게 잡아먹힐 뻔하던 원주민을 구해주고 프라이데이라는 이름을 붙여주는데, 이후 둘은 항상 함께 다니다가 배를 만나 섬에서 구출된다. 우리 학생들도 이곳이 사실 그리 외딴섬이 아니었다는 걸 알게 되었을 것이다. 프라이데이를 만나 고독으로부터 해방되고 마침내 섬을 벗어났던 로빈슨 크루소처럼, 이제는 금요일마다 학교의 다양한 구성원을 만나며 소통의 즐거움도, 노동의 보람도 느끼게 되었으니까. Thank God, it's Friday!

지속 가능한 KIS 카페를 위하여

KIS 카페의 이름은 '키득키득(Ki Được Ki Được)'이다. 교직원과 학생 대상으로 카페 이름을 공모해 선정한 이름이다. KIS의 'KI'와 "할 수 있다."는 뜻의 베트남어인 'Được'의 합성어로 격려의 메시지와 함께 웃음과 소통의 공간이 되기를 바라는 마음이 담겨 있다. 100개의 응모작 중 선정된 선생님은 올해 음료 무료 이용권을 받았고, 따로 추첨한 20명에게는 음료 5잔 무료 이용권을 발급했다. 이런 방식으로 다양한 명목에서 카페 쿠폰을 발행하고 행사 시상으로 지급하기도 한다. 우리 학교는 경북교육청에서 지정한 '독도 수호 중점학교'이기도 한데, 독도 교육의 하나로 통합교육지원실과 초등학교에서 독도 쿠키 1,200개를 함께 만들어 전교생과 교직원을 대상으로 판매했다. 수익금은 카페 수익과 더불어 학생들의 이름으로 기부하기로 했다. 이 활동 역시 초중등 교사진과 장애-비장애 학생들, 급식실과 지역사회(아산 베이커리)의 합작이다.

방과후학교 특색프로그램으로 진행 중인 바리스타 교육프로그램도 빼놓을 수 없다. 베트남에서 커피 원두와 머신 사업을 하는 바리스타 출신 회사 대표를 강사로 초빙해 학생들과 교사들이 매주 2회씩 교육받고 있다. 수업 수강생은 학교 카페를 운영하는 금요일마다 바리스타로 실습도 해야 한다. 모든 교육프로그램이 끝나면 학교 카페 실습장에서 시험을 치르고, 아시아커피연맹(ACU)에서 발급하는 국제 바리스타 자격증을 취득할 수 있게 했다. 이 같은 프로그램은 이후 더 많은 학생과 교직원들에게, 나아가 학부모나 지역사회에도 확장할 만한 가능성이 있다. 카페 활동으로 연계할 수 있는 교육활동은 그야말로 무궁무진하다. 커피박을 재활용하는 생태 전환 교육활동으로 연결할 수도 있고, 중고등학생의 경제교육을 위해 카페 경영과 상품 기획, 판매, 마케팅을 위한 수업도 가능하다. 현재는 코딩 역량이 있는 학생회 방송부 학생들에게 카페 키오스크 개발 외주를 준 상태이다. 급변하는 세상에서 실생활의 문제를 해결하는 역량을 키워주고 사회에 기여하게 하는 일이야말로 학생들이 살아갈 미래를 준비하는 과정이라고 믿는다.

이 프로젝트는 나에게도 의미가 깊었다. 10년 넘은 교직 생활에서 일반학교의 특수학급을 맡은 건 올해가 처음이었다. KIS 같은 거대 공동체에서 특수교사라는 자리는 어떻게 보면 난쟁이와도 같았다. 나처럼 작은 사람이 여기서 무엇을 할 수 있을까 생각할 수도 있었다. 그런데 이만큼 교내외 많은 사람과 소통하고 협력하는 즐거움을 경험하며 함께 성장할 수 있었던 것은, 어려움을 극복하고자 내민 손을 적극적으로 잡아주고 먼저 손을 내미는 건강한 문화가 이 학교에 자리잡혀 있던 까닭이다. 그래서 이곳 호치민에서만 할 수 있었던 작은 실험이었다. 고생스러운 과정도 있었지만 얻은 것에 비할 바는 아니다. 큰 프로젝트를 운영하면서 역량을 강화하는 일은 돈으로도 살 수 없는 기회이지 않은가? 더욱이 이 모든 과정에 나는 혼자가 아니라 함께였다. 이렇게 어찌어찌 학생들과 함께 공을 쏘아 올리며 알게 된 엄연한 사실이 있다. 이 이야기의 결론이다.

난장이가 쏘아올린 작은 공은, 받아주는 이가 있는 한 추락하지 않는다!

KIS 카페(키득키득) 기사

\<KIS 이야기\>
2023년 KIS 제안제도 대상
'KIS 업무포털 개발기'

총알개미와 종이 근무상황부

학생 수 2천여 명, 교직원 수 230여 명. 유·초·중·고가 모두 모여있는 호치민시한국국제학교의 직원으로 기대에 찬 첫발을 내디뎠다. 나는 전산직 공무원으로 한국에서는 교육정보 시스템 관리업무를 하였다. 그런데 학교라는 생소한 조직에서 그것도 행정실 시설관리라는 새로운 업무를 잘 해낼 수 있을지 걱정이 더 큰 나날들이었다.

2천여 명 학생들을 수용하는 큰 학교에서 교실 위치를 몰라 시설안내도를 출력해서 돌아다니던 채용 n개월 차, 학생들의 프로젝트를 위한 시설요청사항을 들었다. 교실 잠금장치 설치라는 간단한 요청이었지만, 교실 위치가 어디인지 확인하러 담당 선생님과 함께 그곳을 찾았다. 교실에는 커다란 아크릴 상자가 있었고, 한국에선 보지 못했던 거대한 개미가 열심히 돌아다니면서 일하고 있었다.

「총알개미를 키우며 카메라로 개미의 동선을 수집한 후, 그 데이터로 행동 패턴을 분석」하는 프로젝트를 진행 중인데, 이 총알개미가 물리면 너무 아픈 녀석이라 아무나 못 들어오게 잠금장치가 필요하네요."

순간 내 귀를 의심했다. 대체 이 학교는 어떤 교육을 하고 있기에 학생들이 시대를 앞서는 이런 프로젝트를 진행하고 있는 것인가! 너무 신선한 충격이었다.

비슷한 시기, 생소한 것들이 너무 많아 업무시간에 일을 소화하지 못하여 초과근무를 하게 되었다. 한국은 나이스(NEIS) 시스템에서 초과근무 신청, 승인이 당연하게 처리되는데 이곳은 어떻게 처리되고 있는지 궁금하여 동료 직원에게 방법을 물어보았다.

"오자마자 초과근무네요. 여기에 신청하시면 돼요"라며 캐비닛에서 두꺼운 종이 뭉치가 책상 위로 내려앉았다. 임용 10년이 한참 넘었지만 한 번도 보지 못했던 수기 근무상황부였다. 초과근무 신청 내역을 손으로 작성한 후 서류철을 들고 결재받으러 가는 방식이다. 대체 이곳은 지금이 몇 연도인데 이런 방식의 복무 결재를 하고 있는 것인가! 또 한 번 충격을 받았다. 놀라움에 휩싸여 감탄을 금치 못하는 사이, 급여담당자가 더욱 놀라운 이야기를 해줬다.

"이걸로 놀라면 안 돼요. 이 신청서랑 지문인식기 자료랑 맞추는 게 진짜죠."
"그러게, 이걸 어떻게 맞춘대요?"
"초, 중, 행정실에서 작성한 이 대장을 한땀 한땀 엑셀에 옮겨 적는 거죠. 그리고 지문인식기의 자료와 한땀 한땀 대조해서 초과근무 시간을 산출해요."
"아니 직원이 200명이 되는데 그걸 하나하나 옮겨 적는다고요?"

"네, 뭐 일주일 동안 아무것도 안 하고 이것만 하면 금방 해요.(씽긋)"

반 정도는 체념의 웃음을 지으면서 "국제학교 사정이 이래요."라고 말하는 그녀를 보며 머리가 복잡해졌다. 큰일이다. 대체 이 상황을 어떻게 해야 할까. '총알개미, 패턴분석 〈→〉 초과근무, 수기 대장' 균형이 너무 맞지 않는다.

종이(수기) 근무상황부

재외 한국학교는 아직 나이스, 에듀파인 시스템이 전면 보급되지 않았다. 학생 생활기록부 작성의 경우는 예외로 나이스가 도입되어 작성하고 있지만, 복무 신청이나 재정관리는 각자의 사정에 맞추어 생활하고 있다. 그도 그럴 것이 대부분의 재외 한국학교의 규모는 그렇게 크지 않아 수기 업무 처리에 큰 부담은 없을 것이고, 재외 한국학교를 위한 별도 시스템을 도입, 운영하기에는 투입예산 대비 큰 효율이 없을 터. 하지만 이곳 KIS는 손으로 하기에는 규모가 너무 크다.

"이거 전산화 시키면 일이 많이 줄까요?"

"당연하죠. 할 줄 몰라서 이러는 거지 전산화되면 너무 좋죠"

이래저래 학교 사정을 들어보니 수기로 진행되는 것들이 너무 많다. 전산화가 되면 좋은 것들, 필요한 것들이 한두 개가 아니다. 과거 교육청 임용 전 프로그램 개발자로 일했던 개발자 본능이 꿈틀거렸다. 거의 매일 자정까지 일하면서, 사수에게 욕먹어가며 일하면서, 3D 직종이라는 오명을 받는 것이 싫어서 공직에 입문했건만…. 그 개발자 본능이 꿈틀거리는 걸 느끼면서 사회 초년의 고생이란 게 이렇게 DNA에 각인되는가 싶었다.

큰 그림을 그려본다. 모든 전산시스템 도입에는 필수적인 요소가 있다.
〈 예산 / 하드웨어 / 소프트웨어 / 유지관리 〉

먼저 예산을 상상해본다.

"올해 예산 100억 동(약 5억 원) 감 추경해야 해!!!"라고 외치는 재정 담당 행정 3팀장님의 절규가 스쳐 지나간다. 투입할 예산이 없다. 자연히 소프트웨어 외주 개발 비용도, 유지관리 비용도 없다.

하드웨어는? 도입 10년이 넘은 낡은 서버 한 대를 이용해 가상서버를 돌려가며 사용하고 있는 서버실이 스쳐 지나간다. 가용자원이 부족하다.

남은 선택은 하나뿐이다. "자체 개발, 자체 운영"

구축에는 시간이 얼마나 소요될까 생각하니 막막함이 몰려왔다. 언제 개통될지 모르는 시스템. 개발을 위해 알아볼 것, 해야 할 일들이 쓰나미처럼 몰려와 다시금 막막해졌다. "포기하면 편해"라는 명언이 스쳐 지나갔지만 '총알개미'의 최첨단 교육이 마음을 다잡게 해주었다. "그래. 처음부터 완벽할 필요는 없으니 차근차근 진행해보자."

계획은 계획이지만 걱정이 앞섰다. 어떻게 보면 작은 일이지만 업무 프로세스를 바꾸는 일이라 말단 직원이 이렇게 함부로 계획하고 추진해도 될지, 갑자기 관례를 벗어난 새로운 방식으로 바꾸자고 하여도 괜찮을지. 감사하게도 교장선생님과 행정실장님은 이런 전산화 계획을 크게 반겨주셨고 빨리 도입하자고 재촉하시어 되레 마음이 급해졌다. 한국이라면 보수적으로 접근될 이러한 일들이 이렇게 막힘없이 추진되다니. 재외한국학교에서만 가능한 혁신적인 일이 아닌가 싶어 이곳에 소속된 자신이 조금은 으쓱해졌다.

1단계 사업: KIS 미니 포털

관리자의 승인이 있었으니 이제 전산화의 첫걸음으로 가장 손이 많이 가는 교직원 초과근무 신청부터 전산화하기로 하였다. 어떤 방법이 가장 간단한 구성일까? 교내 데이터베이스 서버에 각 사용자가 접속하는 방식이 가장 단순한 구성이라고 결론지었다.

〈1. DB(HW-서버) + 2. DB(SW-프로그램) + 3. 사용자 SW〉

1. 데이터베이스 서버가 필요하다. 하지만 학교에는 서버를 구매할만한 예산이 없다. 교직원 모두가 접속할 수 있는, 어딘가 방치된 서버가 있

지 않을까? 먹잇감을 찾는 하이에나처럼 서버실을 뒤적거려 본다. 그러다 문득 매일같이 소통하는 교내 메신저의 존재가 생각이 난다. 용량도 넉넉하고, 전 교직원이 메신저를 이용한다. 검증된 서버에 세를 들어 지내는 것으로 비싼 서버 장비 구매를 피할 수 있게 되었다.

2. 데이터베이스 소프트웨어도 필요하다. 유명한 Oracle을 비롯한 수많은 데이터베이스 SW 중 어떤 것을 선택할 것인가. 최우선순위는 무료로 사용할 수 있어야 한다. 다행히 마이크로소프트에서는 MS SQL Server Express 버전을 소규모 오피스, 교육용으로 무료 배포하고 있다. 물론 데이터베이스 크기 10GB라는 제한과 일부 고급기능의 제약이 있긴 하지만 일상적인 용도의 사용은 큰 무리가 없다. 10GB의 용량도 우리가 목표하는 시스템으로는 10년을 써도 다 쓰지 못하는 용량일 터. 돈만 밝히는 'M$'라고 욕하던 어린 시절의 패기가 감사함으로 바뀌는 순간이다.

3. 사용자 소프트웨어는 어떤 것이 적합할까. 시대의 흐름에 맞게 웹사이트로 구성하는 것이 가장 훌륭한 선택일 수 있지만 고가의 웹서버 장비를 별도로 구성할 여력이 없다. 그리고 웹 개발은 시간이 너무 오래 걸리는 문제가 있다. 마음먹으면 하루 만에 만들 수 있는 엑셀 매크로를 이용하기로 하고 개발에 착수했다.

아주 단순한 구성으로, 개인 ID를 입력한 후 초과근무를 신청하는 형식이다. 이렇게 개인이 신청한 초과근무 자료는 날짜별로 전 직원의 신청 내역이 하나의 시트로 출력되고, 매일 관리자의 일괄 결재를 통해 초과근무를 승인하는 시스템으로 시범운영을 계획하였다.

교직원이 입력한 초과근무 신청 자료는 DB에 차곡차곡 쌓이게 되고, 매

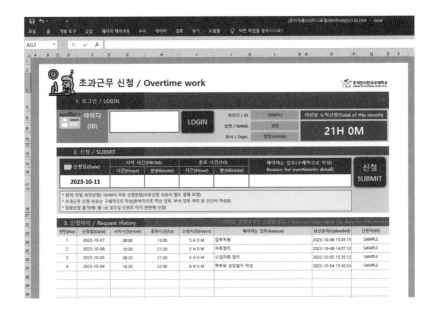

달 700여 건의 종이 신청서를 엑셀로 옮겨적던 반복 작업은 파일 다운로드 클릭 하나로 해결되었다. 거짓말 조금 보태 급여업무의 80%가 줄어들었다며 함박웃음을 지으면서 "제 월급을 떼서 드리고 싶네요."라고 말하는 급여 담당자의 웃음으로 효과성은 입증이 된 것 같다.

KIS 제안제도: 차세대 포털 개발의 시초

호치민시한국학교에는 전 교직원이 참여하는 KIS 제안 제도가 있다. 학교의 발전을 위해서라면 그 어떠한 것이든 제안하고, 참여하는 교장 선생님의 야심찬 제도다. 연말 최종 발표회를 거치고 전 교직원의 투표를 통해 수상작을 선정하고 포상한다.

엑셀 버전 미니포털을 운영하면서 차세대 버전을 어떻게 개발할지 고민이 깊었는데, 이 제도를 접하고 머리가 반짝였다. 혼자만의 고민이 아닌 팀을 만들어서 인력풀을 운영할 수 있게 된 순간이다.

소프트웨어 개발은 많은 사람의 노력과 수고가 들어가는 일이다. 기획, 분석, 디자인, 설계, 개발, 유지보수까지 많은 부분의 협의와 결정이 있어야 한다. 어떠한 기능을 만들어야 할지, 어떤 자료를 입력받아야 할지, 디자인 구성은 어떻게 해야 할지 막막하였는데 공식적으로 다른 직원들과 협업을 할 수 있는 기회가 생긴 것이다. 행정실 직원을 비롯한 초·중 교직원을 아우르는 팀을 구성하였고 그렇게 미니포털이 도입된 지 3개월도 채 되지 않아 차세대 개발이 시작되었다.

업무 포털다운 포털은 어떤 기능이 들어가야 할까? 종이문서를 없애고 전자결재를 위한 기본인 복무 신청 기능이 필수라는 데 의견이 모였다. 한국에서 사용하던 나이스 복무신청, 초과근무신청 기능을 기본으로 하여 확장성 있는 프로그램을 구성하자는 것이 업무포털 개발팀의 목표였다. 2024학년도 3월, 신학기 개통이 목표다. 모든 소프트웨어 개발이 그러하듯 시간이 부족하다.

한국의 나이스 기능분석 담당, 다양한 국적의 교직원이 근무하는 국제학교에 필요한 다국어 번역(한국어, 베트남어, 영어) 담당, 각 기능에 따른 권한설정 분석 담당, 사용자 친화적인 UI를 위한 디자인 담당, 개발 담당, 심지어는 팀원들의 사기를 북돋음 하기 위한 간식 제공 담당까지 각자의 업무가 자연스럽게 배정되었고 각자의 자리에서 서둘러 업무가 진행되었다.

2단계 사업: KIS 업무포털

도입된 지 몇 개월 만에 차세대를 꿈꾸는 KIS 포털은 어떻게 실행이 되어야 할까? 엑셀 버전 미니포털을 구상했을 때의 고민과 같은 고민이 시작되었다. 부족한 자원, 쉬운 배포, 확장성 있는 메뉴 구성까지. 결국은 웹 VS 설치형 프로그램의 대결이다.

웹 사이트와 설치형 프로그램의 비교

	웹	설치형
배포	쉬움	어려움
서버	필요	불필요
다양한 기능	어려움	쉬움
운영체제	무관	Windows
개발기간	장기	비교적 단기

대세는 운영체제의 특성을 타지 않고 설치가 불필요한 웹 프로그램이지만 웹서버 운영, 장기 개발기간이 필요한 단점이 발목을 잡았다. 부족한 서버 자원 대신 사용자 PC의 자원을 활용하는 설치형(.exe) 프로그램 개발로 방향을 잡게 되었다. 업데이트될 때마다 프로그램을 재설치해야 하는 배포의 어려움은 자동 업데이트 프로그램을 개발하는 것으로 보완하기로 하였다. 이를 위해 개발언어는 C#.NET을 이용하기로 하였고, 이는 순전히 개발 담당인 나의 의사에 따른 것이다.

건물을 세우기 위해 기초작업을 탄탄하게 하는 것처럼, 단순한 복무 결재

시스템에서 출발하긴 하였지만 필요한 기본 기능들은 다양하다. 사용자 로그인 하나를 위해서는 사용자 등록기능을 비롯한 부서 관리, 깊게는 비밀번호 암호화 모듈까지도 필요하다. 팀원들의 머리를 모아 다음과 같이 1차 기능 정의를 완료하였다.

- 로그인: 사용자 관리, 권한관리
- 결재 모듈: 복무, 초과근무 결재를 위한 기반, 상신 · 회수 · 기결취소
- 복무 신청: 나이스 기반으로 연가, 출장 신청 및 사용 연가 이력 관리
- 초과 신청: 평일 1시간 공제, 휴일 공제 제외, 일 최대 4시간, 사전 결재
- 급여명세: 엑셀 파일로 전달하던 급여명세서 개인별 조회 기능
- 시설관리: 각종 시설 정비 요청사항 등록, 처리상황 공유 기능
- 다국어 기능: 로그인 시 한국어, 영어, 베트남어 3개 국어 선택 기능

이제 개발의 시간이다. 페이지를 하나 만들고, 데이터베이스에 접속해 본다. 접속되면 자료를 입력하고, 조회하고, 삭제해본다. 사용자 접근성을 위하여 최대한 한국의 나이스와 비슷하게 만드는 것이 목표이지만 여러 차례의 불필요한 클릭을 없애기 위하여 여러 팀원의 머리가 모인다. 입력, 출력값이 결정되면 디자인 담당의 대략적인 디자인이 나온다. 이를 바탕으로 개발자는 데이터베이스를 설계하고, 정의된 입/출력값을 보여주는 메뉴를 하나하나 만들어간다.

개통까지 남은 시간은 약 8개월. 사용자 관리기능을 만들기도 전에 데이터로만 존재하는 3명의 사용자를 입력한다. 가장 많은 쓰임이 예상되는 초과근무 신청 페이지를 만들고 결재신청을 구상한다.

가장 많은 고민이 들어간 부분은 단연코 전자결재 구성이다. 상신, 검토, 승인, 반려, 회수, 삭제 등등 나이스에서 항상 써왔던 기능이긴 하지만 이것

을 어떻게 구현해야 할지 며칠을 머리를 싸매고 고민했다. 초과근무와 연가 신청 결재를 따로 하게 해야 할까? 같이 하게 해야 할까? 한꺼번에 결재를 할 수 있도록 구성해야 할까? 한 건만 결재하도록 해야 할까?

일하면서, 밥 먹으면서, 집에서 멍하게 있을 때도 결재에 대한 아이디어를 구상해 본다. 집중력이 떨어져 머리 회전이 잘 안되지만 우여곡절 끝에 결재 모듈을 구상하고, 샘플데이터를 입력해서 테스트해 본다. 의심스럽지만 잘 되는 것 같다. 한시름 놓으려는 찰나, 생각지도 못한 질문이 비수처럼 파고들었다.

"근데 휴가 승인받고 나서 갑자기 안 가게 되어 결재 취소하려면 어떻게 해요?"

"… 그런 기능… 없어요….""

아뿔싸. 기결 취소 기능은 생각하지도 못하고 설계했다. 부랴부랴 재설계에 들어가고 기존 프로세스를 뒤엎어서 보완한다.

개발자의 삶이란 항상 이런 식이다. 아무리 고민해서 설계하고, 구현을 해내도 완벽할 수가 없다. 이처럼 사용하면서 발생하는 시행착오 수정을 위해 업데이트는 필수다. 자동 업데이트 프로그램을 어서 만들어야겠다.

원 업무를 하면서 점심시간 등 잠시 짬을 내서, 주말에 학교 행사가 있으면 행사 진행을 지켜볼 겸 출근해서 방망이 깎는 노인처럼 하나씩 하나씩 코드를 만들어갔다. 페이지와 기능이 하나하나 추가되면서 어느새 파일당 약 600라인의 코드가 들어있는 170여 개 파일이 완성된다.

EXE 설치파일을 이용하여, 개인별 배부된 ID를 이용하여 로그인하면 다음과 같은 프로그램이 실행된다.

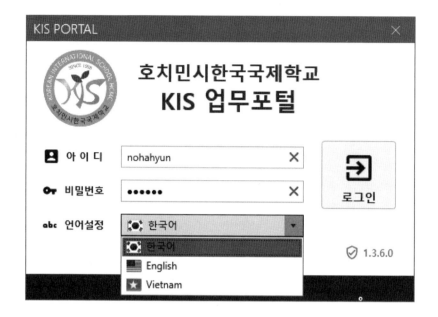

이제 종이를 들고 복무 결재받기 위해 교장 선생님의 행방을 찾아 학교를 뛰어다닐 일도, 종이 문서에 일일이 사인할 일도, 급여 산출을 위해 종이 문서의 신청 내역을 엑셀에 하나하나 옮겨적을 일도 없게 되었다.

제1회 KIS 제안제도 대상 수상

2023년 10월. 전체 교직원이 함께하는 가운데 제1회 KIS 제안제도 최종 결과 발표회를 했다. 학교를 발전시키기 위한 교직원의 각종 아이디어와 노력의 결과가 발표되었고, KIS 포털 개발팀도 그 자리에서 그

간의 성과와 함께 2024학년도 3월 개학에 맞추어 개통 예정이라는 발표를 하였다. 성과 결과를 발표한 타 팀들과는 달리 다음 학기에 개통할 예정이라는 일종의 티저 발표임에도 불구하고 너무 감사하게도 굉장한 호응이 있었다. 결과는 당당히 최우수상. 끊임없이 변화와 개선을 꾀하는 교직원들의 합심, 작은 의견도 놓치지 않고 과감한 혁신을 독려하는 관리자, 변화를 거리낌 없이 반갑게 받아들이는 열린 마음의 모든 교직원까지. 이 모두의 마음과 노력이 모인 결과가 아닐까 싶다.

오늘도 업그레이드 중인 KIS 업무포털
—

2024학년도 3월, 전체 교직원에게 간략한 매뉴얼과 함께 프로그램이 배포되었다. 개통 초기 엄청난 혼란과 각종 예기치 못한 오류가 난무할 것으로 생각되었으나, 우려했던 혼란에 비하면 너무나도 차분하게 현장에 정착되어 갔다. 물론 완벽한 프로그램은 없으므로, 혼란이 없었다면 거짓말이겠지만 그래도 수용할 수 있는 수준으로 이용이 되어갔다.

현재 일 평균 약 20건, 학기 중 월평균 약 700건의 초과근무가 전자결재로 이루어졌고 월평균 약 400건의 복무 결재가 전자로 시행되고 있을 정도로 업무포털 사용이 현장에 안착하였다.

새로운 시스템이 도입되면서 새로운 기능에 대한 요청도 하나둘 늘어갔다. 가장 먼저 엑셀 파일로 관리되던 초등학교의 결 · 보강 이력 관리 시스템이 추가되었다. 마찬가지로 담당부장님을 통해 자료가 수합 되던 국외자율연수 계획서 · 보고서 등록 시스템이 뒤이어 개통되었다. 학교 홈페이지에 텍스트 형태로 등록하여 알아보기가 힘들었던 교내 시설물 사용 예약 등록 시스템도 뒤이어 추가되었다.

애초 계획은 한국인, 원어민 대상 시스템이었지만 베트남 현지 직원들의 복무상황까지 전자결재 전환으로 이용자도 대폭 확대되었다. 이렇게 지금까지 36번의 크고 작은 업데이트가 이루어졌다. 예산이 부족하고, 한국과 비교하여 시스템이 절대적으로 부족한 재외한국학교이지만 많은 교직원의 호응, 노력, 합심으로 오늘도 KIS는 즐겁게 업그레이드 중이다.

굿바이 KIS

강원구

호치민한국학교는
고국에서 못다 핀 꽃들의 고향

눈물 맺힌 꽃망울에 사연을 품고
한강 바람 타고 갈대같이 날아와
이 먼 곳까지 왔구나!

낯선 공기, 물, 흙에 적응하며
새로운 새싹을 틔우기 위해
애써 노력해 보지만

세찬 바람에 흔들리고 빗물에 젖어
마지막 남은 곧은줄기마저도
쉬이 꺾어지려고 하구나

꿋꿋이 살아온 세월의 흔적들을
이곳에 고스란히 남겨두고
꽃망울을 애써 틔우지 못한 채

사이공 강바람 따라 인도양을 건너
머나먼 고향으로 다시 돌아가려 하네

호치민한국학교는
내 가슴 속 아련한 추억의 고향

Q. 교사들에게 KIS는 어떤 의미인가?

학교장 손성호

KIS 학교장으로서 임기를 마치고 한국에 돌아가는 지금 시점에서 돌이켜 보면 KIS는 저에게 '청춘'이었습니다. 호치민의 강렬하고 뜨거운 날씨처럼 KIS에서의 3년은 가장 뜨거운 심장으로 살았던 때가 아닌가 합니다. 열정적이고 협력적인 학생들, 배움과 성장으로 함께 울고 웃던 동료 교직원들, 학교의 더 나은 미래를 함께해주셨던 학부모님들, 교민사회와의 모든 순간 순간이 소중했고 감사했습니다. 청춘은 끊임없이 도전하고, 배우며, 새로운 길을 열어가는 때라고 합니다. KIS의 모든 시간은 제 인생에 있어서 청춘의 또 다른 이름이 되었습니다.

중등 교감 김세호

KIS는 '나의 행복한 여정'입니다. KIS에서 하루하루 성장과 배움으로 가득한 행복의 여정의 길을 걷고 있습니다. KIS는 여러 면에서 '행복함'을 느끼게 하는 학교입니다. 학생들의 성장을 최우선으로 생각하며, 따뜻한 관심과 세심한 배려로 학생들이 자신의 가능성을 발견하고 펼칠 수 있도록 돕습니다. 교직원들은 열정과 전문성을 바탕으로 항상 새로운 것을 시도하며, 서로를 존중하고 협력하는 분위기를 만들어갑니다. 동시에 개인적인 삶의 균형도 유지할 수 있어 진정한 행복을 느끼게 됩니다. 매일 배우고 함께 성장할 수 있는 KIS의 행복한 여정을 보내고 있음에 큰 감사와 자부심을 느낍니다.

초등 교감 정영찬

나에게 KIS란 '나이테'와 같습니다. 나이테는 '나이를 남기는 테', '띠'라는 뜻입니다. 나무가 나이테를 갖는 것은 여름에 성장하고, 겨울에 다지기 위해서입니다. 그렇게 자란 나무는 단단합니다. 그런데, 성장만 해서 나이테가 없는 나무는 정말 높이 자라기는 하지만 단단하지 않습니다. 성장 후에는 반드시 그 성장을 지켜갈 수 있는 나이테가 필요합니다. 저는 KIS에서 학생과 교사 모두 성장도 하지만, 각자 내실을 키우는 모습을 보았습니다. 성장해서 커졌다면 커진 만큼을 채우기 위해서 내부를 채우는 시간이 필요합니다. 그렇지 않고 커지기만 하면 그 덩치를 버틸 힘이 없어진다고 생각합니다. 하지만, KIS에서의 모든 교육과정과 생활 등은 성장하며 다지고 내실을 키워줄 수 있는 다양한 환경과 교육을 진행하고 있음을 느꼈습니다. KIS의 생활은 인생에서 제 자신도 성장하지만, 제 본연의 마음과 내부를 채우는 시간이 지속되고 있음을 느낍니다.

중등 교사 조현수

저에게 KIS란 'Starship'이었습니다. Starship은 재사용 가능한 설계, 가장 강력한 로켓, 그리고 장거리 우주여행도 가능하다는 세 가지 큰 특징을 바탕으로, 그 누구도 가보지 못한 화성정착을 목표로 하고 있습니다. KIS도 GloNaCal이라는 기치 아래 언제든지 재사용을 넘어 늘 추가 개선되는 교육과정, 국가대표급 유치원, 초등, 중등, 행정 교직원 팀, 그리고 유치원부터 12학년까지 연결되는 학교에서 꿈을 키워가는 학생들이라는 커다란 세 기둥이 있습니다. 그 안에서 배우고 성장하는 아이들은 화성을 넘어 심우주를 탐험하고도 남을 훌륭한 인재로 성장할 것임을 믿어 의심치 않습니다. KIS, Way to go!

초등 교사 홍영도

KIS는 저에게 도전과 성장이 공존하는 특별한 공간이었습니다. 학생들과 함께 꿈을 키우고, 동료들과 진심 어린 협력을 통해 교사로서의 역할과 책임을 더욱 깊이 이해할 수 있었습니다. 출근길마다 설렘을 느낄 수 있었던 이유는 학생들과 동료들이 만들어가는 의미 있는 순간들 때문이었습니다. 동료 교사들과의 협력은 늘 큰 힘이 되었고, 함께 고민하며 더 나은 교육을 제공할 방법을 찾아가는 과정은 매우 소중했습니다. 학생들의 작은 변화와 성장을 지켜보는 보람은 무엇과도 바꿀 수 없는 값진 경험이었습니다. 이곳은 단순한 직장을 넘어 교육의 본질을 다시금 깨닫게 하고, 저 자신도 한층 더 나아갈 수 있도록 해 준 터전이었습니다. KIS에서 얻은 모든 경험과 깨달음은 앞으로의 교직 생활과 삶을 풍요롭게 하는 밑거름이 될 것입니다.

초등 교사 조현준

나에게 KIS는 '인생의 황금기'입니다. 교직 생활에 있어 황금기인 선생님들이 이곳, 호치민에 모여 서로 희노애락을 함께하는 곳이라고 생각합니다. 이곳에 와서 함께 일하는 것의 즐거움과 성과를 알았습니다. 현재 KIS도 1998년 개교 후 20대 청년 나이가 되었습니다. 이곳에 근무하는 동안 황금기를 넘어 완숙기로 이어지는 과정을 함께 하겠습니다. 점심시간마다 학생들이 뛰어노는 잔디밭과 복도 창문이 없어 새들이 날아다니는 이 교정이 훗날 시간이 지나도 그리워질 것 같습니다.

초등 교사 김민

KIS는 제 별빛을 찾아주는 나침반이었습니다. 이곳에서 저는 숨겨진 재능과 열정을 발견했고, 새로운 길로 나아갈 용기를 얻었습니다. 부족하다고 여겼던 부분도 새로운 시각으로 바라보며 성장의 기회를 잡을 수 있었습니다. "내 안에 잠든 거인을 깨워라"는 말처럼, 이곳에서 제 가능성이 깨어났습니다. 단순한 직장을 넘어 제 삶의 중요한 여정이었습니다. 동료와 학생들은 제 길을 함께 걸어준 소중한 동반자였고, 그들과의 추억은 빛과 배움, 그리고 새로운 시작을 위한 에너지가 되었습니다. KIS에서의 경험은 앞으로 제가 걸어갈 길을 비추는 별빛이자 나침반으로 영원히 남을 것입니다.

중등 교사 정지혜

저에게 KIS란 '종착역이자 출발역'이라고 말할 수 있습니다. 스쳐 지나가듯 꿈꾸었던 많은 것들의 종착역이 바로 여기, 우리 학교입니다. '서 있는 곳에 따라 보이는 풍경이 달라진다.'는 말처럼 우리 학교는 저에게 교직 생활의 신세계를 보여주었습니다. 첫 만남부터 이미 KIS와 사랑에 빠질 것을 알아버렸던 것처럼, 다시는 경험하지 못할 그래서 떠나는 발걸음이 가볍지 않은 최고의 학교라고 말하고 싶습니다. 그리고 이제는 이곳에서의 소중한 경험들을 통해 새로이 품게 된 많은 꿈을 기대하며 새로운 여정을 시작해보려고 합니다. 꿈의 종착역이자 새로운 꿈의 출발역이 되어준 KIS 선생님들과 학생들 모두에게 마음 담아 전해봅니다. 감사합니다. 그리고 사랑합니다.

주무관 노아현

KIS는 나에게 '새로운 출발점'입니다. 처음 접해보는 '학교'라는 일터와 해외라는 독특한 환경 속에서 KIS와 함께하는 삶은 특별한 의미가 있습니다. 출근하면 가족보다 더 서로를 잘 아는 직장 동료가 있고, 단순한 행정실 주무관이 아닌 선생님으로 불러주는 학생들이 있는 곳입니다. KIS는 단순한 일터가 아닌 새로운 나를 발견하고 새로운 삶을 경험하게 해주는 특별한 공간, 직업 이상의 가치를 선사하는 내 인생의 새로운 출발점 같은 곳으로 자리매김하고 있습니다.

중등 교사 강원구

KIS는 '내 삶의 원동력이자 구세주'입니다. 6년 전, 낯선 해외 생활과 고국에 대한 그리움으로 하루하루 버티기 힘든 시기에 저를 따뜻하게 품어주고 다시 일어서는 힘을 준 곳이 바로 KIS였습니다. 전학공 독서 모임(독수공방)을 통해 새로운 책을 접하고, 동료들과 깊은 교류 속에서 용기를 얻어 제 마음속 이야기를 글(시)로 담아낼 수 있었습니다. 한 문장, 한 편의 시를 완성할 때마다 저 자신을 치유하고 성장시키는 소중한 경험이었습니다. 또한, 우리 소중한 학생들과 함께했던 시간은 저에게 교사로서 자부심과 사명감을 일깨워준 가장 값진 선물이었습니다. 그들의 해맑은 웃음과 애정 어린 눈빛 속에서 저는 교사로서의 진정한 의미를 깨달았고, 그들의 성장을 지켜보며 희망과 보람을 느꼈습니다. KIS와 함께할 수 있었던 것은 제게 커다란 영광이자 축복이었습니다.

초등 교사 송채원

저에게 KIS란 '여름'입니다. 여름은 뜨겁고 생동감 넘치는 계절입니다. KIS 에서의 하루하루는 그런 여름처럼 열정으로 가득 찬 시간이었습니다. 해보지 않았던 일을 서슴없이 도전하고, 자꾸만 배우고 싶게 만드는 이곳에서의 여름 은 덧없이 흘러갈 뻔했던 제 삶을 변화시켰습니다. 여름의 뙤약볕처럼 강렬했 던 순간들도, 장마처럼 도전이 많았던 시간들도 결국 저를 단단하게 만들어주 었습니다. KIS는 학교 안팎으로 제 자신을 성장시키는 배움의 터전이자, 제 인 생을 여름날 바다의 윤슬처럼 반짝반짝 빛나게 해준 고마운 곳입니다. 이곳에 서 함께했던 모든 경험과 만남은 마치 학창시절 속 여름날처럼 오래도록 잊지 못할 것입니다.

중등 교사 정용석

저에게 KIS는 '무한상상실'과 같았습니다. 멋진 동료들과 함께 생각해왔던 많은 것들을 실험해 보았고, 훌륭한 잠재력을 가진 학생들과 새로운 수업을 함 께했습니다. 그 과정에서 교사로서 조금 지쳐있던 저에게 새로운 열정을 불어 넣어 주었고, 멈춰 있던 저를 다시 앞으로 나아가게 만든 곳이 바로 KIS였습니 다. 무한상상실이 새로운 것을 만드는 즐거움을 바탕으로 새로운 가치를 창조 하는 곳이라면, KIS는 교육에 있어서 무한상상실이라 생각합니다. 제 인생에 서 다시 이런 무한상상실을 만날 수 있을지 모르겠지만, 미래에 지금 이 순간 제가 몸담고 있는 KIS라는 무한상상실을 많이 그리워할 것 같습니다.

중등 교사 오동철

KIS란 저에게 앞으로 10년을 어떻게 살아갈지 방향을 제시해 준 학교입니다. 초중고가 함께 있는 공간에서 학생들의 성장을 가까이서 지켜보며 큰 보람을 느낄 수 있었습니다. 동료 교사들과 협력하며 어떤 도전도 가능하다는 자신감을 얻었고, 교사로서 제가 진정으로 하고 싶은 일을 발견할 수 있었습니다. 또한, 함께 비전을 공유하며 나아갈 동료들을 만난 것도 큰 축복이었습니다. 이러한 경험은 앞으로의 10년을 어떻게 살아가야 할지를 알려주었기에, KIS를 떠올릴 때면 자연스레 미소가 지어집니다.

중등 교사 이유준

저에게 KIS는 '한 편의 드라마'였습니다. KIS에서의 2년은 마치 다양한 에피소드로 가득 찬 드라마처럼 펼쳐졌습니다. 매일같이 학생들의 반짝이는 눈빛과 동료 선생님들의 열정적인 모습이 스크린 속 한 장면처럼 생생하게 기억에 남습니다. 때로는 웃음이 끊이지 않는 코미디였고, 때로는 함께 고민을 나누며 성장하는 힐링 드라마였습니다. 그리고 무엇보다, 이곳에서 함께한 모든 분들이 주인공이 되어 만들어낸 이야기는 제 삶에서 가장 특별한 시즌이 되었습니다. 이 드라마의 결말은 끝이 아닌 새로운 시작입니다. KIS라는 무대에서 함께 연출한 모든 순간을 마음에 담아, 앞으로의 여정에서도 이 특별한 이야기를 이어가겠습니다.

초등 교사 김경훈

마치 새로운 무대의 막이 오르듯, KIS에서의 시간은 저에게 새로운 가능성과 설렘으로 가득한 여정의 시작이었습니다. 교직 생활의 새로운 시작을 이곳에서 열며, 매일이 설렘과 도전으로 가득했습니다. 학생들과 함께 꿈을 꾸고 동료들과 협력하며, 단순한 교육을 넘어 미래를 함께 그려가는 시간은 제 인생의 또 다른 장을 열어 주었습니다. KIS에서의 경험은 단순히 교사가 아닌 한 사람으로서도 성장할 수 있는 귀중한 시간이었으며, 2막의 주인공처럼 KIS에서 더욱 빛나는 시간을 만들어갈 것입니다.

중등 교사 이후석

저에게 KIS란 '돌아봄'이었습니다. 문학의 '낯설게 하기' 기법처럼, '해외살이'로 한 발짝 떨어져 삶을 관조하면서 성찰의 기회를 얻었습니다. 이곳은 교사든 학생이든 고유한 빛깔을 맘껏 뿜어냅니다. 한국에서는 이 빛깔들을 왜 잘 몰라봤을까요. '사람의 생은 하늘에 빛나는 별과 같은데, 별들은 저마다 신이 정한 궤도에서 서로 만나고 헤어지는 존재'라는 글이 떠오릅니다. 제 몸과 영혼에는 이 온갖 빛깔이 스쳐 간 흔적이 가시지 않고 남을 테지요. 이토록 매혹적인 만남이 애초부터 이별을 함축한다는 현실이 슬프지만, 그렇기에 지금 제가 해야 할 일과 제 본연의 빛을 생각하게 됩니다. 바쁜 일상에 오랫동안 덮어두었던 '생의 가장 소중한 순간과 사람은 바로 지금, 내 옆에 있는 그'라는 교훈도 돌아보았고요. 그리고 교사로서, 한 인간으로서 제가 가야 할 길을 돌아보며 되뇌어봅니다. 낯설게, 소중하게, 돌아보며 살자고.

초등 교사 김상백

저에게 KIS란 '빅뱅'입니다. 저의 새로운 우주가 KIS에서 폭발적으로 시작되었습니다. 낯선 호치민의 열기 속에서, 혁신적인 교육 시스템과 동료 교사들의 열정이 만나 강렬한 에너지를 만들어냈습니다. 빅뱅에서 탄생한 수많은 별처럼, 우리의 도전은 찬란한 결실로 빛났습니다. 그리고 지금도 끊임없이 팽창하는 우주처럼, KIS는 저를 끊임없이 성장시키는 원동력이 되고 있습니다.

초등 교사 강인구

저에게 KIS란 '공동체가 신나게 살아가는 섬'입니다. 베트남 호치민이라는 망망 대해에 살아가는 한인들이 KIS 섬 안에서 공동체를 이루며 살아갑니다. 섬 안에는 베트남 직원부터 원어민, 한-베 친구들, 한국 친구들, 행정실, 초 · 중등 선생님들이 한데 어우러져 다양한 행사들을 하며 신나게 살아갑니다. 다툼이나 갈등이 생겨도 섬의 특성상 어디로 갈 곳도 마땅치 않기에, 섬 안에서 서로 이해하고 배려하며 갈등을 회복해 나갑니다. 그 안에서 교사들은 서로 힘을 모아 멋진 프로젝트를 뚝딱 해내며 성장의 기쁨을 맛봅니다. 학생들은 학교생활을 통해 협력과 존중, 미래를 대비하는 다양한 지식을 배우며 자라납니다. 이 책을 읽다 보면 여러분도 이 신나는 섬에 오고 싶어질 것입니다.

부록

재외 한국학교
Q&A

재외 한국학교 Q&A
궁금증 해결 가이드

'해외에서 살아보고 싶다.'라고 누구나 한 번쯤 생각해 보지 않았을까? 재외 한국학교에서 근무를 통해 그 꿈을 이루어보는 것은 어떨까. 지원자 입장에서 궁금한 것들을 위주로 모아보았다.

Q1. 재외 한국학교란?

재외국민에게 국내의 초 · 중등 교육과정에 따른 학교교육을 실시하기 위하여 외국에 설립된 교육기관을 말한다. 한국의 교육과정을 따르는 국내 연계교육 중심형 학교가 있고 소재국의 교육과정을 따르는 모국이해교육 중심형 학교가 있다.

국내 연계교육 중심형	모국이해교육 중심형
일본(동경), 중국, 베트남, 자카르타, 싱가포르, 말레이시아, 필리핀, 방콕 등	일본(건국, 오카사금강, 교토), 파라과이, 아르헨티나, 대만(까오슝) 등

출처: 재외교육기관포털

재외 한국학교에 대한 정보는 교육부 홈페이지 또는 재외교육기관포털(http://okep.moe.go.kr/)에서 찾아볼 수 있다. 재외 한국학교는 아시아 지역(79%)을 중심으로 16개국 34개교가 운영 중이고 재외국민 자녀(94.3%) 중심으로 13,000여 명이 재학 중이다. 파견 교장 34명이고, 교원은 약 1,300여 명이 근무하고 있다.

채용 형태는 파견과 초빙이 있다. 가장 큰 차이점으로 파견은 재외교육기관과 한국에서 모두 급여를 받는다. 초빙은 한국의 근무지에는 고용휴직을 하고 재외 한국학교에서 근무하는 것을 말한다. 휴직자 신분이기 때문에 급여는 재외교육기관에서만 급여를 받는다. 파견은 일부 지역 또는 신설 학교에서 요청하고 교육부에서 선발한다. 단, 파견 허가는 지역 교육청별로 다르니 정확한 사항은 소속 교육청에 문의가 필요하다.

아래는 재외 한국학교 34개교에 대한 기본적인 정보이다. 지역별로 인접한 학교들끼리 함께 나열했다. 매년 달라지는 최신 정보는 재외교육기관포털에서 확인할 수 있다.

1. 동북아시아 19개교

2024년 3월 기준

순	소재 국가	학교명	소재지	학생 수	학교급	채용 형태
1	일본	동경 한국학교	도쿄	1,404	초 · 중 · 고	초빙
2		일본건국 한국학교	오사카	392	유 · 초 · 중 · 고	파견/ 초빙
3		일본오사카 금강인터내셔널 소중고등학교	오사카	290	초 · 중 · 고	파견
4		일본교토국제중고등학교	교토	159	중 · 고	파견

5		웨이하이 한국학교	위해	294	초 · 중 · 고	초빙
6		중국광저우 한국학교	광저우	382	초 · 중 · 고	초빙
7		중국소주 한국학교	쑤저우	370	유 · 초 · 중 · 고	초빙
8		중국무석 한국학교	우시	451	유 · 초 · 중 · 고	초빙
9		중국선양 한국국제학교	선양	91	초 · 중 · 고	파견/초빙
10	중국	중국칭다오 청운한국학교	칭다오	742	유 · 초 · 중 · 고	초빙
11		중국대련 한국국제학교	다롄	205	유 · 초 · 중 · 고	초빙
12		중국엔타이 한국국제학교	옌타이	271	초 · 중 · 고	초빙
13		중국천진 한국국제학교	톈진	416	유 · 초 · 중 · 고	초빙
14		중국상해 한국학교	상하이	883	초 · 중 · 고	초빙
15		중국북경 한국국제학교	베이징	587	유 · 초 · 중 · 고	초빙
16		중국연변 한국국제학교	연길	82	유 · 초 · 중 · 고	파견/초빙
17		중국홍콩 한국국제학교	홍콩	106	유 · 초 · 중 · 고	초빙
18	대만	타이뻬이 한국학교	타이뻬이	49	유 · 초	초빙
19		대만까오슝 한국국제학교	까오슝	42	유 · 초	초빙

2. 동남아시아 8개교

2024년 3월 기준

순	소재 국가	학교명	소재지	학생 수	학교급	채용 형태
1	베트남	호치민시 한국국제학교	호치민	2,028	유·초·중·고	초빙
2	베트남	베트남하노이 한국국제학교	하노이	2,190	초·중·고	초빙
3	인도 네시아	자카르타 한국국제학교	자카르타	796	초·중·고	초빙
4	싱가포르	싱가포르 한국국제학교	싱가포르	335	유·초·중·고	초빙
5	태국	방콕 한국국제학교	방콕	181	초·중·고	초빙
6	필리핀	필리핀 한국국제학교	마닐라	192	유·초·중·고	초빙
7	말레이 시아	말레이시아 한국국제학교	세팡	38	유·초	초빙
8	캄보디아	프놈펜 한국국제학교	프놈펜	53	*초·중	파견/ 초빙

* 프놈펜한국국제학교는 2025학년도 중학교 과정 승인으로 파견교사 선발 예정임.

3. 중앙아시아, 남아메리카, 러시아 7개교

2024년 3월 기준

순	소재 국가	학교명	소재지	학생 수	학교급	채용 형태
1	사우디아라비아	리야드 한국학교	리야드	17	초	파견
2		사우디아라비아젯다 한국학교	젯다	6	초	파견/초빙
3	이란	테헤란 한국학교	테헤란	5	초	초빙
4	이집트	카이로 한국학교	카이로	28	초	파견
5	파라과이	파라과이 한국학교	아순시온	86	유초	파견
6	아르헨티나	아르헨티나 한국학교	부에노스학생레스	114	유초	파견
7	러시아	모스크바 한국학교	모스크바	44	유초	초빙

파견과 초빙처럼 채용 형태는 같은 학교더라도 매년 달라지는 경우가 있으니 내가 관심 있는 학교의 홈페이지를 종종 들러 채용 공고문을 유심히 살펴보는 것도 도움이 될 것이다. 또한, 재외한국학교도 교민 수의 증감, 저출산의 여파로 학생 수가 줄고 있는 학교들이 많아서 앞으로 교사 선발에도 변화가 있을 수 있다.

Q2. 어떤 학교에 지원할까?

           내가 지원할 학교를 선택할 때 가본 나라 혹은 가보고 싶은 나라를 선택할 수도 있지만 합격 확률이 높은 학교에 지원하는 것도 좋은 선택이다. 채용 공고를 보면 학교마다 우대조건이 다른 것을 확인할 수 있다. 예를 들어 나이스를 도입하는 학교의 경우 나이스 경력자를 우대하는 경우가 있고, 예술 부서 지도교사가 한국으로 귀국하거나 부서를 신설할 경우, 해당 특기의 교사를 우선 선발하게 된다. 내가 만약 해당 특기가 있다면 그 학교에 지원하는 것이 합격 확률을 높일 수 있겠다.

  중등의 경우 학교 상황에 따라 여러 과목을 지도할 수 있고 중학교와 고등학교 모두 근무해 본 선생님을 선호할 수 있다. 사회나 과학 과목 같은 경우 대학에서 부전공으로 여러 과목 이수가 가능하므로 이점을 어필할 수 있다. 그리고 재외 한국학교도 입시 결과를 중요시하므로 대학입시 지도 경험이 있는 것이 유리하다.

  또한 최근 몇 년 사이 주변국 몇 개 재외 한국학교에서 온라인 공동교육과정을 운영하고 있다. 교과를 공동으로 개설하고 학생들이 수강 신청하여 수업을 듣는 방식으로 단독으로 교과 개설이 어려운 재외 한국학교에 새로운 해결책이 되고 있다. 호치민은 거점학교로서 방콕, 하노이 학교와 함께 온라인 공동교육과정을 운영하고 있다. 내가 공동교육과정 과목을 개설한다면 어떤 과목을 개설할 수 있을지 기존에 있는 과목이 아니라 교과 융합적인 과목을 개설 가능한지 고려해 볼 수 있다.

Q3. 합격을 위한 지원서 및 자기소개서 작성법은?

—

　　　　　　지원할 학교를 선택했다면 이제 지원서와 자기소개서를 작성할 시간이다. 그동안 내가 교사로서 해온 모든 것을 A부터 Z까지 적어야 할까? 학교별로 차이가 있겠지만 재외 학교에서는 팔방미인보다는 나만의 특기가 있는 선생님을 선호한다. 그리고 해외 근무의 특수성으로 동료들과의 관계에서 문제가 없었는지 근무 태도 등 평판을 중요시한다. 학교 입장에서는 교사 1명 한국에서 초빙하려면 비자 발급 비용 등 재정적인 부담이 적지 않은데 개인적인 사유로 중도 귀국하게 되면 손해가 크다. 교사로서의 전문성도 물론 중요하지만, 성실성과 동료들과의 관계를 중요하게 생각하는 것에는 그 이유가 여기에 있다.

　따라서, 내가 그동안 해온 일들을 우선 쭉 써보고 그중에서 주제를 몇 가지 정해서 적는 것이 좋다. 예를 들어, 인공지능교육에 대한 전문성이 있다면 그 점을 부각하기 위해서는 관련 학위가 있다면 최종 학력에 기재하고 전문적학습공동체나 교과 연구회 활동 경험이나 교재 집필 경력 등을 적는다면 해당 분야에 특기가 있다고 보일 수 있다. 제목과 소제목을 적고 활동 사진을 일부 첨부하는 것도 좋다.

Q4. 면접 후기, 합격 Tip

—

　　　　　　1차 서류 전형을 통과했다면 합격까지 1단계 남았다. 최종 면접이다. 면접에는 화상 면접을 실시하는 학교가 있고 대면 면접을 실시하는 곳도 있다. 대면 면접의 경우 면접실 입장 전 심호흡을 충분히 하고 마음을 가라앉힌 후 질문에 차분하게 답하는 것이 좋다. 나의 경우 면접 시 같은 조에서 긴장하는 선생님들이 많았다. 선생님들은 임용고시 이후로 면접에 참석할 경우가 많이 없어서 더 긴장을 많이 하는 것 같다. 차분하게 내가 준비한 것을 대답한다면 심사위원의 눈에 더 잘 띄지 않을까 생각한다. 면접 질문으로는 기본적이지만 지원동기가 가장 중요하다. 내가 왜 지원하게 되었는지 단순히 해외에 살고 싶은 개인적인 버킷리스트 실현을 위해 오고 싶은지 교사로서 내가 실현하고 싶은 목표가 있는지를 가릴 수 있는 질문이다. 기타 자주 출제되는 면접 질문을 유형별로 모았다. 기본적인 틀은 비슷하니 여기에서 변형하여 준비하기를 추천한다.

유형별 면접 질문 예시

질문 유형	면접 질문 사례
자기소개와 지원동기	왜 우리 학교에 지원하게 되었나요?
	나의 장점과 단점은?
	나의 교육관을 말하시오.
교육 특기	교사로서 성공 경험과 실패 경험 (자기소개서에 적은 특기를 기준으로 질문)
	학급경영 우수 사례
학생 지도	한국 학생과 다문화가정 학생이 문화적인 차이로 다툴 경우 어떻게 해결할 것인가?
	수업 시간 문제행동을 일으키는 학생 지도 방법

동료 교사/ 학부모와의 관계	동료 교사와 업무 추진상 의견이 대립하고 있다. 나라면 어떻게 하겠는가?	
	학부모와의 관계학부모 민원 시 대처 방안 (평가 관련, 학교폭력 대처 등)	
영어 또는 현지 언어 질문	자기소개와 지원동기 등	
개인적인 질문	가족 동반 여부 등	

Q5. 재외 한국학교 근무의 장점과 단점은?

　　　　이곳 호치민시한국국제학교에 근무한다는 것은 한국과
는 달리 특별하다. 매년 높은 경쟁률을 뚫고 선발된 교사들은 기본적으로
제 몫 이상씩은 거뜬히 해낸다. 때로는 왜 저렇게까지 열심히 할까 싶을 정
도로 작은 일에도 열정적이다. 내가 관심 있고 하고 싶은 것을 제안하면 함
께할 동료를 쉽게 찾을 수 있다. 전문적학습공동체를 학교예산으로 지원하
기 때문에 평소 하고 싶은 교육활동을 마음껏 해볼 수 있다.

　동료들과는 퇴근 후에는 제일 가까운 사이가 된다. 가족들끼리도 서로 주
말에 수영장에서 바비큐 파티를 하는 등 여유로운 삶을 누릴 수 있다.

　그리고 공문 처리 개수가 적어서 교육활동에 집중할 수 있다. 촉박하게 처
리해야 하는 자료집계와 공문이 없다. 교육부에 공문을 보내려면 재외공관
을 경유해야 해서 시일이 소요된다. 빠름이 당연시되는 한국과는 달리 재외
한국학교에서는 기다려야 한다. 여유(?)를 기본 탑재하게 된다.

　반면, 재외 한국학교는 과밀학급인 경우가 많다. 원인을 들여다보자면 결
국은 재정 문제이다. 한국의 공립학교는 교육부와 교육청의 예산으로 운영

되지만, 재외 한국학교는 학생들의 입학금과 수업료로 상당 부분 운영되는 사립학교이다. 교직원의 월급도 학비에서 지급되기 때문에 학생 수를 한국 수준으로 줄이기는 현실적으로 어렵다. 그리고 사립학교이기 때문에 상대적으로 학부모들의 기대치가 높다.

Q6. 해외살이의 장점과 단점은?

해외에서 교사로 살아간다는 것은 단순히 한국을 떠나 일하는 것이 아니라, 새로운 환경 속에서 다양한 문화를 경험하고 성장하는 과정이다. 처음에는 낯선 환경과 적응해야 할 것들이 많아 보이지만, 막상 생활을 시작하면 예상보다 더 많은 기회와 장점을 발견하게 된다.

우선, 다양한 문화를 직접 체험하며 글로벌 감각을 키울 수 있다. 한국에서 직항이 없어서 가기 어려운 곳도 해외에서는 더욱 쉽게 갈 수 있다. 꼭 비행기를 타야지만 여행 기분이 나는 것은 아니다. 배낭 하나 메고 오토바이 타고 집을 나서면 보이는 풍경이 다 외국이다. 현지에서 생활하면서 그 나라의 전통과 문화를 자연스럽게 접할 수 있고, 새로운 사람들과의 만남을 통해 시야를 넓힐 수 있다. 길거리 음식부터 전통 축제, 지역 특유의 생활 방식까지 모든 것이 하나의 배움이 된다. 이렇게 직접 몸으로 부딪치며 배우는 과정은 책이나 인터넷으로 접하는 것과는 차원이 다르다.

무엇보다, 교사로서 새로운 교육 환경을 경험하며 성장할 수 있다. 다양한 배경을 가진 학생들을 가르치면서 교육에 대한 시각이 넓어지고, 한국과는 다른 교육 방식을 적용해 볼 수 있는 기회도 생긴다. 다문화 환경 속에서 학생들과 소통하며 더 유연한 교육 접근법을 배울 수도 있고, 이를 통해 교사로서의 역량을 한층 더 발전시킬 수 있다.

물론 한국이 아니기에 불편한 점은 많다. 가장 그리운 것은 새벽 배송 등 새삼 빠르게 느껴지는 한국의 생활이다. 하지만 해외에도 있을 것은 다 있고 대부분 구할 수 있는 물건들이다. 특히 호치민은 한국인 밀집 지역이 있어서 한인 병원이나 마트 등을 쉽게 찾을 수 있다.

만약 가족과 함께 해외로 나간다면, 자녀에게도 특별한 교육 기회를 제공할 수 있다. 자연스럽게 외국어를 익히고 글로벌한 감각을 키울 수 있다. 이는 자녀의 성장에도 긍정적인 영향을 미칠 수 있는 부분이다. 가족이 함께 올 수 있다면 제일 좋지만 단신 부임을 하면 마음 맞는 동료 들과 시간을 보내는 것을 추천한다. 해외에서 아프거나 마음을 터놓을 상대 가 없을 때 제일 서럽지 않을까. 사람은 혼자 살 수 없는 동물이라고 한다. 하지만 때로는 동료가 가족만큼 소중한 사이가 될 수 있다고 느껴지는 곳이 여기 재외 한국학교이지 않을까 생각한다.

재외교육기관포털

재외국민교육기관 교사 카페